山地村镇建设用地适宜性评价理论及应用

王桂林　孙　帆　文海家　吴曙光　著

科学出版社

北　京

内 容 简 介

本书较为全面系统地分析、总结和归纳山区建设用地适宜性评价的研究成果，主要内容包括山地建设用地特征、基于工程建设对生态安全影响程度的土地区划、基于生态安全的建设用地适宜性评价、山地村镇建设场地适宜性评价、基于三维斜坡失效概率的建设用地适宜性评价、基于GIS平台的适宜性评价方法实现与系统开发。

本书可作为高等院校及科研院所土地资源管理、城乡规划、工程地质等学科专业的教学参考书目，也可供国土资源、村镇规划、城乡发展等领域的科技人员和政府部门管理人员使用，还可作为高等院校相关专业本科生、研究生的参考教材。

图书在版编目(CIP)数据

山地村镇建设用地适宜性评价理论及应用 / 王桂林等著. —北京：科学出版社，2021.4
ISBN 978-7-03-063711-6

Ⅰ. ①山… Ⅱ. ①王… Ⅲ. ①山地–城乡建设–土地评价–研究–中国 Ⅳ. ①F299.232

中国版本图书馆CIP数据核字 (2019) 第 299206 号

责任编辑：朱小刚 / 责任校对：彭　映
责任印制：罗　科 / 封面设计：墨创文化

科学出版社 出版
北京东黄城根北街16号
邮政编码：100717
http://www.sciencep.com

四川煤田地质制图印刷厂印刷
科学出版社发行　各地新华书店经销
*

2021年4月第　一　版　开本：B5 (720×1000)
2021年4月第一次印刷　印张：16 1/2　插页：28 面
字数：330 000

定价：149.00元
（如有印装质量问题，我社负责调换）

前　言

在我国西部大开发及城镇化政策大力推进的背景下，为满足山地村镇区域建设规划的需求，推进"坡地村镇""城镇上山"建设用地试点工作，本书结合山地特色，从研究山地建设用地特征出发，研究基于工程建设对生态安全影响程度的土地区划方法、基于生态安全的建设用地适宜性评价方法和山地村镇建设场地适宜性评价方法及基于三维斜坡失效概率的建设用地适宜性评价方法，并简要介绍基于GIS平台的适宜性评价操作方法与系统开发。内容主要包括以下几个方面。

（1）从村镇区域生态环境保护的角度，将用地红线的概念进一步拓展，以保护区域内的重要生态用地为基准，提出基于工程建设对生态安全影响程度的土地区划方法。

（2）在生态安全评价的基础上，总结平原地区、城市区域等的建设用地适宜性评价研究成果，建立适合山地村镇区域的基于生态安全的建设用地适宜性评价体系。并经过对常用评价单元的分析，结合山地地质灾害风险区划的斜坡单元，将混合单元法引入建设用地适宜性评价。

（3）从影响山地城镇建设工程安全的角度出发，选取影响山地工程建设的重要因子，研究山地工程建设场地适宜性评价方法。

（4）在GIS平台下结合斜坡单元划分技术、三维滑动面搜索技术、人工智能优化算法、三维极限平衡法及可靠度分析原理，对山地地区斜坡的稳定性进行定量的可靠度评价。

（5）简述在GIS平台支持下实现各种评价过程的操作方法及山地村镇建设用地适宜性评价系统开发。

本书基于"十二五"农村领域国家科技计划课题"村镇区域空间规划与土地利用优化技术集成示范（2012BAJ22B06）"的子课题2"基于生态安全的村镇区域发展建设评价与整治技术集成研究"的成果撰写而成。本项目负责人、作者的恩师张永兴教授，因工作积劳成疾，在项目研究期间不幸离世，本书的出版也是为了缅怀张永兴教授。永兴团队的陈建功、谢强、孙斌、陈红军、张永荐、毛军、张堃、江蔚、胡东萍等参加了相关研究，研究过程得到单卫东、冯长春、张孝成、马泽忠、贺灿飞、吴智刚、邱道持、彭瑶玲、黄勇等专家的指导，本书也吸收了相关论著的研究成果，在此表示衷心的感谢！

尽管作者做出努力，本书的理论方法及观点仍需要进一步完善和提高，因而对本书存在的不足之处，敬请读者批评指正。

目 录

第一章 绪论 ··· 1
  第一节 研究背景 ·· 1
  第二节 研究目的及意义 ·· 2
  第三节 相关概念界定 ··· 3
    一、生态安全 ·· 3
    二、山地村镇 ·· 4
    三、村镇建设用地 ··· 4
    四、土地适宜性评价 ·· 4
  第四节 研究现状 ·· 6
  第五节 主要内容及研究思路 ····································· 9
    一、主要内容 ·· 9
    二、研究思路 ··· 10
  参考文献 ·· 11

第二章 山地建设用地特征 ··· 13
  第一节 地质地貌特征 ··· 13
  第二节 生态特征 ·· 15
  第三节 人地关系 ·· 16
  第四节 自然灾害 ·· 17
  参考文献 ·· 18

第三章 基于工程建设对生态安全影响程度的土地区划 ··· 20
  第一节 区划的含义和必要性 ····································· 20
  第二节 区划指标体系 ··· 22
    一、原则 ·· 22
    二、指标体系 ·· 23
    三、指标定量分级 ··· 24
  第三节 评价方法及模型 ·· 26
    一、评价单元划分 ··· 26
    二、综合风险矩阵评价模型 ···································· 27
    三、综合指数评价模型 ·· 30

iii

  四、GIS 支持下的评价方法 ·· 31
  五、结果调整 ··· 32
 第四节 应用实例 ·· 32
  一、指标体系建立 ·· 32
  二、单因子土地区划 ··· 33
  三、综合土地区划 ·· 36
 第五节 "反规划"理念下的山地村镇建设用地适宜性评价 ············· 37
  一、"反规划"理念下的评价方法构建 ································· 37
  二、评价实例 ··· 39
 第六节 本章小结 ·· 44
 参考文献 ·· 44

第四章 基于生态安全的建设用地适宜性评价 ···················· 47
 第一节 建设用地适宜性影响因素分析 ···································· 47
  一、体系构建理论 ·· 47
  二、因素选取原则 ·· 48
  三、体系具体设置 ·· 50
 第二节 建设用地适宜性指标体系构建 ···································· 51
  一、生态安全 ··· 51
  二、地形地貌 ··· 51
  三、地质条件 ··· 56
  四、自然灾害 ··· 57
  五、社会经济 ··· 62
  六、指标体系 ··· 64
 第三节 评价方法及模型 ·· 66
  一、确定指标权重 ·· 66
  二、建立评价模型 ·· 70
  三、判定适宜性等级 ··· 71
  四、适宜性等级修正 ··· 73
 第四节 评价单元研究 ·· 73
  一、网格单元 ··· 73
  二、混合单元 ··· 103
 第五节 本章小结 ··· 113
 参考文献 ·· 113

第五章 山地村镇建设场地适宜性评价 ······························· 116
 第一节 评价指标体系的建立 ·· 116
  一、评价指标选取的原则 ·· 116

二、评价指标的组成 ·· 117
　第二节　评价指标等级划分 ·· 118
　　一、地形地貌 ·· 118
　　二、岩土特征 ·· 125
　　三、地下水 ··· 126
　　四、不良地质 ·· 127
　　五、地震 ·· 131
　第三节　评价指标权重确定 ·· 132
　第四节　多因子综合评价 ··· 134
　第五节　应用实例 ··· 135
　　一、研究区概况 ··· 135
　　二、单因子评价 ··· 138
　　三、多因子综合评价 ·· 142
　第六节　本章小结 ··· 144
　参考文献 ·· 144

第六章　基于三维斜坡失效概率的建设用地适宜性评价 ···································· 145
　第一节　基于GIS的斜坡单元划分与斜坡单元数据集构建 ································· 145
　　一、斜坡单元划分 ·· 145
　　二、斜坡单元数据集构建 ·· 151
　第二节　基于斜坡单元数据集的三维土质斜坡稳定性评价 ································ 156
　　一、三维土质斜坡极限平衡法基础理论 ·· 156
　　二、基于斜坡单元数据集的三维土质斜坡极限平衡法实现 ····························· 159
　　三、基于斜坡单元数据集的三维临界滑动面搜索方法 ···································· 165
　　四、三维土质斜坡可靠度评价 ··· 178
　第三节　基于斜坡单元数据集的三维岩质斜坡稳定性评价 ································ 185
　　一、三维岩质斜坡极限平衡法基础理论 ·· 186
　　二、基于斜坡单元数据集的三维岩质斜坡极限平衡法实现 ····························· 190
　　三、三维岩质斜坡可靠度评价 ··· 201
　第四节　应用实例 ··· 208
　　一、示范区概况 ··· 208
　　二、数据获取 ·· 209
　　三、评价结果 ·· 212
　第五节　本章小结 ··· 219
　参考文献 ·· 220

第七章　基于GIS平台的适宜性评价方法实现与系统开发 ································· 221
　第一节　GIS系统简介 ··· 221

第二节　基于GIS平台的适宜性评价方法实现 …………………………… 222
第三节　二次开发技术简介 …………………………………………………… 233
　一、二次开发技术发展 ………………………………………………… 233
　二、组件式技术 ………………………………………………………… 234
　三、ArcGIS Engine …………………………………………………… 235
　四、Visual Studio 2010 ……………………………………………… 238
　五、C#语言 ……………………………………………………………… 238
第四节　基于GIS平台的适宜性评价系统开发 ……………………………… 238
　一、二次开发的主要专业工具 ………………………………………… 238
　二、系统目标 …………………………………………………………… 242
　三、系统需求分析 ……………………………………………………… 242
　四、系统设计 …………………………………………………………… 244
　五、系统实现 …………………………………………………………… 247
第五节　本章小结 ……………………………………………………………… 254
参考文献 ………………………………………………………………………… 255
彩版 ……………………………………………………………………………… 257

第一章 绪 论

第一节 研 究 背 景

从第一次全国地理国情普查公报[1]看,按面积统计,植被覆盖、荒漠与裸露地、水域等自然地理要素的 72.39%分布在西部地区,国土面积的 64.04%分布在丘陵和山地。可见,我国山地区域(包括丘陵和山地)分布面积广,且其地貌表现为由西向东随着不同的海拔高度逐渐倾斜,由此形成地形起伏、地质灾害易发、生态环境脆弱等特点。

目前,我国正处在快速推进城镇化进程中,大部分山地区域生产生活条件差、社会经济水平低下,地区建设发展长期处于无序和粗放式的状态,可持续发展能力较弱。山地地区农村居民点多呈散点式分布,部分地区城镇化建设过于追求集中成片,城市野蛮式的扩张方式在村镇建设中也逐渐显现。在建设中只注重眼前利益和人对自然的主导作用,忽略了山地脆弱的生态环境和有限的自然承载力,对山地区域不合理的开发,使得生态和社会环境不断恶化,亟待有科学化、综合性的技术标准指导山区的开发和整治[2]。山地村镇建设在建设过程中需要解决的问题最多,需要克服的困难最多。因此,山地村镇建设是我国城镇化进程的关键。

在发达国家,如美国、日本和瑞士等也是多山国家,这些国家和地区很早就已经将对山地开发建设的研究置于十分重要的地位。例如,日本很早就提出"不能治山,就不能治国"的口号[3]。随着国家战略政策的转变,从"先富带动后富"到现在的"西部大开发",国家政策正逐步向西部山区倾斜,城镇化也正在加速进行,在这个过程中由于前面所述山地的一些特征,导致其开发难度相对较大,稍不注意就会造成生态破坏。

我国关于山地村镇的开发与保护和规划已受到越来越多的重视,原因在于以下几方面。

(1)农村与城市的区别主要在于:经济发展程度差异大,各自具备的功能不一样,城市是区域政治、经济、文化的中心,具备自然和人文的双重属性[4],而农村主要作为农业产品生产地。另外,农村更重要的一个作用就是生态调节,更多的是自然属性。然而随着社会工业化的不断发展和城镇化逐步加快,由于缺少科学合理的规划,农村地区肆意地扩张,也逐步出现生态恶化、耕地减少等问题。

(2) 山地人口和村镇分别占全国人口和村镇的一半左右，大多数少数民族和主要的矿产、水能、森林、人文与自然景观等资源都分布在山地。山地村镇不仅是中国城镇化体系的重要组成部分，还是发展山地农村经济、建设文明山地的核心与基地，发展潜力巨大，战略地位十分重要。

(3) 随着城镇化的进程，我国山多地少的国情决定了村镇建设不可能只集中于平坦区域，山地区域也要进行必要的村镇建设。

(4) 山地区域地质和生态环境的特殊性，导致山地生态系统的脆弱性和敏感性，且自然气候复杂多变、自然灾害频发，若环境保护和工程建设不当，过度扰动生态，则势必会造成环境破坏，甚至引发自然灾害，给社会经济和人民生活带来不利影响。

(5) 我国各地区经济发展不平衡，东部沿海地区经济发展水平高，而中西部地区经济发展水平低，造成现在这种局面的原因不能单纯地归结为国家政治导向，而更应该看到中西部地区自身的地理位置的限制因素。山地开发建设难度大，在某种意义上也是山地地区政治、经济和文化落后的主因。现在国家政策已经开始并逐步加大力度向中西部山区倾斜，而相关的科学研究还欠缺，因此加大山地区域的科学研究才是迅速振兴山区建设、维护国民经济发展平衡的关键。

住房和城乡建设部于2014年4月下发通知要求开展村镇规划试点，同时指出当前存在村镇规划照搬城市规划模式、脱离村镇实际、指导性和实施性较差等问题[5]。因此，结合村镇的实际情况，开展村镇规划，探索符合新型城镇化和新农村建设要求、符合村镇实际、具有较强指导性和实施性的村镇规划，具有很强的现实意义。而开展村镇规划就必须要与村镇土地资源结合起来，对村镇区域土地资源进行科学合理的评价就显得尤为重要。

本书是以"十二五"国家科技支撑计划项目"村镇区域空间规划与集约发展关键技术研究"（项目编号 2012BAJ22B00）中课题6"村镇区域空间规划与土地利用优化技术集成示范"（课题编号 2012BAJ22B06）之子课题2"基于生态安全的村镇区域发展建设评价与整治技术集成研究"（子课题编号 2012BAJ22B06-02）的研究内容为支撑，针对山地村镇区域重要生态用地、生态保护与区域发展建设用地之间的矛盾，在分析总结国内外生态保护、村镇规划、农村居民点和用地适宜性评价相关理论和方法的基础上，对山地村镇区域的生态现状及制约村镇区域发展建设的各种影响因素进行研究，旨在建立山地村镇区域建设用地适宜性评价指标及方法，为西部山地村镇规划提供指导和依据。

第二节 研究目的及意义

随着西部大开发的深入推进，我国西部山地区域处于正在或即将开发的状态。

同城市或其他发展规划一样，山地区域规划之前也必须对拟占用地进行深入全面的评价，也就是对建设环境及具体用地条件进行研究。目前，对西部山地区域建设用地的研究已较多，但范围都相对较大，大多是为城市的规划提供参考，能落实到村镇尺度的并不多。对山地区域的土地进行有效的评价，是坚守 18 亿亩耕地红线，保证经济发展与自然生态相协调的必经之路。现有的山地村镇区域建设用地评价研究，对村镇建设用地的选择与布局提供了一定的参考，但由于目前研究深度不足，因此尚有许多亟待解决的问题。

同时，山地村镇建设用地条件特殊，建设用地选择难度较大。相对于用地条件较好的平原城镇，山地的地质条件、地貌条件、气候条件、水文条件等较复杂，生态环境脆弱，用地条件较差，这种特质严重限制了山地村镇建设用地的选择，也提高了山地建设用地建设的经济成本和对工程技术水平的要求。因此，必须明确山地建设用地的特殊性，找出山地村镇建设用地的主导因素，因地制宜地对山地村镇用地进行建设适宜性评价，特别是针对生态的评价。只有做好建设用地的适宜性评价工作，才能科学地指导村镇建设用地选择、用地布局，协调经济发展与生态环境保护之间的关系。

第三节 相关概念界定

一、生态安全

生态安全(ecological safety)是指生态系统的健康和完整情况，是人类在生产、生活和健康等方面不受生态破坏与环境污染等影响的保障程度，包括饮用水与食物安全、空气质量与绿色环境等基本要素。对前人的研究成果进行梳理时发现，大家对安全的定级基本一致，但存在一些细微的差别，不同点主要有以下几个方面。

第一，安全是指生态系统少受或不受威胁与破坏；
第二，安全是指生态系统对人类持续发展、健康和生存等方面没有影响或威胁；
第三，安全是指既不破坏生态系统，也能满足人类发展和生存的需求[6]。

本书的研究目的是为山地村镇区域发展规划过程中的建设用地选址提供合理的建议和参考。首先，评价区域仅仅局限于村镇区域内，生态系统概念不强；其次，不涉及生态系统的评价，仅仅是想通过对评价区域进行用地等级区划，以便把区域内重要的生态用地[7](也称生态因子或生态涵养地)保护起来，避免其在发展建设过程中遭到破坏。

因此，本书中所提到的生态安全仅仅是非常狭义的生态安全，主要是从生态保护的角度来说的，重点是要保护研究区域内的生态涵养地，从而避免在区域建设过程中对整个生态系统造成影响，也就是说，本书的主体思想是保护，而非生态系统的安全等级评价。

二、山地村镇

山地村镇一般指形成于山地地域内的村镇，具有自然资源丰富、经济滞后、生态环境脆弱等特点。广义的山地包括山地、丘陵和高原。汪德华[8]总结出城市和山的关系通常有以下几种：山在城市中央、山在城市外围；利用山体修建城市部分建筑物；城市构筑在山上；城内外都有山。同样，山地村镇也有类似的特点：村镇零散分布于山地区域，每个村镇几乎都是单独存在的，缺少与外界的联系，这是交通不便产生的直接影响。

从工程建设的角度来看，山地村镇是依托山地地貌特征建设的，由于区域经济发展落后和思想观念落后等因素，对山地生态环境保护及工程技术的安全性、工程建设的经济性、发展规划的合理性等因素考虑相对较少。

从土地资源角度出发，山地区域的优良土地资源稀缺，耕地面积所占比例较小，由于经济条件落后，而工程技术不成熟，导致在规划建设过程中很容易放弃看似不良的建设用地，而选择优质耕地、林地等作为建设用地，不科学地对土地资源进行利用，必然会导致土地资源更为紧缺，生态环境遭到破坏。

综上所述，山地村镇区域是指我国由村镇居民点及其所辖地理空间构成的国土资源综合管理区域，它可以是一个市县辖区范围，也可以是若干个相邻市县辖区范围，或者是一个小流域、一个需要用特殊方式开发或保护的区域、一个需要推进农村城镇化的区域。

三、村镇建设用地

建设用地通常是指用于建造建筑物、构筑物及其使用范围的土地。建设用地是把土地作为生产基地、生活场所，而不是以取得生物产品为主要目的，它包括城镇建设用地、村庄建设用地、工矿用地、交通用地、水利工程用地、公用设施用地及军事旅游设施用地等。其中，直接为农业生产服务的用地，如灌排沟渠、田间道路、场院等为农业建设用地，其他则为非农业建设用地[9]。

本书中的村镇建设用地主要是指在村镇发展规划、建设过程中，村民自建房或政府规划建房用地、工矿企业用地、交通用地、水利工程用地及农业用地等，基于目前城镇化及新农村建设大背景，本书的建设用地重点指新农村居民点用地及其相关的附属设施用地。

四、土地适宜性评价

什么是土地？联合国粮食及农业组织(Food and Agriculture Organization of

United Nations，FAO)在 1976 年提出的《土地评价纲要》中接受了荷兰在 1972 年召开的瓦赫宁恩农村土地评价会议上参会者对土地达成的一致的概念：土地是比土壤更为广泛的概念,它包括影响土地用途潜力的所有自然环境(如气候、地貌、土壤、植被和水文)及人类过去、现在的活动成果[10]。这一论述早已被学界接受并形成如图 1.1 所示的土地系统垂直结构。

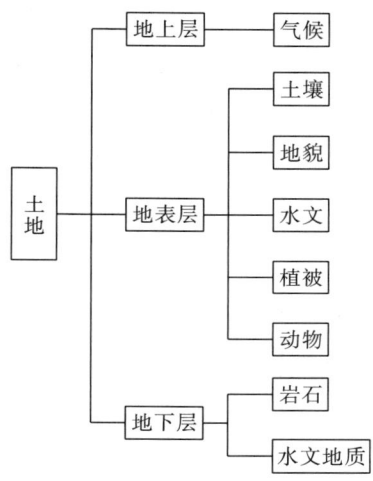

图 1.1　土地系统垂直结构

用地评价又称为土地评价。《土地评价纲要》指出,土地评价是"当土地作为特定用途时,对土地的特性进行评估的过程"。简单地说,土地评价其实就是在一定的用途条件下,为了一定的目的,对土地生产力的大小、土地质量的高低进行评估。而根据评价的目的、综合性程度、方法及对象的不同,土地评价可分为若干类,如图 1.2 所示。具体来说,用地适宜性评价是指以特定土地利用为目的的

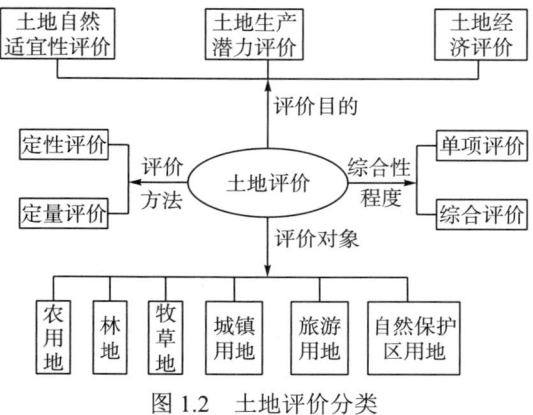

图 1.2　土地评价分类

评价土地适宜性的过程[11]。例如，麻永建等[12]利用 GIS 和 RS 技术对南阳市西峡县的城市建设用地生态适宜性做研究，郑文发[14]利用 GIS 技术以上海市奉贤区为例对城镇居民用地生态适宜性做研究，鲜明睿[15,16]利用 AHP 和 FR 模型对城市绿地适宜性评价做研究。

第四节 研 究 现 状

目前，国内外对土地资源评价的研究已经较为成熟，现今适宜性评价多是为城市规划提供基础。从城市用地评价的研究进展和成果来看，城市规划理论的发展影响着建设用地适宜性评价研究的发展进度和方向[2]。与城市用地评价类似，山地村镇即农村地区的土地资源评价也是随着农村地区的社会经济发展、规划前行的。

国外对土地资源评价的研究已经有两千多年的历史，在漫长的探索发展过程中，土地评价逐渐走向成熟和完善，其发展过程大致可分为以下几个阶段。

1. 土地评价萌芽阶段(20 世纪 60 年代以前)

在埃及、罗马及希腊等国的文献史料中都曾发现过土地资源等级划分的记录[10,16]。最初的土地资源评价研究主要是针对农用地，其目的主要是作为农业社会地主收取地租的依据。例如，俄罗斯曾出版《尼日格勒州土地的鉴定材料》，它是国外第一次具有代表性的土地资源评价，为当地政府向农民征收地租提供了依据和标准。随着社会经济的发展，城镇建设的规模和需求逐步加大，而大规模的城镇建设就需要一个合理的规划，使得土地资源适宜性评价研究伴随着城镇建设而逐步丰富起来。例如，1933 年的《雅典宪章》就已经提出建设用地选址的相关理论，认为针对不同使用目的的建设用地就需要考虑土地的不同适宜性并提出城镇规划应分功能区规划，指出城镇中的居住用地应该是区域内最好的地段，工业用地的选择必须要考虑工业与城镇其他功能能够和谐共存，在城镇开发的过程中应该合理安排城市景观、绿化、休憩用地，同时要开发城镇周围的自然风景区域供游憩之用[17]。

2. 土地资源适宜性评价体系形成阶段(20 世纪 60 年代～70 年代)

首先，美国农业部(United States Department of Agriculture)在 20 世纪 30 年代按土壤类型、坡度大小、侵蚀类型和侵蚀强度等将土地划分为 8 个土地级，或者称为土地利用潜力级(class)。到 20 世纪 50 年代后期，根据生产利用上的相似性续分出单元(unit)，从而形成并颁布了目前应用广泛的《土地潜力分类系统(Land Capability Classification)》[18]。然后，联合国粮食及农业组织(FAO)在 1976 年提出为土地规划服务的土地资源评价体系,并出版《土地评价纲要》一书,对各国都通用,是针对特定的土地用途的适宜性和适宜程度进行评价。

3. 土地资源评价迅速发展阶段(20 世纪 80 年代)

随着计算机技术的飞速发展及 GIS 技术的不断成熟,美国环境系统研究所(Environment System Research Institute,ESRI)的 GIS 产品不断更新发展,计算速度不断提高、存储介质容量不断增大,土地资源评价研究及其理论向着综合化、生态化、动态化及精确化方向发展[10]。联合国粮食及农业组织在《土地评价纲要》的基础上,针对不同的土地利用类型,建立了系统、全面的土地评价体系[19,20]。与此同时,随着 GIS 及影像技术的飞速发展,土地资源评价向着综合化的方向发展,提出了综合土地资源评价的概念,即通过对研究区的生态和自然状况、财政和社会经济水平及社会条件的综合分析,建立包括数据处理、建模、求解、评价预测和成图一整套的评价流程并为土地利用规划提供指导[21]。

4. 土地资源评价进入全面推广和应用阶段(20 世纪 90 年代以后)

在全球经济发展的基础上、可持续发展战略越来越受到重视及人口暴增的背景下,全球土地资源紧缺,直接刺激各国必须加强科学合理的用地规划。在此背景下,许多学者开始从自然、生态、社会和经济多方面考虑土地利用管理及其评价方法。1993 年,联合国粮食及农业组织颁布《可持续土地管理评价纲要》,要求评价者更多地关注保护自然资源的潜力、防止土壤潜力退化、水资源的安全等[22]。

近年来,国外土地适宜性评价多是从可持续发展和生态保护的角度出发。Geneletti[23]基于地理信息系统(GIS)、决策支持系统(DSS)和多准则分析(MCA)技术,以意大利北部特伦托为研究区,通过举例和讨论说明,空间决策支持技术在自然保护区土地利用规划中的有效性,并提出应以保护生态为前提来进行土地资源适宜性评价和用途规划。

综上所述,国外土地资源适宜性评价理论和实践均已成熟。从以往建设规划土地按功能分区发展到对土地资源适宜性进行评价,从最初定性分析发展到定性分析与定量分析相结合,从手工操作计算绘图发展到应用 ArcGIS 技术建立城市用地数据库、进行模拟分析、空间分析计算、计算机制图等,建设用地适宜性评价在理论方法和技术包括实用上都已经形成较为成熟的体系[2]。

我国对土地资源的研究历史悠久,土地资源评价思想萌芽较早。早期提出的土地分类和评价与国外一致,仍处于评价思想的萌芽阶段,没有完整的评价体系和指标,但是这种早期分类与评价总结了我国人民评价土地资源的经验;按土色、质地、结构、孔隙、有机质、盐碱等因素,并结合地形、水文等条件,对土地生产力分等定级,指出每种土壤适宜种的农作物,具有一定的科学性。

封建时期及中华人民共和国成立前,我国土地研究侧重于土地利用调查,土地资源评价方面研究较少。土地适宜性评价工作开展于 1951 年,为了确定农业税收率,开展土地类别划分和级别评定工作,在此基础上确定常年产量,并作为确定农业税的依据。

20 世纪 70 年代后期,随着国外对土地资源评价的研究,以及对联合国粮食及农业组织的《土地评价纲要》的引入,国内土地资源评价才进入一个新的发展阶段,并逐步形成两个全国性的土地资源评价体系。一个是参照美国的土地潜力分类而拟定的用于全国第一次土壤普查的土地资源评价系统,其分级标准稍加修改,没有采用层次分级而是采用了单层次分级系统,将全国土地分为 8 级;另一个是中国科学院拟定的土地资源分类系统,其采用 5 级分类法,即土地潜力区、土地适宜类、土地质量等、土地限制型和土地资源单位,拟定该分类体系就是为了编制《1:100 万土地资源图》。这两类土地资源评价体系实现了从定性评价过渡到定量评价,对我国农业用地适宜性评价理论和方法体系的完善起到了至关重要的作用。

到 20 世纪 80 年代,随着科学技术的进步尤其是计算机技术的发展,土地评价研究出现新的机遇。这一时期,土地资源评价的研究区域开始缩小,从全国性的大尺度土地资源普查研究逐步过渡到省、自治区、直辖市的中、小尺度的区域土地利用规划等实际需求研究。与此同时,土地资源评价研究的领域也进一步展开,从以前以为农业服务为主的土地评价研究,发展形成地区区域产业规划布局、城市规划布局及旅游规划布局等非农业用地评价研究多个方向。土地资源评价也从过去偏重于土壤性状等自然评价向自然、生态及社会经济的综合评价过渡,从而显著提高了土地资源评价研究成果的现实意义。另外,如前所述,随着计算机技术、影像技术和 GIS 技术的发展,区域大比例高清地图的形成,土地资源适宜性评价结果更加精准、合理。

我国土地资源评价中有关建设用地适宜性评价的研究已经较多。曲衍波等从生态保护和经济发展的角度以 GIS 栅格技术为支撑,利用对比分析法对城镇建设用地适宜性进行评价,以期为城市规划和土地资源利用总体规划的层状发展用地合理布局和科学评价提供指导[24]。薛松等以兰州榆中县为例,为评估城市建设用地的生态适宜程度,识别可建设的土地资源和生态敏感、脆弱及必须重点保护的区域,借鉴环境经济学中的损益分析原理,引用潜力-阻力分析方法,将评价指标分为生态潜力和生态阻力,最终进行城市建设用地生态适宜性评价,并将研究区分为适宜建设区、限制建设区和禁止建设区[25]。其他关于城镇建设用地适宜性评价的研究还有很多,其研究方法也很多。总体来说,我国建设用地评价按照侧重方向不同可以分为以下几类。

(1) 基于地质条件的评价研究。这类研究一般通过规划区或研究区域内的地质调查,取得该区域内的详细地质数据,然后进行地质地貌的建设用地适宜性评价,为区域内建设规划选址提供参考依据,如陈雯等[26]、程惠红[27]对曹妃甸滨海新区建设用地地质环境适宜性进行评价，孙斌[10]从山地村镇地质地貌适宜性的角度过行研究。总结这类研究成果后不难看出，地质条件的确是影响建设用地适宜性的一个重要因素，但是由于地质资料的获取较困难，不可能大规模进行地质勘探，因此基于地质条件的评价研究一般局限于较小的建设区域，要推广到地区区域规划应用上不太现实。

(2) 针对具体用途的评价研究。针对具体用途的建设用地适宜性评价，如工业建设选址、住宅区选址规划等，其研究区域对应的范围更小，更具有针对性。例如，王晓[28]对临沂市农村建设用地规模布局的适宜性进行评价，叶映等[29]融合了生态学、经济学、地理学等其他相关科学的原理和方法对铜鼓岭旅游用地生态适宜性进行评价研究。

(3) 针对区域(县域、省域等)的整体评价研究。这类评价一般不针对具体的土地资源用途，而大多从生态、自然的角度对区域进行整体评价研究，具有宏观性。例如，蒋翌帆[10]对云南省高山地区的土地适宜性进行评价研究，杜鹏飞等[30]以贵阳市为例对喀斯特地区土地生态适宜性进行评价研究。

综上所述，我国在建设用地适宜性评价研究中，大多针对城市建设用地，并且主要研究方向是地质地貌，缺少对西部山地广大农村地区的建设用地适宜性评价研究。

第五节　主要内容及研究思路

一、主要内容

本书以国家"十二五"科技支撑项目为依托，研究对象是中国广大的山地村镇区域，期望在山地村镇区域空间规划和土地利用优化上有所突破。本书的研究内容主要包括以下几点。

1. 山地建设用地特征

分析山地村镇区域土地利用现状、自然生态环境现状、社会经济现状水平及影响建设用地适宜性的因素，为相关指标体系的建立打下基础。

2. 基于工程建设对生态安全影响程度的土地区划

从村镇区域生态环境保护的角度，将用地红线的概念进一步拓展，以保护区域内的重要生态用地为基准，提出基于工程建设对生态安全影响程度的土地区划方法。

3. 基于生态安全的建设用地适宜性评价

以生态保护为基本出发点，建立一套操作性强、可量化、易于推广的基于生态安全的山地村镇区域发展建设用地适宜性评价指标和方法；并研究在山地村镇区域中，不同评价单元下建设用地适宜性评价结果的变化情况。

4. 山地城镇工程建设场地适宜性评价

从影响山地城镇建设工程安全的角度出发，选取影响山地工程建设的重要因子，研究山地工程建设场地适宜性评价理论。

5. 基于斜坡单元的山区三维斜坡稳定性及可靠度评价

在 GIS 平台下结合斜坡单元划分技术、三维滑动面搜索技术、人工智能优化算法、三维极限平衡法及可靠度分析原理，对山地地区斜坡的稳定性进行定量的可靠度评价。

6. 适宜性评价方法实现与系统开发

简述在 GIS 平台支持下实现各种评价过程的操作方法，并利用 ArcGIS 的二次开发组件技术和可视化开发工具，以 ArcGIS Engine 10.0 为开发平台、Visual Studio 2010 为开发语言环境、C#为开发语言进行山地村镇建设用地适宜性评价系统开发，实现图形浏览、图形-空间双向查询、生态安全评价、建设用地适宜性评价、工程建设场地适宜性评价、结果输出和打印等功能。

二、研究思路

研究技术路线如图 1.3 所示。

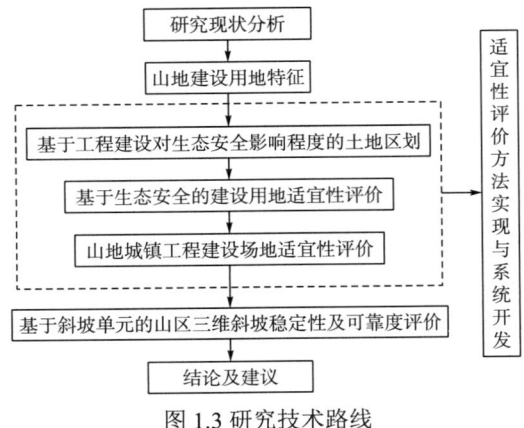

图 1.3 研究技术路线

参 考 文 献

[1] 国家测会地理信息局, 国土资源部, 国家统计局, 等. 第一次全国地理国情普查公报[R]. 2017.

[2] 南晓娜. GIS 支持下的山地城市建设用地适宜性评价研究[D]. 西安：西北大学, 2009.

[3] 聂君. 桂北地区山地旅游建筑设计研究[D]. 成都：西南交通大学, 2009.

[4] 周鸿. 人类生态学[M]. 北京：高等教育出版社, 2002.

[5] http://www.gov.cn/xinwen/2014-04/15/content_2659126.htm.

[6] 谢嗣频. 土地生态安全评价指标体系研究[D]. 南京：南京农业大学, 2011.

[7] 王振健, 李如雪. 城市生态用地分类、功能及其保护利用研究——以山东聊城市为例[J]. 水土保持研究, 2006(6):306-308.

[8] 汪德华. 中国山水文化与城市规划[M]. 南京：东南大学出版社, 2002.

[9] 孙斌. 山地村镇建设地质地貌适宜性评价[D]. 重庆：重庆大学, 2013.

[10] 蒋翌帆. 基于 GIS 云南省高山地区土地适宜性评价[D]. 昆明：昆明理工大学, 2009.

[11] 戴金华, 赵筱青. 基于灰色线性规划的土地利用结构优化——以云南省澜沧县为例[J]. 云南地理环境研究, 2009(3):26-31.

[12] 麻永建, 夏保林. 基于 GIS 和 RS 的城市建设用地生态适宜性评价——以南阳市西峡县为例[J]. 河南科学, 2009(8):133-136.

[13] 郑文发. 基于 GIS 的城镇居住用地生态适宜性评价研究[D]. 上海：华东师范大学, 2010.

[14] 鲜明睿. 基于生态适宜性理论的城市绿地景观综合评价[D]. 南京：南京林业大学, 2012.

[15] 鲜明睿, 侍昊, 徐雁南, 等. 基于 AHP 和 FR 模型的城市绿地适宜性评价[J]. 南京林业大学学报(自然科学版), 2012(4):23-28.

[16] 王辉. 中国西南山区城镇建设用地适宜性评价研究[D]. 昆明：云南财经大学, 2012.

[17] 郑新奇, 王筱明. 城镇土地利用结构效率的数据包络分析[J]. 中国土地科学, 2004(2):35-40.

[18] Beek K J.From soil survey inerpretation to land evaluation,part 1,from the past to the present[J].Soil Survey and land Evaluation,1981(1):6-12.

[19] FAO. A framework for land evaluation[R].FAO Soils bulletin 32,Rome,1976.

[20] FAO. Report on the Agro-ecologcial Zones Project[R].World Soil Resources Reports48(1)-48(4),Rome,1978.

[21] Turner R K. Land evaluation：Financial,Economic and Ecological Approaches[J].Soil Survey and Land Evaluation, 1985,5(2):21-33.

[22] FAO.FESLM：An international framework for evaluating sustainable land management[R].World Soil Resources Report No.73,1993.

[23] Geneletti D. A GIS-based decision support system to identify nature conservation priorities in an alpine valley[J].Land Use Policy,2004,21(2):149-160.

[24] 曲衍波, 张凤荣, 杜素芹, 等. 平谷区城镇建设用地生态经济适宜性评价方法[J]. 中国土地科学, 2010(12):23-29.

[25] 薛松,宗跃光.基于潜力阻力模型的城市建设用地生态适宜性评价——以兰州榆中县为例[J].国土资源科技管理,2011(1):5-10.

[26] 陈雯,柴波,童军,等.曹妃甸滨海新区建设用地地质环境适宜性评价[Z].2012:45-49.

[27] 程惠红.曹妃甸滨海新区工程建设适宜性评价[D].北京:中国地质大学,2009.

[28] 王晓.临沂市农村建设用地规模布局的适宜性评价[D].石家庄:河北师范大学,2009.

[29] 叶映,张翠萍,岳平.基于GIS的铜鼓岭旅游用地生态适宜性评价[J].中国科技信息,2008(21):21+23.

[30] 杜鹏飞,陈敏,肖劲松,等.喀斯特地区土地生态适宜性评价:以贵阳市为例[J].清华大学学报(自然科学版),2012(2):75-80.

第二章　山地建设用地特征

"山地村镇"包含两层含义：其一是指山地区域，与平原地区在地质地貌及气候等方面存在巨大差异；其二是指农村地区，与城市区域存在较明显的差异，主要表现为区域经济水平差异、区域人口科学素养差异及工程技术水平差异等。因此，要对山地村镇区域进行研究，就必须先对山地村镇区域的特征进行研究，并与平原地区及城市区域进行对比分析，才能更好地把有关平原城镇和山地城市已有的研究成果吸收并运用到本研究中。

第一节　地质地貌特征

山地村镇用地是一个各种因素(地质地貌、生态、社会经济等)综合作用的体系，这个体系具体包括地质地貌、生态环境、水文、自然灾害、政策法规、技术环境等因素，其中地质地貌和生态环境对建设用地适宜性起着关键影响作用。山地村镇用地相对于城市用地来说更为复杂，因为城市建设一般都有规划，并且场地相对较好。前些年，建设用地适宜性受自然、经济和社会 3 个方面[1]的限制和影响很大。随着社会经济水平的发展，生态环境保护和生态安全也越来越受到重视，其对建设规划选址的影响逐渐显现。

1. 地貌环境

与平原城镇相比，山地的主要特征体现在地貌形态复杂、坡度大、海拔高程差异大、坡向多变及地表曲率变化大。山地通常由山岭和沟谷构成，与平原相比其地貌特点主要有两点：其一，沟谷强发育，河谷分布广泛且多，河流的冲蚀作用又进一步下切沟谷，褶皱、断层和岩溶等地质构造较常见，地表切割强烈，地形破碎；其二，山地地形起伏大，地表曲率大，坡地所占比例高。例如，本研究选取的示范区之一，其区域内海拔高差高达 1500m，如表 2.1。

山地区域自身的复杂地质地貌环境是影响建设用地适宜性最直接也是最重要的因素之一。例如，平坦区域地势平缓，无滑坡等地质灾害且工程措施简单，适合作为建设用地；而地势越加陡峭，就越有可能存在地灾暴发风险，其工程实施的技术要求也越高，相应的建设成本也会提高。但这种山地地形在某些情况下也造就了一种特有的文化，如重庆的吊脚楼，以及涪陵城区依山而建形成的独特景观。从规划建设经验来说，通常将坡度在25°以上的划为不适宜建设用地，将坡度在55°以上的划为禁止建设用地[2]，究其原因，一是考虑到建设难度和成本，二是考虑到生态问题，因为坡度越大，生态越脆弱，工程建设对生态的影响也就越大。另外，山地区域往往被山脉、丘谷、江河等分隔开，落差大，平坦或者坡度较小的区块通常较为分散，因此适宜建设的用地不可能像平原地区那样集中，而多呈现分散状，给村镇扩张和基础设施配套带来了难度[1]。

表 2.1 涪陵地区不同海拔高程地势统计

项目	海拔高程/m						
	≤500	501~800	801~1000	1001~1200	1201~1500	1501~1800	>1800
面积(合计 29751.6)/km²	7204.1	9831.8	5177	3145.2	3134.1	974.3	285.1
百分比/%	24.2	33	17.4	10.6	10.5	3.3	1

2. 地质环境

由于长期的地质构造运动与沟谷、河流的冲刷作用，与平原地区相比较，山地村镇区域的岩性和地表组成物质呈现出非常不规律、不均匀的状态，基岩埋藏深度和地基承载力分布不均、差异较大，但村镇建筑一般对地基承载力要求也不高。

3. 水文环境

山地区域的地表径流与平原地区相比具有特有的属性。第一，由于特有的地貌特征，坡降大，降水能够沿着山坡迅速向沟谷、河流汇集，如遇强降水极易汇流成山洪和洪水；第二，由于山地地质构造复杂，褶皱、断裂多，地下水流复杂多变，并容易形成喀斯特地貌，水位的埋藏深度与场地适宜性密切相关，地下水位埋深越浅，建设工程的施工难度就越大，还会导致季节性蠕动，破坏建筑物[3]；第三，河床一般呈下切现象发育，河岸坡度较大，一次洪水涨落幅度大，且多为季节性水流，河流水量受降水影响大。

因此，山地地区的水文环境相比平原地区更为复杂，对山地区域的建设用地适宜性有更大的影响权重。

4. 气候环境

受山地地形地貌特征的影响，海拔高程差较大，导致山地气候与平原地区相比具有更大的可变性。这主要是因为较大地形起伏存在，不同坡面和坡向可接受的日照和辐射强度都不同，气流和气温的分布都会受到影响。另外，由于相对高差较大，山顶山坡与山谷盆地的气温差异较大，大气也不稳定，小气候复杂多变，局部常出现冰雹、暴雨等极端气象灾害天气。复杂多变的山地气候气象环境也直接导致自然灾害频发，这也是影响区域生态环境的重要因素[1]。虽然气候环境对建设活动有影响，但是基于本书的研究对象和目的，且村镇区域范围较小，气候统计特征值在一个村镇范围以内实际上已经没有多大的意义，故本书在研究过程中忽略气候环境指标对建设用地适宜性评价的影响。

第二节　生　态　特　征

地质地貌、气候和水文等自然要素构成山地村镇用地生态环境的基础。由于地质地貌条件的复杂性、气候复杂多变性及生物的多样性，山地地区的生态环境与平原地区相比更加敏感和脆弱，工程建设活动极易诱发一些地质灾害，山地区域优越的自然条件和资源也极易遭到人类工程建设活动的破坏。如图 2.1 所示，某项目选址不合理或者由于条件有限，需要大切破，这就极易造成滑坡并对原始自然景观造成极大的破坏。

图 2.1　选址不合理造成的切坡

山地村镇区域生态系统是自然生态与农业生态的结合体即人工与自然环境相结合，具有双重特性：残存的自然与人工物种同时存在，物种多样性较低，自然生态环境较为复杂和脆弱[4]。自然生态系统有着自己的运行规律，而农业生态系统主要由人工促进运转，受人工影响极大。生态系统由非生物部分、生产者、消费者、分解者组成。而作为山地村镇区域生态系统的主要生产者或者重要一环，河流、湖泊、自然保护区及耕地和农田，在村镇建设发展过程中必须加以保护。若在山地村镇建设发展过程中罔顾生态环境的敏感性和脆弱性，对自然环境的改变超过了自然环境承载力的允许范围，就有可能引起生态失衡，给人类自身的生存和发展带来麻烦。例如，人类在工程活动过程中的开山挖土，过度破坏植被，造成水土流失，在极端天气时就容易引发山洪和泥石流等自然灾害。既然在山地村镇中建设是不可避免的，为了保护脆弱的山地自然生态环境，就应该使人类建设活动的这种负面影响减少到最低程度，并将其控制在所允许的承载力范围之内，达到人类活动与自然生态环境和谐共生[1]。为此，本研究特加入了"基于工程建设对生态安全影响程度的土地区划"，其主要目的就是为保护区域内的重要生态用地（如河流、湖泊等）建立生态屏障。

第三节 人 地 关 系

人类作为土地利用的主体，只有在人类活动加入后土地作为一种资源才具有意义，要建立用地与人口之间的关系，即人地关系，它们之间相互依存，也相互制约。

山地村镇系统由人口系统和环境系统组成，环境对人口具有制约和限制作用，而人口对环境则表现出适应与改造的趋势。环境与人口的关系既可以表现为良性互动，也可以表现为相互恶化，其过程主要是人类通过对土地采取不同的利用方式得以实现的[1]。当前我国环境系统与人口系统之间的关系严重恶化，面临着用地矛盾突出、人地关系紧张的问题。

第一，建设用地和耕地之间的矛盾。耕地资源短缺，尤其是在山区，耕地资源更是具有等级低和分散的特征，涉及国家的粮食安全问题。根据《中华人民共和国水土保持法》规定，种植农作物坡度在25°以上的陡坡地要逐步退耕还林还草，在其他一些地方临时开垦种植农作物，易造成水土流失及沙化的土地，也要逐步退耕，据此，山地区域的耕地将更少。建设用地需求的增加无疑对保持极度有限的耕地资源具有极大的威胁，同时很有可能对生态造成破坏。据联合国教科文组织（UNESCO）和粮农组织（FAO）不完全统计，全世界土地面积为18.29亿公顷左右，人均耕地面积为0.26公顷，而截至2011年12月31日，全国耕地保有量为18.2476亩，人均耕地为1.4亩，远低于国际水平。我国政府多年来一直致力于做到"确保耕地总量不再减少，守住18亿亩耕地红线"，其关键不仅在于退耕还林还草的合理生态规划，还在于控制城市和村镇建设肆意乱占耕地。

第二，人类建设活动与自然环境之间的矛盾。山地村镇区域与平原地区相比，由于山地生态系统的脆弱性和敏感性，因此人类工程对土地的干扰表现更为直接、更为突出。

总之，随着我国村镇建设用地的需求进一步增大及区域建设规划的不合理，已过多地占用耕地、林地及水域，生态环境承载力已经达到极限甚至已经突破极限,造成人地关系矛盾非常突出。

第四节 自 然 灾 害

山地区域自然灾害主要类型有地震、洪水、崩塌、滑坡、泥石流、水土流失、地面变形(地面塌陷、沉降、地裂缝)等。自然灾害的诱发因素,根据其形成原因主要分为两种:一是人为因素造成的,如工程活动造成的切坡引起的滑坡、修建水库造成的小范围地震、采矿引起的地面沉降等;二是自然因素引起的,包括内因(如地层岩性、地质构造、地形地貌等)和外因(大气降水、河流冲刷等)。

1. 人为因素造成的自然灾害

由于山地的自身条件(如地质地貌等)和生态环境具有脆弱性,因此不合理的土地利用和高强度的工程建设活动将会诱发更多自然灾害[5]。

在山地区域,由于缺少平地和缓坡较少且不集中,因此山麓斜坡区极易遭切坡、植被遭破坏,若遇强降水,地表极易遭到侵蚀和破坏,降水将沿着山坡或者沟渠并夹带地表上的碎石黏土急速流下形成山洪或泥石流,给坡下区域带来巨大损失。例如,重庆山区,由于多为盆地丘陵或山区,没有足够的平地建设,因此经常会开挖坡脚或切坡,这种做法就会人为地改变斜坡的应力分布状态和外形,造成坡脚失稳,由此产生大量的高陡边坡和危崖,导致地质灾害频发。例如,在四川丹巴县的滑坡,从 1999 年起,这个坡体开始变形,逐渐形成一个纵长 270m、平均宽度 205m、体积约 150 万 m^3 的滑坡体,且近年来活动加剧。2003 年发生了滑坡造成人员伤亡的惨剧。2004 年 2 月,经监测发现,滑坡体有明显下滑迹象。进入 2005 年,这一滑坡体变得更为活跃,如图 2.2 所示。

2. 自然因素引起的自然灾害

山地地貌环境复杂,褶皱、断层、起伏多变的地貌形态及多变的气候是形成多地质灾害的主要原因。

地层岩性、地质构造、地形地貌等直接决定了山地地质灾害的形成、分布广泛、容易发生。根据形成原因,山可以分为构造山、侵蚀山和堆积山三大类。由地壳构造运动所形成的山称为构造山。例如,因地壳运动,造成地表岩层大面积褶皱而形成的褶皱山;因地壳断裂上升所形成的断块山等都属于构造山。原为高原或构造山,后来受到流水、风力等外力长期侵蚀分割而形成的山地称为侵蚀山。由某些物质在地表堆积而形成的山称为堆积山。这种山形状很对称,而且一般都孤立地矗立在低平地区之上。火山就是最常见的堆积山。从山的形成不难看出,山地具有地表破碎、坡度大、地表物质较软等特征,山体容易受到外界干扰而形成地质灾害。

图 2.2　四川丹巴县滑坡应急工程方案布置

气候特点也是山地地质灾害的主要诱因。山地地形起伏多变，直接决定了山地气候多变，多小气候和极端天气，降水量比平原地区大，容易出现连阴雨或暴雨的强降水天气。中国大部分河流都是雨型河流，径流的补给主要来自降雨，而降雨直接受太平洋副热高压的影响：一般每年的 4 月至 6 月初，副热带高压脊线在北纬 15°～20°，故珠江流域和沿海地带发生暴雨洪水；6 月中旬至 7 月初，副热带高压脊线移至北纬 20°～25°，江淮一带产生梅雨，引起河道水位上涨；7 月下旬至 8 月中旬，副热带高压脊线移至北纬 30°，降雨带北移至海河流域、河套地区和东北一带，成为这一带河道的主汛期，而此时热带风暴和台风不断登陆，使华南一带产生暴雨洪水；8 月下旬，副热带高压脊线南移，故华北、华中地区雨季结束。由此可见，中国江河流域洪水与气候有密切关系，所以每当流域内发生暴雨，就会形成洪水、泥石流、滑坡等。而洪水的大小又取决于各个流域的暴雨强度、径流面积和降雨时间[2]。

总之，山地地形起伏大，构造活动强烈、地质条件复杂、气候多变、水文复杂等是山地自然灾害频发的主要原因，而人类工程活动的深度和广度不断提高，又更进一步加剧了自然灾害的易发性。

参　考　文　献

[1] 南晓娜. GIS 支持下的山地城市建设用地适宜性评价研究[D]. 西安：西北大学，2009.

[2] 黄光宇. 山地城市学原理[M]. 北京：中国建筑工业出版社，2006.

[3] 许嘉巍，刘惠清. 长春市城市建设用地适宜性评价[J]. 经济地理, 1999(6):101-104.
[4] 黄光宇，杨培峰. 城乡空间生态规划理论框架试析[J]. 规划师, 2002(4):5-9.
[5] 钟林君. 山地城市总体规划阶段防地质灾害规划初探[D]. 重庆：重庆大学, 2006.

第三章 基于工程建设对生态安全影响程度的土地区划

生态红线区就是为了保证区域生态环境而人为划定的一个区域,该区域内必须严格管理和维护。划定生态红线区并严格管理和维护是有效保护重要生态区域、避免被人为活动干扰的有效手段之一[1]。本研究提出的"基于工程建设对生态安全影响程度的土地区划"是在生态红线概念的基础上,通过对区域内的用地研究,提出区域内的重要生态用地,从工程建设活动对区域内重要生态用地影响程度的角度,将研究区域进行区划及等级划分。为在土地评价的同时保证区域生态整体性,本章还引入"反规划"理念,即采用优先规划生态安全禁建区的规划方法,从控制区域生态基础设施入手对土地进行规划。

第一节 区划的含义和必要性

近些年,国内经济得到发展,但由于意识及发展观念的原因,一味追求经济而忽略了生态,生态环境正迅速恶化。这反过来促使人们开始反思,政府层面也开始逐步引导,最明显的就是近些年在政府工作报告中屡次提到生态、生态安全等关键词。

那么什么是生态,什么是生态安全?生态安全(ecological safety)是指生态系统的健康和完整情况,是人类在生产、生活和健康等方面不受生态破坏与环境污染等影响的保障程度,包括饮用水与食物安全、空气质量与绿色环境等基本要素。

国内学者对生态红线概念的阐述已经较多,该概念已经较为成熟。左志莉[2]认为"生态红线区就是保持区域生态平衡、确保区域生态安全方面具有重要影响并应该严格保护的区域,这些区域具有重要的生态服务功能或者生态环境极敏感或脆弱,具体包括江河源头、重要水源涵养区、水土保持的重点预防保护区和重点监督区、江河洪水调蓄区、生物多样性丰富地区和其他具有重要生态服务功能的区域,以及易发生土壤侵蚀、荒漠化、泥石流、滑坡等自然灾害需要特别保护的区域"。冯文利[3]认为"生态红线区包括3个子类,即具有重要生态服务功能价值和生态敏感性较强的区域,以及城市人居环境具有重要意义需要加以重点管理和维护的区域。其中，前两个子类区域实行最严格的保护政策，禁止有损生态系统的一切开发活动。对第三个子类的区域，其生态安全水平已降低到临界水平，必须严格控制该类区域的开发强度并加强生态环境的恢复和重建工作"。符娜和李晓兵[4]认为"生态红线区，是指对于区域生态系统比较脆弱或具有重要的生态功能，必须实施全面保护的区域"。

本研究比较认同左志莉[2]关于生态红线的提法。对于本课题来说，主要研究对象是山地村镇区域发展的建设用地，主要研究区域位于中国广阔的山区农村，其建设量不大，植被覆盖率高，农田、水域多，对整个地区生态调节有重要的意义。那么本章的土地区划其实就是为了保护山地村镇区域范围内重要的生态用地，如林地、耕地、湖泊、河流及风景旅游区等，而借助生态红线的概念并将其拓宽，提出与红线相对应的黄线，然后用红线和黄线将研究区域进行区划及等级划分。本研究提出将研究区划分为 3 个类别和 4 个等级（图 3.1），分别是：红色区（A 级），即红线以内的区域，是保持区域生态平衡、确保地区生态安全并应该严格保护起来的区域；黄色区（B 级），即红线和黄线之间的区域，该区域与红色区域相比，对保持区域生态平衡、确保地区生态安全的重要性弱，可以根据需要适当开发；绿色区（C 级和 D 级），即黄线以外的区域，其对生态的重要性就相对更弱。

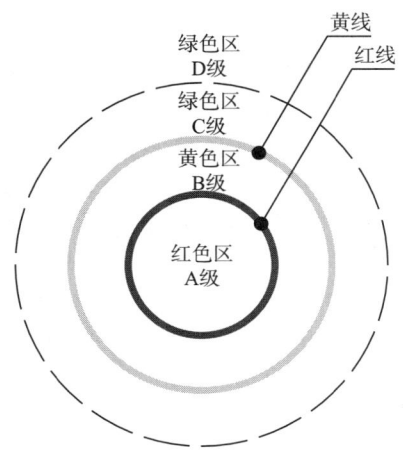

图 3.1　土地区划及等级划分

基于工程建设对生态安全影响程度的土地区划的必要性在于以下几个方面。

（1）从国家层面来看，从上到下，多部门反复强调生态及守住生态红线的重要性，并制定和安排了相关生态红线划定的工作[5-21]。"生态文明"写入党章和宪法，十八大报告中就出现了 39 处"生态"、33 处"环境"字样，而早在 2011 年，国家就提出要在陆地和海洋生态敏感区、重要生态功能区、脆弱区等划定生态红线——这是我国首次以规范性文件提出"生态红线"的概念。中共中央总书记习近平在中央政治局第六次集体学习时指出："要牢固树立生态红线的观念。在生态环境保护问题上，就是不能越雷池一步，否则就应该受到惩罚"[13]。

(2) 从当前社会需求来分析，生态保护也是非常迫切和必需的。随着人民群众的生活质量不断提高，对精神文明的要求也越来越高，对生态、生活环境也越来越重视，生态保护显得越来越迫切。

(3) 从课题研究角度来看，本课题是"十二五"国家科技支撑计划课题"村镇区域空间规划与土地利用优化技术集成示范"中的一部分，研究应着眼于整个课题的需求，为课题的后续研究提供支持，尤其是在村镇区域空间规划选址建设过程中，对选址提出合理、科学的建议。

第二节 区划指标体系

土地区划的划定方法与研究的目的及对象地区不同，所选取的评价因子也是有所差别的[1]。不同的研究目的，侧重点不一样；对于不同的研究区域，其区域生态环境不一样，具有的生态要素也不一样。《深圳市基本生态控制线管理规定》中将一级水源地、自然保护区、风景名胜区、森林及郊野公园、基本农田保护区、主干河流、水库及湿地、生态廊道和绿地、坡度大于25°的山地等具有较高生态价值的区域划为"基本生态控制线"。符娜[22]以生态系统服务功能和生态脆弱性作为划定生态红线区的依据对云南省土地利用规划划定了生态红线区。昆明在新的土地利用总体规划中将生态系统最具有关键生态功能的区域或比较敏感的区域划定为生态红线区[23]。刘雪华等[1]在研究生态红线区的过程中，将研究区域划分为3类，即红线区、黄线区及可利用区，而划分的依据主要是生态系统敏感性、生态系统服务功能及生态风险。

一、原则

1. 生态保护重要性原则

生态保护是一项国家政策，也是社会需求。生态红线应根据各地区生态因子分布情况划定，应具有特有性、不可替代性、代表性等特征，同时能够适应山地村镇的发展建设并起到支撑经济社会发展的重要作用。

2. 生态性原则

生态红线是不能逾越的雷池，一旦划定必须进行严格遵守[5,7,20,21]。生态红线的划定既要考虑环境保护要求，又要兼顾经济可支撑性。随着地区经济社会发展，生态红线可根据实际情况进行适当调整，但调整的原则是生态红线的保护功能不降低，保护区总体面积不减少[24]。

3. 经济合理性原则

土地区划应基于区域现有各类生态用地空间分布及其经济社会状况统筹进行，要充分考虑区域概况、受保护对象、经济支撑能力和当前监管能力相适应，突出重点，限定有限目标，确保划定的保护线能得到有效管护[24]，并能适应当地社会经济发展。

4. 分类划定原则

土地区划实际上就是根据不同的生态用地划定不同等级的保护线。它是一项系统工程，应在重要生态用地范围内，根据生态用地的功能与类别，分别划定生态红线，确保生态用地的基本生态功能得到发挥和保护[24]。

二、指标体系

如前所述，本章的研究思路是把评价区内的重要生态用地通过对整个研究区域划线和分区的方式保护起来，避免其遭受工程建设活动的干扰和破坏，因此，研究区内所包含的重要生态用地即为土地区划的评价指标。根据前文对生态用地的研究可知，山地村镇区域内的生态用地主要包括河流、湿地(湖泊及水库等)、自然保护区、风景名胜区、林地及大部分农业用地(如基本耕地、园地等)。综上所述，基于工程建设对生态安全影响程度的土地区划指标主要包括河流、湖泊及水库、景观类型、自然保护区及风景区和其他重要的生态用地，如图3.2所示。

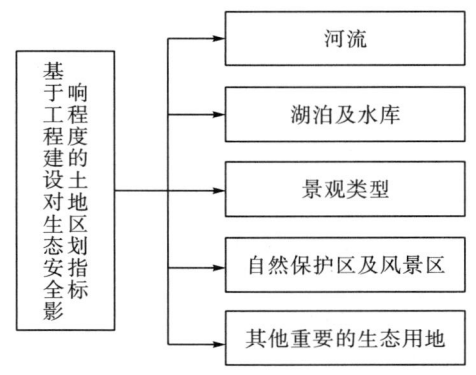

图 3.2 土地区划指标体系

三、指标定量分级

评价指标确定以后，应对评价区的社会经济和自然条件进行综合调查，反复论证评价指标的合理性[25,26]，然后再根据各评价指标对生态的重要程度及其自身特点划分其分类条件。

1. 河流

河流是区域的血脉，对区域景观质量的改善、正常水循环维持发挥着巨大作用，河流廊道不仅是区域生态格局安全的重要廊道，还能维持生态系统的平衡[27]。在山地区域河流分布广泛、交错纵横，对地区生态、经济具有重要意义。在全球气候变暖的大背景下，随着近年对河流的过度开发及河流周边生态的破坏，部分河流逐渐干涸断流，对区域生态环境造成极大的破坏。在生态红线划分中，要充分考虑对地表河流的保护，通过对前人研究成果[27-29]及相关国家标准[30-32](如《水土保持技术规范》)的研究得出，可以按照距河流的距离由近及远地划定红线保护级别，具体分级如表 3.1 所示。距离河流越近，工程建设活动对河流的生态影响越大，越容易造成河岸水土流失和滑坡等地质灾害，对项目本身也存在安全隐患，故工程建设活动应尽量远离河流。

2. 湖泊及水库等湿地区域

根据《重庆市湿地保护管理条例》规定，湿地是指本市境内天然或者人工的常年或季节性的适宜喜湿野生动植物生长、具有生态调控功能的潮湿地域，包括河流、湖泊、水库、消落带、泥炭地、滩涂、沼泽、温泉、湿草甸等常年积水和季节性积水的地域。

区域内的湖泊、水库等湿地通常具有生物多样性、景观优美、人文集中或科普宣传教育意义明显等特征，是珍稀、濒危野生生物物种集中分布的区域，国家和地方重点保护的鸟类的主要繁殖地、栖息地及迁徙路线上的主要停歇地，同时也是区域内的重要生态用地，对区域内的生态平衡具有重要意义。因此湖泊及水库等湿地区域应被严格保护起来，禁止非保护性的工程建设活动。

《重庆市湿地保护管理条例》规定湿地自然保护区可以按照有关规定被划分为核心区、缓冲区和实验区。同时结合前人的研究成果[27-29]，对湿地保护区根据距离划定红线保护级别，由近及远，工程建设活动对湿地保护区的影响逐渐减小；反之亦然。具体分级如表 3.1 所示。

3. 景观类型

景观类型主要是指土地利用现状，即土地利用类型。把它分为已建用地(包括工矿、居民用地等)、裸地、旱地、草地、林地、水田[1,28,33-35]，它们的特征是生态功能依次增强，即在工程建设过程中更多地占用已有建设用地、裸地比更多地占用林地和水田等区域对生态的影响小，也就是说，它们的生态敏感性逐渐增强。

4. 自然保护区、风景区

自然保护区、风景区等作为区域重要的旅游资源，对当地经济有着重要的意义，同时也是区域内的重要生态要素。从经济和生态双重要素上考虑，自然保护区和风景区及其周边都是应该被严格划线分级保护起来的[1]。

表 3.1 评价指标分级量化表

评价目标	指标	定性分级	分级标准	赋值	权重
基于工程建设对生态安全影响程度的土地区划	河流 A1	5 级	(200m,+∞)	9	$\frac{1}{n}$
		4 级	(140m,200m]	7	
		3 级	(100m,140m]	5	
		2 级	(60m,100m]	3	
		1 级	(0,60m]	1	
	湖泊及水库等湿地区域 A2	5 级	(200m,+∞)	9	$\frac{1}{n}$
		4 级	(150m,200m]	7	
		3 级	(100m,150m]	5	
		2 级	(50m,100m]	3	
		1 级	(0,50m]	1	
	景观类型 A3	5 级	建设用地	9	$\frac{1}{n}$
		4 级	采矿及特殊用地	7	
		3 级	林地	5	
		2 级	一般农田、园地	3	
		1 级	基本农田保护区 河流、湖泊、坑塘水面	1	
	自然保护区等 A4	5 级	(800m,+∞)	9	$\frac{1}{n}$
		4 级	(600m,800m]	7	
		3 级	(400m,600m]	5	
		2 级	(200m,400m]	3	
		1 级	(0,200m]	1	
	其他 A5	研究区域内其他重要的生态用地，根据实际情况确定			$\frac{1}{n}$

注：1. 表中 n 为评价指标的个数。
2. A4 应包括自然保护区、森林公园、风景名胜区、世界文化自然遗产、地质公园等。

第三节　评价方法及模型

一、评价单元划分

由于各种因素在各个局部区域的差异性和复杂性，要做到较为精确的评价，需将整个研究区域分成若干个小单元，即评价单元。根据每个单元的不同情况，分别赋予不同的属性，然后才能根据这些属性进行区域评价。常用的划分方法主要有3种，即正方形网格单元划分法、不规则多边形网格单元划分法和综合法[36]。

1. 正方形网格单元划分法

正方形网格单元划分法是以地理坐标来控制的，采用正方形网格划分；根据具体情况，确定网格大小，可由 $0.01km^2$ 至数平方千米。这种划分方法对大区域的评价是比较合理的。

2. 不规则多边形网格单元划分法

不规则多边形网格单元划分法一般以各类地质环境条件的突变边界作为单元的边界，如以地形地貌相对突变边界(如山脊、山谷)作为单元边界，以断裂带作为单元边界，以生态用地边界(如河流、湖泊、林地)作为单元边界。

这种方法适用于小范围的适宜性评价。因为对小范围的适宜性评价时由于地形、地质变化大，因素离散性大，若仍采用正方形网格单元划分法，则会把评价因子性状相对很不均一的区段划分在同一评价单元内，而把均一性较好的区段可能人为地分隔开了，这与小范围的山地村镇区域建设用地适宜性评价是相违背的。所以，对小范围的村镇区域建设用地适宜性评价采用不规则多边形网格单元划分法，这种评价单元以 $0.5km×0.5km$ 为上限。李萍[37]在《基于 GIS 的醴陵市土地适宜性评价研究》中的单元划分方式与此基本类似。

本研究也采用此方式划分单元格，即以地貌边界、断裂带，以及生态用地边界、坡向图、坡度图、海拔图等叠加得到的斑图作为评价单元，并对斑图进行操作(如分割、套合及间断等)使其形成封闭斑图，则所得到的这些斑图将具有叠加图层的属性。图 3.3 所示为评价单元划分的叠加示意图，示意评价单元的叠加形成过程。

3. 综合法

综合法是将以上两种划分方法相结合的方法。首先采用规则正方形网格法进行评价单元的划分，然后结合已有的研究区域的资料，采用不规则多边形网格法

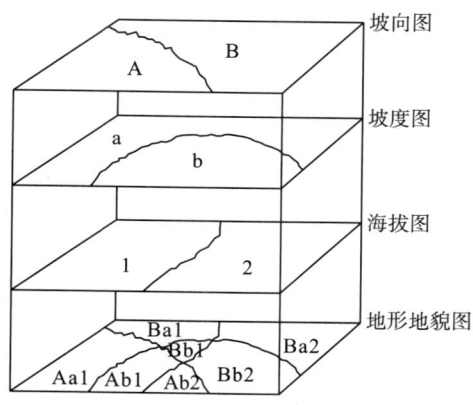

图 3.3 评价单元划分的叠加示意图

对以上正方形单元内评价因子形状发生突变的位置进行调整，以确保每个评价单元内的评价因子性状具有相对均一性。

二、综合风险矩阵评价模型

矩阵评判法又称风险矩阵评估法（以下简称矩阵法）。该方法是 1995 年美国空军电子系统中心对采购项目的寿命周期风险进行评估时首次提出的。近年来这种方法在工程领域的应用受到密切的关注，其概念清晰、使用方便、评估结果简洁易懂，有利于风险管理工作的开展。许多国家或地区相关部门的规范和标准中都采用了风险矩阵（或其变形）评估方法。

1. 基于"道路效应"判断工程建设发生概率等级

工程建设发生的概率等级，以现有居民点的分布规律为依据。并规定居民点数所占比例为 60%、25%、10%、5%、0，对应的区域分别为最热点、较热点、热点、冷点、最冷点区域，相应的工程建设发生概率等级分别为 5 级、4 级、3 级、2 级、1 级，各等级具体判断标准如表 3.2 所示。

而研究表明，农村居民点分布很大程度上表现出"道路经济"[38]，即村镇道路体系越完善发达的区域，居民点越密集，越靠近村镇主干道路线，居民点布局呈线状或带状的可能性越大。

因此可以根据现有居民点在距道路不同距离处的分布数据，结合不同概率等级规定的居民点比例，统计得出不同概率等级对应的距道路的直线距离。最后根据不同的直线距离确定概率等级区域。

表 3.2 工程建设发生概率等级判断标准

概率等级	居民点比例	定性描述
5 级	60%	此区域很可能发生工程建设
4 级	25%	此区域可能发生工程建设
3 级	10%	此区域偶尔发生工程建设
2 级	5%	此区域很少发生工程建设
1 级	0	此区域几乎不可能发生工程建设

2. 基于 Logistic 回归模型判断居民点潜在分布概率等级

用 0～1 表示每个单元点是否存在居民点。取地表曲率、相对高程、坡度、坡向、坡位及距村镇道路距离 6 个因素对居民点分布进行因果关系解释，并用 Logistic 回归模型进行分析，Logistic 回归模型的具体算法为

$$Z = B_0 + B_1 I_{1j} + B_2 I_{2j} + \cdots + B_n I_{nj}$$
$$P = \frac{e^z}{1+e^z}$$
(3.1)

式中，B_0 为常数；$B_1, B_2, \cdots, B_n$ 为回归系数；$I_{1j}, I_{2j}, \cdots, I_{nj}$ 为单元的各地貌形态要素变量；P 为居民点在单元上出现的概率。

在 SPSS 技术支持下，采用 Logistic 回归模型模拟上述 6 个因素与农村居民点空间格局的相关性，进一步研究不同因素对农村居民点空间格局的影响程度，得到居民点空间分布的 Logistic 逐步回归模型参数，从而绘制出居民点潜在的空间分布概率图。居民点潜在分布概率等级分为 1 级、2 级、3 级、4 级、5 级，各等级判断标准如表 3.3 所示。

表 3.3 居民点潜在分布概率等级判断标准

概率等级	居民点潜在分布概率	定性描述
5 级	(0.8,1.0]	此区域极可能存在潜在居民点
4 级	(0.6,0.8]	此区域较可能存在潜在居民点
3 级	(0.4,0.6]	此区域可能存在潜在居民点
2 级	(0.2,0.4]	此区域较不可能存在潜在居民点
1 级	(0,0.2]	此区域几乎不可能存在潜在居民点

3. 工程建设对生态安全影响的后果等级与判断标准

首先根据研究目的及研究对象确定评价指标体系，然后再根据各评价指标对生态安全的重要程度及其自身特点划分其分级条件，将每个指标的工程建设影响后果等级分为 1 级、2 级、3 级、4 级、5 级，可以利用 ArcGIS 对每个指标对应

的土地等级进行区划。

4. 基于工程建设对生态安全影响程度的土地区划

(1) 土地等级划分。在生态保护红线的基础上,本章提出生态黄线的概念,从而将研究区域划分为两线三区:红色区(A 级)、黄色区(B 级)、绿色区(C 级和 D 级)。

(2) 矩阵的构建。工程建设影响后果等级和工程建设发生概率等级是通过调查各单元并根据统一赋分标准得来的,是两个随机变量观测值,分别用 X、Y 表示。而土地等级是两者的函数,用 Z 表示。

由数理统计知识可知两个随机变量观测值偏差的传播对函数值偏差影响大小的计算方法,如式(3.2)。因为 X、Y 是随机变量,它们与期望值的偏差也是随机变量,所以考查 X、Y 对 Z 的影响,即

$$Z = \sqrt{mX^2 + nY^2} \tag{3.2}$$

式中,m、n 均为概率系数,两者之和为 1,分别反映工程建设影响后果和工程建设发生概率对土地等级的贡献,本章取 m 为 0.7,n 为 0.3。根据式(3.2)构建出土地等级矩阵(表 3.4),其分区结果如表 3.5 所示。

式(3.2)就是在矩阵法分析中用来反映土地等级与工程建设影响后果等级、工程建设发生概率等级之间关系的函数表达式[39]。

表 3.4 土地等级矩阵底图

工程建设发生概率等级	工程建设影响后果等级				
	1 级	2 级	3 级	4 级	5 级
5 级	3.6	3.8	4.1	4.5	5.0
4 级	2.9	3.2	3.5	4.0	4.5
3 级	2.2	2.5	3.0	3.5	4.1
2 级	1.6	2.0	2.5	3.2	3.8
1 级	1.0	1.6	2.2	2.9	3.6

表 3.5 土地等级划分标准与等级色谱关系

土地等级分值	土地等级划分	土地等级色谱
[1,2]	D 级	深绿色
[2,3]	C 级	浅绿色
[3,4]	B 级	黄色
[4,5]	A 级	红色

(3) 土地等级初步区划。根据工程建设影响后果等级和工程建设发生概率等级，可以将土地划分为 A 级、B 级、C 级、D 级 4 个等级，以指标"河流"为例，单个指标下的土地等级评价如表 3.6 所示。

表 3.6 土地等级判断标准

工程建设发生概率等级	工程建设影响后果等级（按与河流的距离划分）				
	1 级	2 级	3 级	4 级	5 级
	[200m,+∞)	(150m,200m]	(100m,150m]	(50m,100m]	(0,50m]
5 级	B 级	B 级	A 级	A 级	A 级
4 级	C 级	B 级	B 级	A 级	A 级
3 级	C 级	C 级	B 级	B 级	A 级
2 级	D 级	C 级	C 级	B 级	B 级
1 级	D 级	D 级	C 级	C 级	B 级

根据评价单元的工程建设发生概率等级值和每个指标的工程建设影响后果等级值，由表 3.4 可以确定评价单元单指标评价得到的土地等级，但多个指标综合的土地等级应根据生态安全控制的需要，可按下式确定，即每一个评价单元中的土地等级取同一单元中各个指标评价得到的土地等级的最高等级作为最终评价结果。

$$Z = \max(Z_1, Z_2, Z_3, \cdots, Z_n) \quad (3.3)$$

式中，Z_n 为由第 n 个指标评价得到的土地等级。

三、综合指数评价模型

基于对前人研究成果及土地区划指标体系的研究，又因为本章土地区划的指标体系也很简单并且权重是按照等权法取得的，所以本章最终选用加权叠加法[26,34]进行多因素分析，公式如下：

$$Q_{ij} = \sum_{k=1}^{n} W(k) \cdot C_{ij}(k) \quad (3.4)$$

式中，Q_{ij} 为第 ij 个网格的生态红线划分值；$k=1, 2, \cdots, n$，为第 k 个因子；$W(k)$ 为第 k 个因子的权重；$C_{ij}(k)$ 为第 k 个因子在第 ij 个网格的红线区划分值。

对于一个研究区域而言，河流、湖泊等生态用地对该地区的生态平衡同等重要，谁都不能被忽略，故在土地等级区划时采取等权法[1]，即各因子的权重值一致。假设有 n 个指标，则每个指标的权重分别为 $1/n$。

根据评价模型计算结果，对评价单元分级、分级标准及各等级对应的特征，如表 3.7 所示。

表 3.7 基于工程建设对生态安全影响程度的土地区划

类别	等级	分值 Q	特征描述
红色区	A 级	[1, 3)	位于红线以内，属于重要的生态用地，对工程建设极其敏感，应禁止工程建设
黄色区	B 级	[3, 5)	位于红线和黄线内，处于重要的生态用地外侧附近，对工程建设比较敏感，应限制该区域的工程建设
绿色区	C 级	[5, 7)	位于黄线外侧附近，对工程建设敏感度小。当有工程建设需求时可以选择此区域
	D 级	[7, 9]	位于黄线外侧较远区域，与重要的生态用地有足够的距离，对工程建设较不敏感。当有工程建设需求时应优先选择此区域

四、GIS 支持下的评价方法

ArcGIS 是一个地理信息系统平台，能够把各种图形数据和属性信息进行综合分析，其空间分析能力极其强大。本章采用 GIS 技术进行土地资源评价，不仅可以将土地资源的各种属性值空间化，还可以灵活地按照自己的需要对数据进行分析、处理等操作，从而显著提高评价进度和工作效率。

运用 GIS 进行土地资源评价主要包括以下 3 步。

1. 建立空间数据库

土地资源评价的关键是数据，包括数据的获取和数据的整理，运用 GIS 进行评价就需要把获取的数据导入 GIS 系统中建立起一个空间数据库。空间数据库的建立是通过数据导入—检查校正—数据规范化处理—矢量数据栅格化—栅格数据分级赋值一系列操作实现的。

2. 数据叠加分析

叠加分析就是把前面建立的空间数据库中的多个数据按照一定的规则进行一系列集合运算、叠加分析，产生新的属性值。栅格空间数据叠加分析示意图如图 3.4 所示。

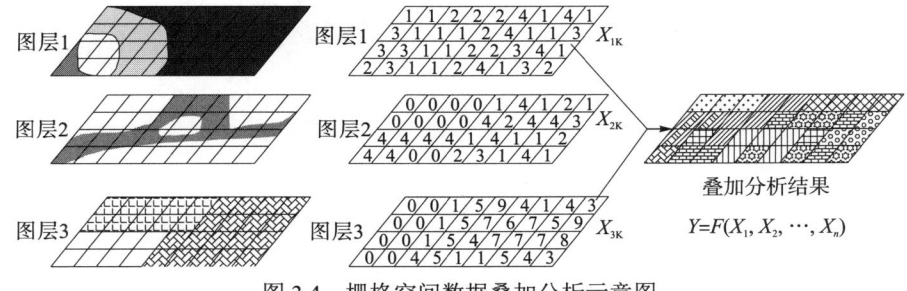

图 3.4 栅格空间数据叠加分析示意图

3. 成果输出

在空间数据叠加分析后，GIS 为土地资源评价综合分析结果提供了多种表达工具，可以是统计表格、统计图和地图等数字化成果，也可以是屏幕化显示，最为重要的是 GIS 能够按照用户要求输出各种格式的图形文件。

五、结果调整

根据各指标的权重综合计算结果来进行综合等级评判，这在理论上是可行的，但是各指标叠加以后就可能造成河流、湖泊等所在区域被评判为黄色区或绿色区，而这显然不符合"基于工程建设对生态安全影响程度的土地区划"的基本思想，因此应对综合结果做调整。调整时，应将河流、湖泊、自然保护区等所在区域直接调整为红色区（A 级）。

第四节　应　用　实　例

下面以重庆市涪陵区义和镇为例说明如何进行基于工程建设对生态安全影响程度的土地区划，关于重庆市涪陵区义和镇的具体情况已在本章第二节中做了详细介绍，在此不再赘述。

一、指标体系建立

如前所述，针对不同地区的土地区划应根据该区域的用地现状及实际情况重新调整指标体系。

通过对研究区域重庆市涪陵区义和镇用地现状的分析总结得出其区域内重要的生态用地，主要包括河流（长江、半溪河、石钟溪和凤嘴江）、水域（双河水库及大量的坑塘）、风景区（金佛山旅游区）、基本农田保护区、林地及一般农地区，其中基本农田保护区占比最大、分布范围最广。因此，根据研究区的实际情况对前文提出的指标体系做出调整，调整后的指标体系如表 3.8 所示。其基本框架不变，仅仅是对各指标具体化，如具体到义和镇区域内的河流包括长江、半溪河和凤嘴江。

第三章 基于工程建设对生态安全影响程度的土地区划

表 3.8 基于工程建设对生态安全影响程度的土地区划指标体系（义和镇）

指标	定性分级	分级标准	赋值	权重
河流（长江、半溪河和凤嘴江）A1	5 级	(200m,+∞)	9	$\frac{1}{4}$
	4 级	(140m,200m]	7	
	3 级	(100m,140m]	5	
	2 级	(60m,100m]	3	
	1 级	(0,60m]	1	
湖泊及水库等湿地区域（双河水库及大量的坑塘）A2	5 级	(200m,+∞)	9	$\frac{1}{4}$
	4 级	(150m,200m]	7	
	3 级	(100m,150m]	5	
	2 级	(50m,100m]	3	
	1 级	(0,50m]	1	
景观类型 A3	5 级	建设用地	9	$\frac{1}{4}$
	4 级	采矿及特殊用地	7	
	3 级	林地	5	
	2 级	一般农田、园地	3	
	1 级	基本农田保护区、河流、湖泊、坑塘水面	1	
自然保护区、风景区（金佛山旅游区）A4	5 级	(800m,+∞)	9	$\frac{1}{4}$
	4 级	(600m,800m]	7	
	3 级	(400m,600m]	5	
	2 级	(200m,400m]	3	
	1 级	(0,200m]	1	

二、单因子土地区划

根据涪陵区义和镇 2012 年土地利用现状调查的图件资料，提取镇域内的河流、湖泊（包括坑塘水面）、风景名胜区及景观类型（分为基本农田、园地、建设用地等）等矢量图，然后运用 GIS 中的 Desktop 工具按照表 3.3 进行单因子分级，分别形成分布图如图 3.5～图 3.8 所示。同时，根据 GIS 划分结果统计得到单因子土地区划结果统计表，如表 3.9 所示。

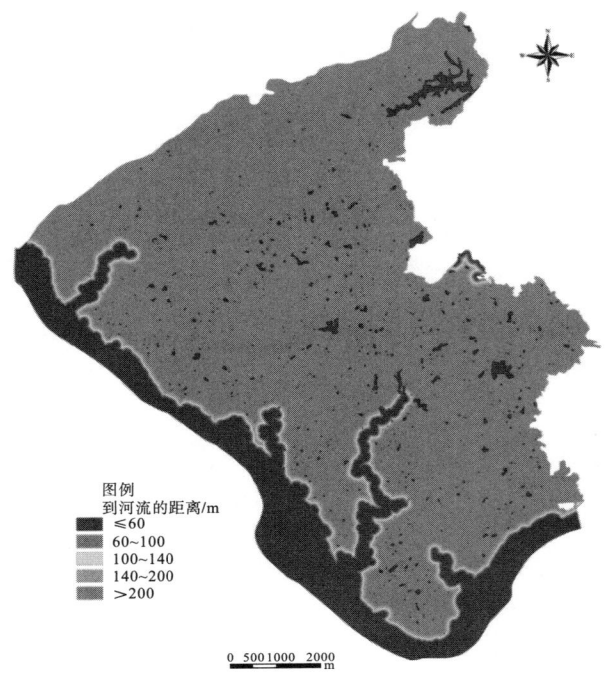

图 3.5 重庆市涪陵区义和镇河流距离分布图(见彩插)

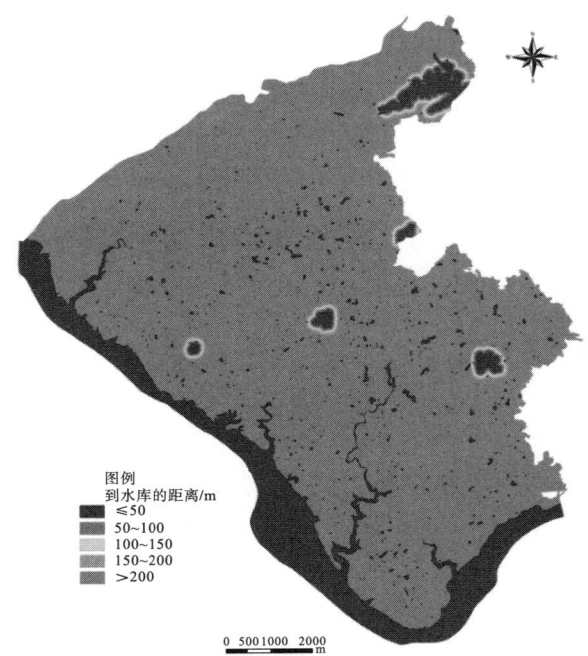

图 3.6 重庆市涪陵区义和镇湖泊(水库)距离分布图(见彩插)

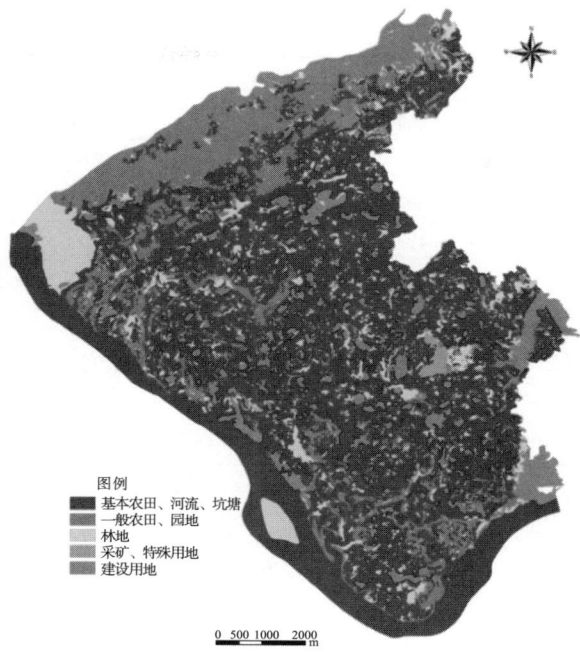

图 3.7 重庆市涪陵区义和镇景观类型分布图(见彩插)

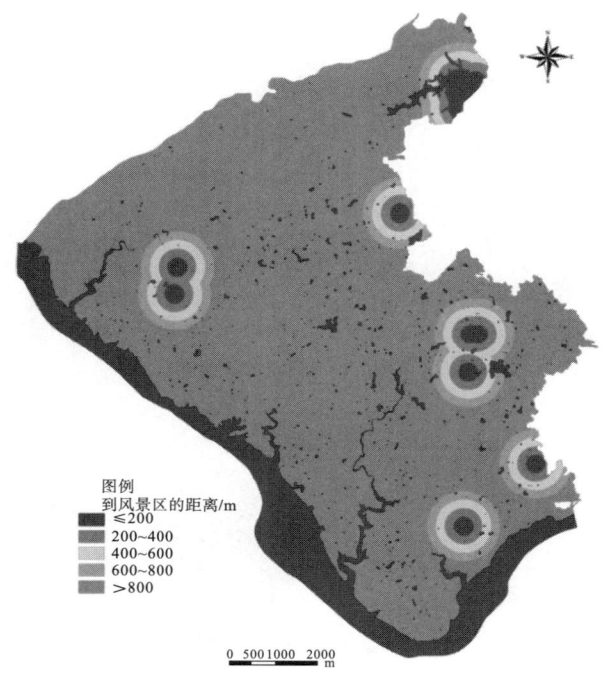

图 3.8 重庆市涪陵区义和镇风景名胜距离分布图(见彩插)

表 3.9　单因子土地区划结果统计表（义和镇）

项目		定性分级					合计
		1 级	2 级	3 级	4 级	5 级	
河流	面积/km²	15.54	2.01	1.89	2.64	82.31	104.39
	百分比/%	14.88	1.93	1.81	2.53	78.85	100.00
湖泊水库	面积/km²	4.41	0.78	0.75	0.77	97.68	104.39
	百分比/%	4.22	0.75	0.72	0.74	93.57	100.00
景观类型	面积/km²	60.88	22.13	12.10	0.35	8.93	104.39
	百分比/%	58.32	21.20	11.59	0.34	8.55	100.00
风景名胜	面积/km²	1.77	3.56	4.89	5.91	88.26	104.39
	百分比/%	1.70	3.41	4.69	5.66	84.54	100.00

三、综合土地区划

根据单因子划分结果及式(3.1)，通过 GIS 叠加运算得到综合土地区划结果，最终将研究区域划分为 3 个类别、4 个等级，如图 3.9 和表 3.10 所示。

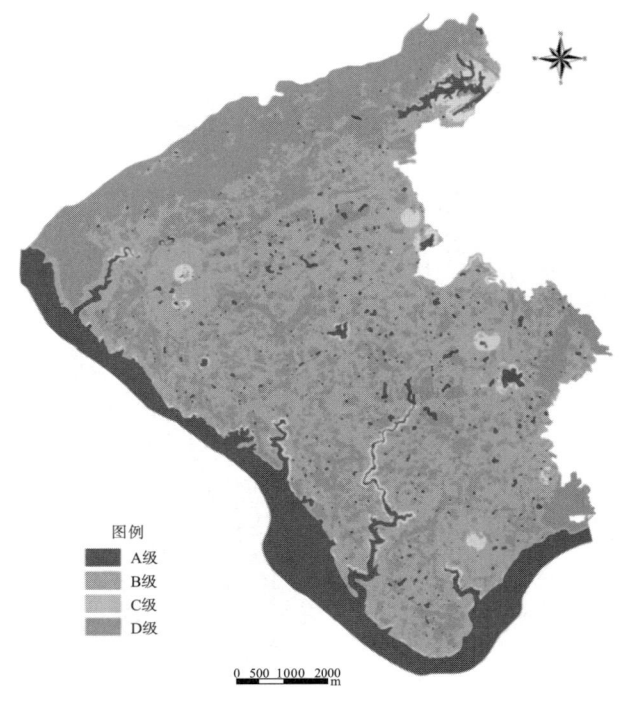

图 3.9　基于工程建设对生态安全影响程度的土地区划结果（义和镇）（见彩插）

表 3.10　基于工程建设对生态安全影响程度的土地区划结果统计表（义和镇）

项目	土地区划				合计
	红色区	黄色区	绿色区		
	A 级	B 级	C 级	D 级	
面积/km²	19.18	2.90	50.99	31.32	104.39
百分比/%	18.37	2.78	48.85	30.00	100.00

第五节　"反规划"理念下的山地村镇建设用地适宜性评价

近年来，随着我国人口、资源、环境与经济发展的矛盾日益凸显，关注生态和谐、提高生态保护、推动经济可持续发展的理念开始受到全社会重视。因此，传统建设用地评价方法难以满足生态用地优先规划的发展需求，而类似于地质学"远观近校"观察方法[40]（即将整体规划与单元分割方法相结合）的"反规划"理念应运而生。俞孔坚等[41]提出"反规划"理念，即优先将不适宜建设区域划出，再进行土地规划。该理论最早主要应用于城市景观规划领域，旨在运用"反规划"理念为城市规划良好的生态基础设施。彭德胜[42]将"反规划"理论应用于沅江市城市规划之中，以沅江五湖为中心，规划出组团式布局结构；俞孔坚等[43]将其与科学发展观相结合，并以北京市东三乡为例，提出运用"反规划"理论与景观安全格局相结合的方法；周万东[44]结合"反规划"与传统土地规划理念，提出尊重自然生态过程的土地利用规划方法；张晓燕[45]基于"反规划"理论，结合区域生态基础设施对秦皇岛卢龙县基本农田分布进行再规划，得到优于现状的基本农田的规划结果。

综上所述，"反规划"理念目前在城市或城镇规划中已得到成功应用，而对农村尤其是山地农村的规划应用较少。山地农村地区因其复杂地形地貌蕴含着丰富多样的生态系统，成为我国国土生态安全的重要保障地区。若规划不当，则会对当地生态环境造成巨大损害。

一、"反规划"理念下的评价方法构建

"反规划"理念是相对于传统规划理念而言的，"反规划"并非不规划，也并非反对规划，而是在规划建筑用地之前优先划出城市生态基础设施用地。传统规划方法出于经济考虑，先行规划建设用地及商业用地，这会导致生态用地破碎化，随着城市扩张会进一步加剧城市发展与生态环境之间的冲突；"反规划"则

主张对生态用地先行规划，使其始终作为一个整体存在，保证生态功能最大化，降低或避免由于城市扩张对生态环境造成的危害，达到可持续发展目的。

"反规划"理念强调区域发展必须以生态基础设施（ecological infrastructure, EI）为基础。EI 即是指区域赖以生存的自然系统，是将生态系统各种功能整合在一起的关键性网络状土地空间格局[46]。

本书以"反规划"理念为依据，结合山地农村用地特点，遵循客观科学性、主导性、层次分明性、可操作性，从土地水土保持、生态文明、地质灾害这 3 个安全格局对其开展评价，所建立的山地农村土地安全格局评价指标体系如图 3.10 所示。而 GIS（geographic information system）技术作为土地分析的工具，具有海量信息储存、图像显示快捷的特点和强大的空间分析功能[47]，本书将"反规划"理念与 GIS 技术相结合，模拟各安全格局发展过程和对土地的影响程度。

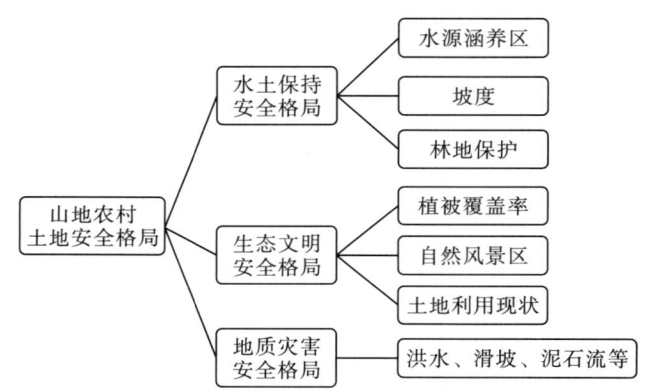

图 3.10　山地农村土地安全格局评价指标体系

在土地适宜性评价中，常用的评价模型及方法有模糊数学模型、信息量法、综合指数模型、数理统计法、灰色系统评价模型、BP 人工神经网络模型等。这些模型中，使用频率最高的是模糊综合评价模型和综合指数模型。本书选用较为简单、成熟的综合指数模型中的加权叠加法，即

$$Q_{ij} = \sum_{k=1}^{n} W(k) \cdot C_{ij}(k) \tag{3.5}$$

式中，Q_{ij} 为第 ij 个网格生态红线区划分值；$k=1,2,\cdots,n$，为第 k 个因子；$W(k)$ 为第 k 个因子权重；$C_{ij}(k)$ 为第 k 个因子在第 ij 个网格红线区的划分值。

为解决各因子重要性定量确定过程中主观经验性与客观科学性矛盾，本书采用综合指数模型与 AHP 专家层次分析相结合的方法获得影响因子权重。并据此叠加得到土地水土保持、生态文明、地质灾害相应的安全格局，由此建立生态基础设施（EI）。

二、评价实例

1. 指标权重

生态基础设施包括水土保持安全格局、生态文明安全格局、地质灾害安全格局这 3 个方面。其中,由于该评价区无断裂带、泥石流、地面塌陷等地质灾害,因此在地质灾害安全格局中只选取洪水和滑坡这两项指标。

因子权重采用以专家经验为判断基础的 AHP 法确定,也称为"专家-层次分析"。由于层次分析法具有人为判断的片面性,两两比较结果不一定具有客观一致性,通常需要一致性检验。若不能通过检验,便凭着大致估计调整判断矩阵,则具有一定的主观性和盲目性。因此,本书采用一种改进层次分析法来确定权重,用三标度法代替传统的九标度法建立判断矩阵,并通过最优传递矩阵把比较矩阵转化为一致性矩阵,可快速得出权重排序。其操作性更强,且不需做一致性检验。

以水土保持安全格局为例,选取水源距离、坡度、林地保护这 3 个因素作为二级指标,即 $U_1=\{u_{11}, u_{12}, u_{13}\}=\{$水源距离,坡度,林地保护$\}$。

首先采用三标度法构建各指标之间的比较矩阵,即

$$C = \begin{bmatrix} c_{11} & c_{12} & c_{13} \\ c_{21} & c_{22} & c_{23} \\ c_{31} & c_{32} & c_{33} \end{bmatrix} = \begin{bmatrix} 0 & -1 & -1 \\ 1 & 0 & -1 \\ 1 & 1 & 0 \end{bmatrix} \tag{3.6}$$

式中,$c_{ij}=1$ 为指标 X_i 比 X_j 重要;$c_{ij}=0$ 为指标 X_i 和 X_j 同等重要;$c_{ij}=-1$ 为指标 X_i 没有 X_j 重要。

求出 C 的最优传递矩阵 O,即

$$O = \begin{bmatrix} o_{11} & o_{12} & o_{13} \\ o_{21} & o_{22} & o_{23} \\ o_{31} & o_{32} & o_{33} \end{bmatrix} = \begin{bmatrix} 0 & -\dfrac{2}{3} & -\dfrac{4}{3} \\ \dfrac{2}{3} & 0 & -\dfrac{2}{3} \\ \dfrac{4}{3} & \dfrac{2}{3} & 0 \end{bmatrix} \tag{3.7}$$

式中,$O_{ij} = \dfrac{1}{n}\sum_{t=1}^{n}(c_{it}-c_{jt})$。

把矩阵 O 转化为一致性矩阵 D,D 即为该准则层下的判断矩阵,即

$$D = \begin{bmatrix} d_{11} & d_{12} & d_{13} \\ d_{21} & d_{22} & d_{23} \\ d_{31} & d_{32} & d_{33} \end{bmatrix} = \begin{bmatrix} 1 & 0.5134 & 0.2636 \\ 1.9477 & 1 & 0.5134 \\ 3.7937 & 1.9477 & 1 \end{bmatrix} \tag{3.8}$$

式中,$d_{ij}=\exp(O_{ij})$。

最终根据判断矩阵 D，求出判断矩阵的最大特征根所对应的特征向量，即为各评价因子的重要性，归一化处理后，即得到指标 $u_{11}\sim u_{13}$ 的权重矩阵为 W=[0.1483 0.2890 0.5627]^T。

用同样的方法处理每个比较矩阵中每位专家评出的指标权重，剔除偏差较大数据，取剩下权重值的平均数，最终得到 $u_{11}\sim u_{13}$ 的权重矩阵为 W=[0.2159 0.4047 0.3794]^T。

同理，可得全部二级指标的权重为：U_2={u_{21}, u_{22}, u_{23}}={植被覆盖率，自然风景区，土地利用现状}，$W(u_{21}\sim u_{23})$=[0.5036 0.3277 0.1687]^T；U_3={u_{31}, u_{32}}={洪水，滑坡}，$W(u_{31}\sim u_{32})$=[0.5139 0.4861]^T。

2. 指标定量分级

水土保持安全格局评价标准及分级设置如表 3.11 所示。生态文明安全格局评价标准及分级设置如表 3.12 所示。地质灾害安全格局评价标准及分级设置如表 3.13 所示。

表 3.11 水土保持安全格局评价标准及分级设置

分级值	影响因子		
	水源涵养区/m	坡度/%	林地保护
1	[0,100)	≥53.0	林地
3	[100,150)	[32.5,53.0)	灌木林地
5	[150,200)	[23.0,32.5)	其他林地
权重	0.2159	0.4047	0.3794

表 3.12 生态文明安全格局评价标准及分级设置

分级值	影响因子		
	植被覆盖率/%	自然风景区/m	土地利用现状
1	[70,100)	[0,100)	基本农田保护区
3	[50,70)	[100,200)	一般农田、园地
5	[30,50)	[200,300)	林地
权重	0.5036	0.3277	0.1687

表 3.13 地质灾害安全格局评价标准及分级设置

分级值	影响因子	
	洪水/m	滑坡/m
1	[0,172.0)	0~600
3	[172.0,172.5)	600~1200
5	[172.5,173.0]	1200~1400
权重	0.5139	0.4861

土地安全等级综合划分评价模型为综合指数模型加权叠加法，因子权重也采用"专家-层次分析（AHP）"法确定，并采用三标度法构建各指标之间的比较矩阵，确定各指标的权重如表 3.14 所示。

表 3.14 建设用地适宜性评价指标权重

评价目标	一级指标	一级权重	二级指标	二级权重	综合权重
土地安全等级综合评价指标体系 U	水土保持安全格局 U_1	0.317	水源涵养区 U_{11}	0.2159	0.068
			坡度 U_{12}	0.4047	0.128
			林地保护 U_{13}	0.3794	0.121
	生态文明安全格局 U_2	0.307	植被覆盖率 U_{21}	0.5036	0.154
			自然风景区 U_{22}	0.3277	0.101
			土地利用现状 U_{23}	0.1687	0.052
	地质灾害安全格局 U_3	0.376	洪水 U_{31}	0.5139	0.193
			滑坡 U_{32}	0.4861	0.183

根据多因子分级加权指数和法来进行综合等级评判，较好考虑了各因子影响叠加效果，但不能有效反映各指标独特性。当部分权重较大的指标值达到某一范围时，其对建设用地适宜性的影响程度呈现出较极端增长趋势，直至最后具有决定性作用。从上述综合评价模型得到的结果中不能得出结论，因此需要在上述综合评价结果的基础上人为地对评价结果做调整。根据参考文献[48]，综合等级调整如表 3.15 所示；安全水平生态基础设施 EI 最终划分结果如表 3.16 所示。

表 3.15 综合等级调整

指标	限定范围	备注
土地利用现状	基本农田保护区	基本农田从保护耕地的角度出发，是现状质量较好、规模连片的农用地，为禁建区
水源涵养区/m	[0,100]	生态保护红线区域

续表

指标	限定范围	备注
水土保持	低安全水平	水土流失敏感区
自然风景区/m	[0,100]	保护生物多样性的重点生态功能区
坡度/%	>53	坡度太大,工程改造难度大,且形成切坡,有巨大的安全隐患
地质灾害	地质灾害影响范围以内	地质灾害风险较大

表 3.16 安全水平生态基础设施 EI 最终划分结果

指标	安全水平生态基础设置等级 EI		
	高	中	低
可建设土地面积/km²	33.5	44.2	45.6
百分比/%	34.4	45.4	46.9

3. 评价结果分析

目前传统评价方法多以自身条件(地质地貌)、用地条件、社会经济条件、绝对限制条件作为评价要素,把生态保护简单地综合考虑为限制条件,表 3.17 所示为传统分析方法中的评价要素选取及其权重,据此得到的评价结果如表 3.18 所示。

表 3.17 传统分析方法中的评价要素选取及其权重

参评要素类别	参评要素名称	参评要素权重
自身条件(0.45)	地面高程	0.10
	坡度	0.30
	工程地质因子	0.35
	地质构造因子(断层)	0.25
用地条件(0.30)	土地利用现状	1.00
社会经济条件(0.25)	与城镇区位关系	1.00
绝对限制条件	重要森林保护地	—

表 3.18 传统评价方法所得建设用地适宜性汇总

指标	建设用地适宜性				
	适宜	较适宜	一般适宜	较不适宜	不适宜
面积/km²	17.3	28.6	14.3	17.1	20.2
百分比/%	17.7	29.3	14.7	17.5	20.8

为统一指标，根据建设用地安全情况，选取传统评价结果中的适宜建设区域归为高安全水平区；较适宜及以上区域归为中安全水平区；一般适宜及以上区域归为低安全水平区。相比传统评价方法的结果，本书所提出的评价方法中，高安全水平面积增加 16.70%，中安全水平区面积减少 1.60%，低安全水平区面积减少 14.80%，如图 3.11 所示。

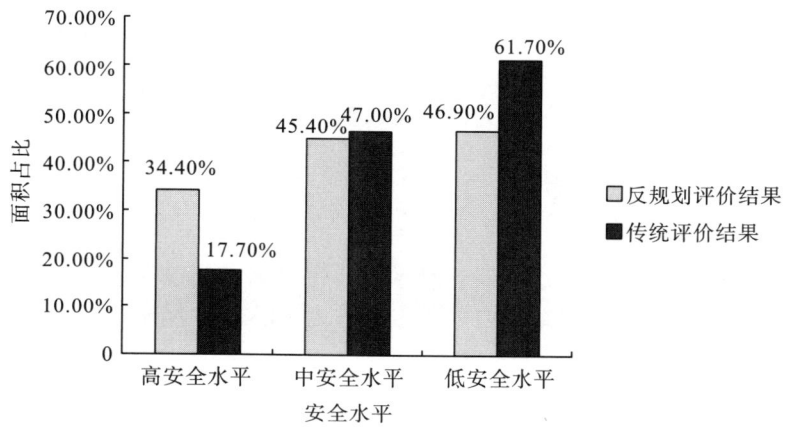

图 3.11 反规划与传统评价结果对比

传统评价中，经济因素和地形地貌因素所占权重较大，对于地貌类型复杂的山地农村，该评价方法会导致高安全水平区远小于实际情况。而本书基于"反规划"理论的评价方法则充分考虑山地农村的特殊性，以水土保持、生态保护及地质灾害情况为评价重点，以综合指数模型和 AHP 层次分析法计算权重，将土地作为有机整体来考虑，尽量减少对土地的拆解，得到与实际情况更为符合的高水平安全区。

对于低安全水平区，本评价体系依据重庆市《生态保护红线划定方案》，充分考虑生态保护红线对山地农村建设用地的决定性影响，对生态红线区域的划定相较于传统评价方法更为严格，因此低安全水平区域范围小于传统评价结果。

高、中、低安全水平的土地划定对农村居民点建设选址具有较强的参考价值。农村居民点建设可根据自身需求选择不同安全水平区，如建设用地需求较大且资金足够建设生态防护设施以减免生态风险时，可将建设用地扩展至中低安全水平区；反之，则可选取对生态防护设施需求较低的高安全水平区。

由上述结果可知，相较于传统评价结果，本评价结果中高安全水平区增加，可更好地满足山地农村发展对土地的需求，避免开发建设与自然生态过程争夺空间；低安全水平区减少，生态红线的划定更加严格，从最大程度上保持山地农村生态系统的完整性，从生态基础设施和建设用地安全性角度考虑更加优越，符合现今关注生态和谐、提高生态保护、推动经济可持续发展的理念。

第六节 本章小结

通过对山地村镇区域生态用地及生态红线的研究,提出以生态红线为基本概念、以保护区域内重要生态用地为基本出发点的"基于工程建设对生态安全影响程度的土地区划"方法,在研究区内划出两线(红线和黄线),并将研究区划分为3个类别(红色区、黄色区、绿色区)和4个等级(A级、B级、C级和D级)。同时,本章以重庆市涪陵区义和镇为例进行研究,将义和镇进行土地区划,划分结果显示如下。

1. 红色区——A级

主要包括河流、湖泊、水库及坑塘水面、风景名胜所在区域以及这些区域周边一定范围,该区域位于红线以内,所占比重为18.37%,属于禁止开发区域,应严格保护起来。

2. 黄色区——B级

位于红线和黄线之间,所占比重为2.78%。该研究区域距离区域内重要生态用地有一定距离,但距离不大,工程建设活动会对生态造成一定影响,应该适当限制。

3. 绿色区——C级和D级

位于黄线以外,所占比重为78.85%。该区域距离研究区域内重要生态用地有较大距离,工程建设活动对生态影响不大,属于可以开发区域。

参 考 文 献

[1] 刘雪华,程迁,刘琳,等. 区域产业布局的生态红线区划定方法研究——以环渤海地区重点产业发展生态评价为例[C]//中国环境科学学会. 中国环境科学学会学术年会论文集. 北京:中国环境科学出版社,2010:711-716.

[2] 左志莉. 基于生态红线区划分的土地利用布局研究[D]. 桂林:广西师范学院,2010.

[3] 冯文利. 生态安全条件下的土地利用规划研究——区域生态红线区的引入与土地资源管理[C]//中国土地协会. 2007年中国土地学会学术年会论文集. 北京:地质出版社,2007:197-205.

[4] 符娜,李晓兵. 土地利用规划的生态红线区划分方法研究初探[C]//中国地理学会. 中国地理学会2007年学术年会论文摘要集. 北京:中国地理学会,2007:30-31.

[5] 何勇海. 要给"生态红线"通上"高压电"[J]. 环境保护,2012(11):63.

[6] 赵娜. 生态红线划得出更要守得住[N]. 中国环境报. 2013-12-25.

[7] 袁浩. "生态红线"碰不得[J]. 农村工作通讯,2013(12):6.

[8] 编辑部. 守住生态红线 确保生态安全[J]. 国土绿化, 2013(8):1.

[9] 高吉喜, 邹长新, 杨兆平, 等. 划定生态红线, 保障生态安全[N]. 中国环境报, 2012-10-18(2).

[10] 饶胜, 张强, 牟雪洁. 划定生态红线 创新生态系统管理[J]. 环境经济, 2012(6):57-60.

[11] 编辑部. 环境保护部将开展生态红线划定工作[J]. 环境污染与防治, 2013(9):111.

[12] 编辑部. 环境保护部将在全国划定生态红线[J]. 城市规划通讯, 2013(19):5.

[13] 编辑部. 生态红线[J]. 吉林环境, 2013(5):48.

[14] 王新荣. 划定生态红线, 强化底线思维[N]. 中国环境报. 2013-12-23.

[15] 编辑部. 我国即将开展生态红线划定工作[J]. 财经界, 2013(28):46-46.

[16] 高吉喜. 生态红线怎么划[N]. 人民日报. 2013-7-27.

[17] 陆鹏. 划定并严守生态红线的三个问题[N]. 广西日报. 2013-6-27.

[18] 本报评论员. 严守生态红线 谋划国土开发[N]. 中国环境报. 2013-6-3.

[19] 李富明. 生态文明与生态红线[J]. 云南林业, 2013(6):52.

[20] 高吉喜. 让生态红线成为不能逾越的雷池[N]. 人民日报. 2013-8-3.

[21] 文雯. 生态红线是不能逾越的雷池[N]. 中国环境报. 2013-6-24.

[22] 符娜. 土地利用规划的生态红线区划分方法研究[D]. 北京: 北京师范大学, 2008.

[23] 范学忠, 李玉辉, 角媛梅. 昆明市生态红线区非生态用地转变前后生态效益分析[J]. 水土保持研究, 2008(2): 179-183,188.

[24] 冯宇. 呼伦贝尔草原生态红线区划定的方法研究[D]. 北京: 中国环境科学研究院, 2013.

[25] 梁涛, 蔡春霞, 刘民, 等. 城市土地的生态适宜性评价方法——以江西萍乡市为例[J]. 地理研究, 2007(4):782-788,859.

[26] 陈桂华, 徐樵利. 城市建设用地质量评价研究[J]. 自然资源, 1997(5):24-32.

[27] 汪成刚, 宗跃光. 基于 GIS 的大连市建设用地生态适宜性评价[J]. 浙江师范大学学报(自然科学版), 2007(1):109-115.

[28] 柳依莎, 杨华, 邓伟. 基于GIS 的重庆市涪陵区土地适宜性评价研究[J]. 安徽农业科学, 2012(5):520-523.

[29] 王海鹰, 张新长, 康停军. 基于 GIS 的城市建设用地适宜性评价理论与应用[J]. 地理与地理信息科学, 2009(1):14-17.

[30] 中华人民共和国水利部, SL201-2015. 江河流域规划编制规程[S]. 北京: 中国水利水电出版社, 2015.

[31] 中华人民共和国水利部. GB 50201-2014 防洪标准[S]. 北京: 中国计划出版社, 2015.

[32] 中华人民共和国水利部, SL45-2006. 江河流域规划环境影响评价规范. 2006.

[33] 唐燕秋, 陈佳, 杨春华. 基于用地生态适宜性评价的综合环境分区研究[J]. 安徽农业科学, 2011(31): 19358-19360.

[34] 陈燕飞, 杜鹏飞, 郑筱津, 等. 基于GIS 的南宁市建设用地生态适宜性评价[J]. 清华大学学报(自然科学版), 2006(6):51-54.

[35] 王海鹰, 张新长, 康停军. 基于 GIS 的城市建设用地适宜性评价理论与应用[J]. 地理与地理信息科学, 2009(1):18-21.

[36] 梁和成. 城市建设用地地质环境评价与区划[M]. 武汉: 中国地质大学出版社, 2010:26.

[37] 李萍. 基于GIS的醴陵市土地适宜性评价研究[D]. 长沙：湖南农业大学, 2005.

[38] 张仕超. 倒置低山区农村土地利用空间格局与地貌形态的耦合关系[D]. 重庆：西南大学, 2011.

[39] 孙垦, 蔡洪涛, 杨崇豪. 风险定量分析中风险矩阵的构建方法[J]. 华北水利水电学院学报, 2011, (5): 158-160.

[40] 刘传正. 地质灾害防治研究的认识论与方法论[J]. 工程地质学报, 2015, 23(5): 809-820.

[41] 俞孔坚, 李迪华. 论反规划与城市生态基础设施建设[C]. 2006年国际生态城市建设论坛论文汇编. 北京：中国生态学学会. 2006: 118-130.

[42] 彭德胜. "反规划"理论在城市总体规划中的应用——以沅江市城市总体规划为例[J]. 城市发展研究, 2005, 12(1): 31-36.

[43] 俞孔坚, 乔青, 袁弘, 等. 科学发展观下的土地利用规划方法——北京市东三乡之"反规划"案例[J]. 中国土地科学, 2009, 23(3): 24-31.

[44] 周万东. "反规划"理论下的土地利用规划探析[J]. 中国高新技术企业, 2009(23): 99-100.

[45] 张晓燕. 基于"反规划"理念的基本农田保护空间规划研究[D]. 保定：河北农业大学, 2010.

[46] 俞孔坚, 李迪华, 韩西丽. 论"反规划"[J]. 城市规划, 2005, 29(9): 64-69.

[47] 杨乐, 彭海游, 周莫林, 等. 基于层次分析法的奉节县城地质环境承载力评价[J]. 重庆交通大学学报（自然科学版）, 2014, 33(2): 95-99.

[48] 重庆市人民政府办公厅. 重庆市生态保护红线划定方案（渝府办发〔2016〕230号）[EB/OL]. [2017-06-02]. http://www.cepb.gov.cn/doc/2017/04/18/146771.shtml.

第四章 基于生态安全的建设用地适宜性评价

建设用地适宜性评价就是把建设用地视为一个系统的运行结构,对整体的适宜性进行科学的评判,具体程序如下。

(1)评价单元划分,将待评价建设用地分割成若干地块作为对应的评价单元。

(2)建立评价指标体系,通过对影响建设用地条件因素的分析,选取一定的评价因素,从而建立指标体系。

(3)指标定量分级,通过参考有关条文对各个评价因素进行分级,确定分级标准,并给出在每个评价单元上的得分值。

(4)计算指标权重,针对每个评价因素对适宜性评价的影响程度进行判定。

(5)确定评价模型,选择可行的数学模型。

(6)计算综合得分值,基于评价模型,确定各个评价单元的综合得分值。

(7)适宜性等级划分,按照科学的等级划分方法把由所有评价单元的综合得分值组成的序列划分成若干等级。

第一节 建设用地适宜性影响因素分析

一、体系构建理论

评价指标体系构建的实质是评价因素的选取,体系建立过程中应遵循一定的选取原则。指标体系的设置按照层次性进行分级,上一级评价指标是对下一级评价指标的总体概括,同级的评价指标间没有共同特性。指标体系在横向上,同级间组成完整的评价体系、彼此间存在着一定的关联,保证了体系的合理性;在纵向上,不同级间层层递进,保证了体系的科学性。目前关于建设用地适宜性评价指标体系构建的理论,主要有 3 种:"目标-诊断-结果"、"压力-状态-响应"和"生态-经济-社会"。

1. "目标-诊断-结果"指标体系

该指标体系源于联合国粮农组织出版的《土地评价纲要》和《可持续土地管理评价纲要》。首先确定土地的使用目标,然后进行诊断性和结果性评价。目标指标可以是定性的,也可以是定量的,它通过相应的诊断指标和结果指标来反映。诊断指标是计算分析目标指标某一方面定性形式或定量数值的参数。结果指标用来表达目标计算或分析的结果。该体系是将土地的可持续利用进行系统研究,对于问题的深入开展较有利。但在这 3 种指标的区分和选择上难度较大,有的指标可能同时是目标指标、诊断指标或结果指标。

2. "压力-状态-响应"指标体系

该指标体系由加拿大学者 David J. Rapport 和 Tony Friend 于 1979 年首次提出,后经世界经济合作与发展组织(OECD)和联合国环境规划署(UNEP)于 20 世纪 90 年代逐渐完善,简称"P-S-R"模型。压力指标表征人类的生产生活对自然环境产生的负面影响,如物质消费、生产作业等对环境的影响。状态指标是自然环境状况、人类生活质量等方面的综合表征。响应指标是人类基于目前的不良"状态"采取补救措施而产生的效果的综合反映。该指标体系偏重对生态环境目标的保护,而对社会经济指标难以得到较好的体现[1,2]。

3. "生态-经济-社会"指标体系

该指标体系是以"自然-社会-经济"概念框架复合生态系统理论为基础,生态环境是人地关系高度综合的产物,也是自然、社会、经济过程密切联系和相互作用的统一体[3]。该指标体系对适宜性评价系统进行"降维"处理,将其分解为生态、经济、社会 3 个子系统,各个子系统内部选取适宜的评价指标,然后通过衡量 3 个子系统的可持续性对整体进行评价。

本章以"生态-经济-社会"指标体系构建理论为基础,结合山地村镇区域建设用地特点,综合考虑三方面效益,并整合实际工程建设应考虑的相关因素来构建评价指标体系。

二、因素选取原则

评价因素是适宜性评价所包含的主要内容,因素的全面性、合理性直接关系到评价结果的科学性。而评价因素的具体选取,可以参考部分平原地区与山地城镇建设用地适宜性评价中采用的影响因素,其中关键在于对山地村镇土地特征的把握。目前对建设用地适宜性的评价工作,在山地村镇开展得较少,所以没有一个标准的评价因素库。而山地地区地理环境的复杂性,也给评价工作的规范化带来较大的困难。在学习已有相关土地适宜性评价研究的基础上，现归纳出选取评价因素应遵循的主要原则有综合性、科学性、适宜性、可获取性及稳定性。

1. 综合性

建设用地适宜性评价是一项繁杂的工作，影响评价结果的因素较多，应给予综合考虑；建设用地的使用直接受地理环境的影响，尤其在山地地区更为明显；而社会经济条件对用地开发时的支持力度和建成之后的拉动作用也是选地中的重要考虑因素，在选地的过程中，更应坚持以人为本，人与自然和谐相处的思想，充分尊重自然、当地人文风俗，保证社会的可持续发展。

2. 科学性

所选取的评价因素是否能反映被评价对象某一方面的特性；各评价因素之间应保持较大程度的独立性，彼此融合较少；各评价因素所代表的具体内涵要明确、客观，不能存在相互矛盾的地方。

3. 适宜性

不同地区的政策不同，应考虑国家或大区域层面上对当地规划、建设的总体要求；不同地区的地理环境、社会经济条件、人文风俗等对建设用地适宜性的影响程度不同，在综合考虑各方面因素的基础上，应科学区分主次因素，尤其是主导因素的选取；不同用途的建设用地，对土地的要求也不相同，要根据具体要求选择评价因素[4]。建设用地适宜性评价只有落到实处才有意义，要便于选取的评价因素被参与评价过程的管理者、专家和民众等人员理解。

4. 可获取性

评价因素的选取，应保证在空间上的可得性；应对研究地区现有相关资料进行系统分析，与主要负责规划、勘测等工作的部门进行交流学习，了解拟选取因素的获取难度；要有效利用现有图文，从中剖析出能直接引用的数据。对于不能直接获取的因素，也要保证能以调查、勘测等方式获得。

5. 稳定性

评价因素的选取，应考虑在时间上的稳定性；许多评价因素都是通过调查和勘测等方式获取的，只有评价因素具有稳定性，才可能获得较准确的因素代表值。进行适宜性评价工作的意义在于评价结果能够得到较好的理论推广和实践应用，只有评价因素具有稳定性，才能使研究成果被后人有效参考。

由于山地地区地理环境、地质水文、人口分布及社会经济等条件复杂，要对评价因素进行全面的分析，其难度和总工作量大；而地形地貌及其相关因素，体现了山地的用地特征，有效区别于平原等地的评价因素，应该作为重点选取对象。本研究的尺寸限于村镇板块，大多已有数据和图文的精度难以达到，加上科学技术水平有限，部分因素的获取难度偏大，许多因素要通过实地调查才能获得。近年来，"可持续发展"和"生态安全"是土地适宜性评价研究的热点，也是国家长期坚持的基本国策，评价因素的选取应给予充分考虑。由此可见，评价因素的选取是一项系统性工作，其涉及的知识面较广、依赖的工具技术较多，而具体选取的评价因素将在评价指标体系中进行全面的讲解。

三、体系具体设置

指标体系的设置应具有层次性，参考大多数学者的研究，本章将其设置为目标层、准则层和指标层 3 个层次。其中，目标层是指山地村镇区域建设用地适宜性评价等级；准则层是影响适宜性评价等级的几大主要层面之一，为一级指标；指标层是准则层中的各评价因素，为二级指标。

基于评价指标体系的构建理论和选取评价因素时应遵循的 5 条基本原则，本章参考前人研究成果，并结合山地村镇区域用地特点，现设置生态安全、地形地貌、地质条件、自然灾害及社会经济 5 个方面的准则层，作为一级评价指标。所选取的 5 个方面，对自然生态、社会经济等进行了综合的考虑，同时也有效兼顾了实际工程建设中应考虑的重大问题，体系较为全面。每个方面的准则层下又设置了若干评价指标，整个评价指标体系如图 4.1 所示。

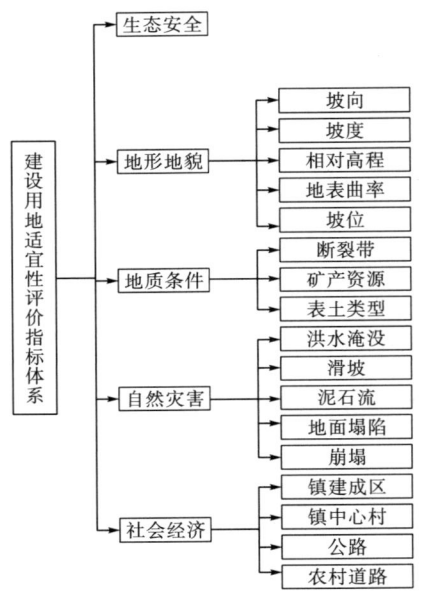

图 4.1　评价指标体系

第二节　建设用地适宜性指标体系构建

指标定量分级的依据主要有现行国家及地方标准、国内外的研究成果，且同时有效结合评价区域的实际情况。其重难点是找到分级的界限标准，以及各级内指标特征的定性描述或定量数值。由于很多指标没有明确的条文规范，因此定量化的工作量较大，有的要通过一定的间接转换才能得到。现对每个指标的定量分级做详细说明。

一、生态安全

如前所述，生态安全越来越重要，而生态也是本研究的一个基本立足点。生态因子在本研究中主要是指对山地村镇区域内的重要生态用地划定的一个保护等级，即第三章中划定的等级。根据土地区划及分级结果，把一个区域划分为 4 个等级，其中 A 级为红线区，是严格禁止建设区域，故本章直接将其划定在建设用地适宜性研究之外即直接将其划定为禁建区，而将剩下的 3 个等级分别赋值，以区分不同等级对建设用地适宜性的影响。

二、地形地貌

在山地村镇建设中，地形地貌在很大程度上决定着土地的利用，为建设用地适宜性评价的主导因素。地形地貌不仅制约用地的选择和布局，也影响建筑工程实施的难易程度。通过对地形地貌的分析，合理确定建设用地适宜性等级，可以减少由于利用复杂地形地貌而增加的建设成本。在总结前人研究的基础上，考虑山地特点，本章主要纳入了坡向、坡度、相对高程、地表曲率和坡位 5 个指标。

1. 坡向

坡向为坡面法线在水平面上投影的方向。不同坡向的热环境分布不同，其日照时数和太阳辐射强度不一，对生态和经济的影响各异，这在很大程度上影响着人们对建设用地坡向的选择。国内外对城市热环境的时空分布、驱动因子、减缓措施，以及城市热岛对城市生态和社会经济的影响等方面的研究已经取得大量的成果[5-9]。除没有坡向的平地外，中等尺度，八坡向分类最为常用，每个坡向以指向为中心，两边各分布 22.5°的范围。由此坡向划分为：东(67.5°,112.5°]、东南(112.5°,157.5°]、南(157.5°,202.5°]、西南(202.5°,247.5°]、西(247.5°,292.5°]、西北(292.5°,337.5°]、北[0°,22.5°]，(337.5°,360°]和东北(22.5°,67.5°]8 个坡向[10]。通常情况下，辐射在南坡和没有坡向的平地最多，然后为东南坡与西南坡，接着为东坡与西坡，最后为东北坡与西北坡，最少为北坡[11]。根据不同坡向上日照时数和太阳辐射强度的大小，将坡向分为 5 级，如表 4.1 所示。

表 4.1　不同坡向的等级划分

项目	定性分级				
	很适宜	适宜	较不适宜	不适宜	很不适宜
坡向	平地/南坡	东南坡/西南坡	东坡/西坡	东北坡/西北坡	北坡
赋值	9	7	5	3	1

2. 坡度

坡度是指地面任意一点的切平面与水平面的夹角，有坡度百分比和度数两种表示方法。前者即高程增量与水平增量之比的百分数，后者即地表面与水平面的夹角[12]。坡度对边坡的影响主要体现在稳定性上，不同坡度的边坡其稳定性系数和状态不同。通过边坡稳定性系数可求得坡度大小，从而可以知道边坡处于不同稳定性状态时所对应的临界坡度大小。

根据《建筑边坡工程技术规范》（GB 50330—2013），建筑边坡稳定性状态划分如表 4.2 所示。其中，F_s 为计算得到的边坡稳定性系数，随坡度的变化而变化；F_{st} 为规范规定的边坡稳定安全系数，不随坡度的改变而变化，依据《建筑边坡工程技术规范》（GB50330—2013），结合边坡工程的安全等级和边坡类型，查得本示范区内边坡稳定安全系数 F_{st}=1.35。则本区域边坡稳定性状态划分如表 4.3 所示。

表 4.2　边坡稳定性状态划分

项目	边坡稳定性状态			
	稳定	基本稳定	欠稳定	不稳定
边坡稳定性系数 F_s	[F_{st},+∞)	[1.05,F_{st})	[1.00,1.05)	(0,1.00)

表 4.3　边坡稳定性状态划分（修改）

项目	边坡稳定性状态				
	很稳定	稳定	基本稳定	欠稳定	不稳定
边坡稳定性系数 F_s	[1.65,+∞)	[1.35,1.65)	[1.05,1.35)	[1.00,1.05)	(0,1.00)

为分析不同稳定性状态时所对应的临界坡度，采用数值模拟软件 Abaqus 分析。通过对示范区内典型剖面进行试算，可以找到边坡处于不同稳定性状态时所

对应的临界坡度。试算过程大致如下：首先假定某一坡度，在 Abaqus 建立边坡模型，如图 4.2 所示；然后设置边坡材料属性，施加边界条件和重力；最后划分网格，用强度折减法计算边坡破坏时所对应的稳定性系数，边坡破坏变形如图 4.3 所示。通过强度折减法求得不同坡度边坡稳定性系数变化规律，如图 4.4 所示。可见，随着坡度的增大，边坡稳定性系数逐渐减小。通过不断试算，找到边坡不同稳定性状态所对应的临界坡度，并由此作为坡度(度数法表示)的分级条件，如表 4.4 所示。

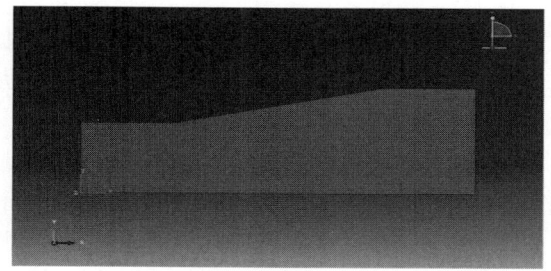

图 4.2 边坡模型

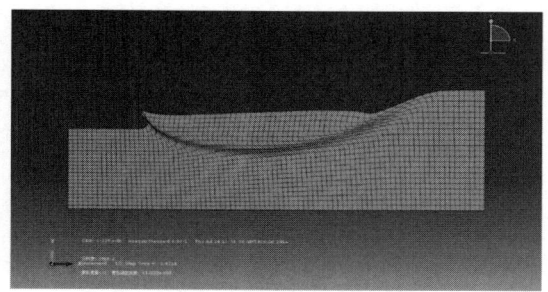

图 4.3 边坡破坏变形

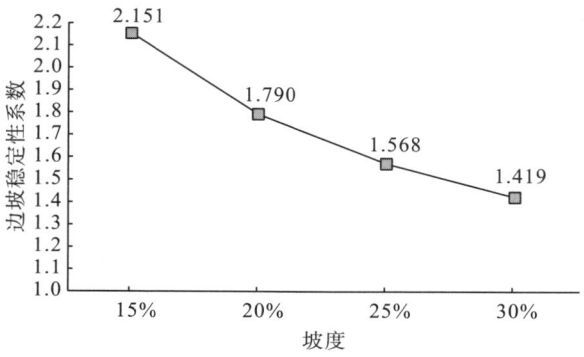

图 4.4 坡度与边坡稳定性系数的关系

表 4.4　边坡坡度分级情况

项目	定性分级				
	很适宜	适宜	较不适宜	不适宜	很不适宜
边坡稳定性状态	很稳定	稳定	基本稳定	欠稳定	不稳定
坡度 α	$(0,10°]$	$(10°,18°]$	$(18°,25°]$	$(25°,30°]$	$(30°,+\infty)$
赋值	9	7	5	3	1

3. 相对高程

相对高程是指某点至指定水准面的垂直距离。在山地村镇区域，不同绝对高程点的气候环境及生产条件(主要是距公路的垂直距离)不同，从而影响居民的生活习性。但山地山多坡陡，绝对高程普遍较高，且地形地貌变化复杂，采用绝对高程来考虑其对建设用地适宜性的影响并分级的方法不具有普适性。因此本章以评价地区的平均绝对高程面为指定水准面，采用对该水准面的相对高程来考虑其对建设用地适宜性的影响。而在衡量相对高程对建设用地适宜性的影响时，一方面要重视地区现有居民对气候环境的选择，主要参考现有居民点在不同相对高程点的分布规律；另一方面也要考虑生产条件的影响，相对高程过高或过低都距公路较远，适宜性较差。不同评价地区内居民的生活习性不同，因此本指标的分级类型及相应标准，应根据评价地区统计资料确定。

通过 GIS 统计得出巴南区石龙镇的平均绝对高程为 335.50m，并将 DEM 图和居民点分布图叠加得到现有居民点的高程分布图，然后以平均绝对高程面为水准面统计分析出居民点相对高程的分布图。将数据导出，用 Excel 生成居民点沿相对高程分布的累积频率曲线。最后结合居民点分布的频数和累积频率，充分考虑气候和生产条件，遵循居民点分布越集中、相对高程绝对值越小处其适宜性较好的可能性越大的原则，对其进行分级，结果如表 4.5 所示。

表 4.5　不同相对高程下居民点的分布情况

项目	定性分级				
	很适宜	适宜	较不适宜	不适宜	很不适宜
相对高程/m	$(-120,10]$	$(10,160]$	$(-160,-120]$	$(160,200]$	$(-200,-160]$ $(200,380]$
占居民点总面积比例/%	46.10	37.25	9.38	4.96	2.31
赋值	9	7	5	3	1

4. 地表曲率

地表曲率是地表面在各个方向上凹凸变化程度的反应，其以曲率半径的倒数来衡量。地表曲率的存在，使地基形态由平面变成曲面，建筑物内部各处将产生

第四章 基于生态安全的建设用地适宜性评价

附加应力，对建筑产生不同程度的破坏。常见的有正八字、倒八字裂缝，严重者可使建筑物失去使用功能。所以地表曲率越小，适宜性越好。

参考《建筑物、水体、铁路及主要井巷煤柱留设与压煤开采规范》[13]第二十条表 3 砖混结构建筑物损坏等级所规定的地表曲率与建筑物损坏等级的对应关系，对地表曲率进行等级划分，结果如表 4.6 所示。

表 4.6 地表曲率分级情况

项目	定性分级				
	很适宜	适宜	较不适宜	不适宜	很不适宜
地表曲率 $\alpha/(10^{-3}/m)$	(0,0.1]	(0.1,0.2]	(0.2,0.4]	(0.4,0.6]	(0.6,+∞)
赋值	9	7	5	3	1

5. 坡位

坡位是指地貌上坡的剖面位置，可分为山脊、上坡、中坡、平坡、下坡、山谷。其中，山脊通常指分水线两侧各下降垂直高度 15m 的范围；山谷是指集水线两侧的谷地；平坡即平地，是指平原或台地地段；上坡、中坡、下坡分别为山脊以下至山谷范围内山坡三等分由上至下的坡段。在不同坡位处切坡开挖后，对整个边坡稳定性的影响不同。平坡处稳定性最好，直接判定为很适宜，山脊和山谷多为地质灾害多发处，直接判定为很不适宜。

通过 GIS 对评价区域坡度信息的提取统计，并考虑村镇建设空间尺度，结合现场勘查结果，选取典型岩石边坡作为研究对象。采用 Abaqus 有限元分析软件进行模拟，分别计算在上坡、中坡、下坡切坡开挖后的稳定性，分析坡位对建设用地适宜性的影响。选取具有代表性的边坡进行分析，坡高为 30m，坡度为 30%，坡体材料为均质强风化泥岩。各项具体参数为：天然重度 $\gamma = 23.5 kN/m^3$，黏聚力 $c = 150 kPa$，内摩擦角 $\varphi = 20°$，弹性模量 $E = 2 \times 10^4 MPa$。

计算所得上坡、中坡、下坡的稳定系数分别为 $F_{S上坡}$、$F_{S中坡}$、$F_{S下坡}$。可见，$F_{S上坡}$ 比 $F_{S中坡}$ 大 0.12 左右，两者差别较小，$F_{S中坡}$ 比 $F_{S下坡}$ 大 0.23 左右，差异明显。而用 ArcGIS 在评价区域内获取的现有居民点关于坡位的分布信息可知，中坡处的居民点明显多于上坡处。结合计算及统计结果，进行不同坡位的适宜性等级划分，如表 4.7 所示。

表 4.7 不同坡位的适宜性等级划分及赋值

项目	定性分级				
	很适宜	适宜	较不适宜	不适宜	很不适宜
坡位	平坡	中坡	上坡	下坡	山脊、山谷
赋值	9	7	5	3	1

三、地质条件

山地区域的地质条件复杂多变，影响建设用地适宜性的因素较多。但考虑到村镇地区建筑高度、结构复杂度普遍简单且无地下室等，对地下地质、水文条件要求不高，且大范围的地质水文条件数据获取较困难，本章选取了断裂带、矿产资源及表土类型 3 个指标。

1. 断裂带

在《建筑抗震设计规范》（GB 50011—2010）中要求应避开主断裂带，并给定了最小避让距离，如表 4.8 所示。由《建筑工程抗震设防分类标准》（GB 50223—2008）对设防类别的分类可知，本章研究区域的建筑类别为丙类。由《建筑抗震设计规范》（GB 50011—2010）可知，重庆地区抗震设防烈度为 6 度。因此，本章以距离断裂带的距离为衡量指标，根据断裂带对建设用地适宜性的影响进行分级，结果如表 4.9 所示。有关地震断裂带的数据可以通过国家地震区划及相关资料获取。

表 4.8 发震断裂带的最小避让距离

烈度	建筑抗震设防类别			
	甲	乙	丙	丁
8	专门研究	200m	100m	—
9	专门研究	400m	200m	—

表 4.9 断裂带对建设用地适宜性的影响分级

项目	定性分级				
	很适宜	适宜	较不适宜	不适宜	很不适宜
距断裂带的距离/m	(400,+∞)	(300,400]	(200,300]	(100,200]	(0,100]
赋值	9	7	5	3	1

2. 矿产资源

矿产资源是一个地区经济发展的重要支柱，不得擅自作为建设用地。且分布矿产资源的地区，其地表地质条件破坏严重，极有可能存在采空区塌陷等灾害隐患，很不适宜工程建设。其分级结果如表 4.10 所示。

第四章 基于生态安全的建设用地适宜性评价

表 4.10 矿产资源分级

项目	定性分级	
	很适宜	很不适宜
矿产资源	无	有
赋值	9	1

3. 表土类型

地表是工程建设直接接触的土层，对工程建设活动影响很大。表土类型很大程度上决定了建筑物持力层的设计、基础施工方案的选择、场地的整治等建设环节，因此需对表土类型进行等级划分，以此评价其对建设用地适宜性的影响。本章以表土类型承载力为衡量指标，统计调查及分析示范区的地表土层情况，其分级结果如表 4.11 所示。

表 4.11 表土类型分级

项目	定性分级				
	很适宜	适宜	较不适宜	不适宜	很不适宜
表土类型	石骨土	砂土	半砂半泥土	泥土	烂泥土
赋值	9	7	5	3	1

四、自然灾害

自然灾害对建设用地的选择有着决定性的作用。自然灾害通常不容易处理，对处于自然灾害危险区内的居民点，应该强制搬迁，处于自然灾害高易发区的居民点也应该逐渐搬迁。山地区域属于自然灾害多发区，由于自然气候及地形地貌特点，主要的自然灾害有气象灾害(洪水等)和地质灾害(滑坡、泥石流和崩塌等)。

1. 洪水淹没

由于山地城市多数是临河而建，汛期高强度的降水多会引起河水暴涨，发生洪水灾害，威胁临河的居民。因此规范一般要求百年一遇洪水位以上 0.5～1m 的地段，才可选作城市用地；反之，常受洪水威胁的地段，则不适宜作为建设用地，如果必须利用，则应根据土地使用性质的要求，采用不同的洪水设计标准(50 年、100 年一遇)，并修筑堤防等防洪设施。而山地村镇区域可以借鉴此标准，以高出百年一遇洪水位的多少为衡量指标，根据洪水淹没对建设用地适宜性的影响进行分级，结果如表 4.12 所示。

表 4.12 洪水淹没对建设用地适宜性的影响分级

项目	定性分级				
	很适宜	适宜	较不适宜	不适宜	很不适宜
洪水淹没/m	$(\delta+1.5, +\infty)$	$(\delta+1.0, \delta+1.5]$	$(\delta+0.5, \delta+1.0]$	$(\delta, \delta+0.5]$	$(-\infty, \delta]$
赋值	9	7	5	3	1

注：δ 为该地区百年一遇洪水位。

2. 滑坡

滑坡是山地区域常见的自然灾害之一，其常掩埋大量的建筑物和基础设施，造成严重的人员伤亡和经济损失[14,15]。体现滑坡运动特征最为重要的指标是滑坡的滑动距离，其关系到滑坡影响范围内的搬迁避让方案、工程治理措施，以及搬迁范围和防治工程等级等，也是滑坡对建设用地适宜性影响分级的基础。

根据滑坡不同的研究内容，运动距离可被划分为 3 种类型：滑坡前后缘的距离（L_1）、滑坡滑动距离（L_2）及滑坡后缘至滑坡运动前端的最大水平距离（L_{max}）。本章选取最大水平距离 L_{max} 进行研究，其总体受滑坡体积的控制，两者的关系如图 4.5 所示。本章在已有文献[16]对滑坡最大水平距离研究的基础上，以距滑坡（中心）的距离为衡量指标，根据滑坡对建设用地适宜性的影响进行分级。

《滑坡崩塌泥石流灾害详细调查规范》对滑坡的类型做了分类，并规定了对应的滑坡体积，两者关系如表 4.13 所示。然后根据滑坡体积和最大水平距离的关系，可以算出不同类型滑坡的 L_{max}，如表 4.14 所示。

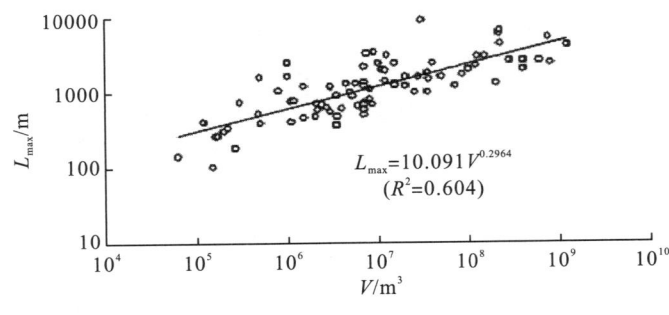

图 4.5 滑坡体积和 L_{max} 的关系

表 4.13 滑坡类型和滑坡体积的关系

滑坡类型	滑坡体积
小型滑坡	$V \leqslant 10 \times 10^4$
中型滑坡	$10 \times 10^4 < V \leqslant 100 \times 10^4$

续表

滑坡类型	滑坡体积
大型滑坡	$100\times10^4 < V \leqslant 1000\times10^4$
特大型滑坡	$1000\times10^4 < V \leqslant 10000\times10^4$
巨型滑坡	$V > 10000\times10^4$

表4.14 滑坡类型和 L_{max} 的关系

滑坡类型	L_{max} / m
小型滑坡	(0,224.35]
中型滑坡	(224.35,608.50]
大型滑坡	(608.50,1198.77]
特大型滑坡	(1198.77,1442.56]
巨型滑坡	(1442.56,+∞)

对本评价区域及相关示范区发生的滑坡进行统计分析可知，滑坡体积均较小，主要为小型滑坡，较少部分为中型滑坡，即中小型滑坡发生的概率很高，在其 L_{max} 范围内遭受滑坡灾害的可能性很大，很不适宜进行工程建设活动。根据不同的 L_{max}，根据滑坡对建设用地适宜性的影响进行分级，其结果如表4.15所示。

表4.15 距滑坡的距离对建设用地适宜性的影响分级

项目	定性分级				
	很适宜	适宜	较不适宜	不适宜	很不适宜
距滑坡的距离/m	(1400,+∞)	(1200,1400]	(600,1200]	(300,600]	(0,300]
赋值	9	7	5	3	1

3. 泥石流

泥石流对工程建设破坏的方式与滑坡相似，也以冲刷和掩埋为主。本章也在对泥石流冲出距离研究的基础上，以距泥石流(中心)的距离为衡量指标，针对泥石流对建设用地适宜性的影响进行分级。目前计算泥石流冲出距离的方法大致分为3类：经验统计法、数值模拟法和模型试验法。经验统计法利用冲出距离与地貌因子建立统计相关关系[17-20]；数值模拟法则基于能量守恒、有限单元法、泥石流动力学过程，以及滑动固结等理论建立运动方程[21-25]；模型试验法通过模型试验得到冲出距离与相关因子的关系。本章采用模型试验法来计算泥石流的冲出距离。

根据汶川地震灾区坡面和沟谷泥石流冲出距离计算方法[26]，如果坡面土体其他物理参数一定，则坡面土体体积是影响坡面型泥石流冲出距离的主要作用因子，体积越大，其冲出距离越远、破坏力也越强。通过分析灾区坡面型泥石流冲出距离和体积的关系，得到两者之间存在强相关的幂函数关系为

$$L = 25.82 \times V^{0.287}$$

式中，L 为坡面型泥石流冲出距离；V 为坡面土体体积。

《滑坡崩塌泥石流灾害详细调查规范》对泥石流的类型做了分类，并规定了对应的堆积物体积，两者的关系如表 4.16 所示。然后根据滑坡体积和最大水平距离的关系，可以算出不同类型滑坡的 L，如表 4.17 所示。而其分级原理与滑坡相同，最终分级结果如表 4.18 所示。

表 4.16　泥石流类型和堆积物体积的关系

项目	灾害等级			
	巨型	大型	中型	小型
堆积物体积 $V/10^4 m^3$	$V>50$	$20<V\leqslant50$	$2<V\leqslant20$	$V\leqslant2$

表 4.17　泥石流类型和 L 的关系

泥石流类型	L/m
小型	(0,442.95]
中型	(442.95,857.73]
大型	(857.73,1115.73]
巨型	(1115.73,+∞)

表 4.18　距泥石流的距离对建设用地适宜性的影响分级

项目	定性分级				
	很适宜	适宜	较不适宜	不适宜	很不适宜
距泥石流的距离/m	(1200,+∞)	(1100,1200]	(850,1100]	(450,850]	(0,450]
赋值	9	7	5	3	1

4. 地面塌陷

根据《安全科学技术百科全书》的规定，地面塌陷所形成的单个塌陷坑洞的规模不大，直径一般为数米至数十米，个别巨大者达百米左右。2006 年国土资源部编制的《县(市)地质灾害调查与区划基本要求》实施细则(修订稿)中对地面塌陷分级有明确规定，如表 4.19 所示。由于塌陷的坑洞形状大多为圆形，因此可分别估算出各塌陷等级对应的塌陷有效半径 R，结果如表 4.20 所示。最后在对塌陷有效半径研究的基础上，以距塌陷(中心)的距离为衡量指标，根据地面塌陷对建设用地适宜性的影响进行分级。而其分级原理与滑坡相同，最终

分级结果如表 4.21 所示。

表 4.19 地面塌陷分级标准

级别	塌陷或变形面积/km²
巨型	≥10
大型	1~10
中型	0.1~1
小型	<0.1

表 4.20 塌陷类型和 R 的关系

塌陷类型	R/m
小型	(0,178.41]
中型	(178.41,564.19]
大型	(564.19,1784.12]
特大型	(1784.12,+∞)

表 4.21 地面塌陷对建设用地适宜性的影响分级

项目	定性分级				
	很适宜	适宜	较不适宜	不适宜	很不适宜
距地面塌陷的距离/m	(2000,+∞)	(1800,2000]	(600,1800]	(200,600]	(0,200]
赋值	9	7	5	3	1

5. 崩塌

崩塌对建设用地适宜性的影响，也以距崩塌（中心）的距离为衡量指标。《滑坡崩塌泥石流灾害详细调查规范》对崩塌类型进行了划分，如表 4.22 所示。而目前关于崩塌体积和崩塌滑行距离间关系的研究，尚没有明确的数学界定。本章参照已发生的崩塌灾害数据，推断崩塌体积和滑行距离的关系，并针对崩塌对建设用地适宜性的影响进行分级，具体的分级结果如表 4.23 所示。

表 4.22 崩塌体积和崩塌类型的关系

项目	定性分级			
	特大型	大型	中型	小型
崩塌体积 V/(10^4m³)	>100	10~100	1~10	<1

表 4.23　崩塌对建设用地适宜性的影响分级

项目	定性分级				
	很适宜	适宜	较不适宜	不适宜	很不适宜
距崩塌的距离/m	(700,+∞)	(500,700]	(150,500]	(50,150]	(0,50]
赋值	9	7	5	3	1

五、社会经济

规划区域发展时，应该充分考虑建成区如城市、村镇中心及道路等对区域经济发展的促进作用，即社会经济因子。对建设用地适宜性有影响的社会经济因子主要有：距镇建成区(场镇)及镇中心村的距离，与国道、省道、县道(统称公路)及农村道路的距离。

1. 镇建成区

镇建成区是镇人民政府所在地及与该居委连成一片的开发建设区域，且具备一定的公共设施。本章以公共设施的服务半径为参考依据，以距镇建成区的距离为衡量指标，根据镇建成区对建设用地适宜性的影响进行分级。镇建成区内的公共设施主要有教育设施、超市农贸市场、商业贸易设施、居住社区服务设施、油气供应设施等，现有相关条文对上述设施做出了明确规定。

《重庆市城乡规划公共服务设施规划导则》规定，学校的服务半径宜控制在1000～1500m 范围内。《镇规划标准》规定，一般居住区商业中心步行半径不大于 500m；《重庆市城乡规划公共服务设施规划导则》规定，社区卫生服务站、服务中心、综合医院服务半径分别为 500m、1000m、1500m。《城镇燃气设计规范》规定，液化石油气储配站的服务半径不宜超过 5km；调压站的供气半径以 0.5km 为宜，若供气区域狭长，则可考虑适当加大供气半径；输送燃气的距离一般为 0.5～1.5km，不超过 3.5～4.0km。结合各公共设施服务半径，考虑步行适宜距离，根据镇建成区对建设用地适宜性的影响进行分级，结果如表 4.24 所示。

表 4.24　镇建成区对建设用地适宜性的影响分级

项目	定性分级			
	很适宜	适宜	较不适宜	不适宜
距镇建成区的距离/m	建成区内	(0,1000]	(1000,2000]	(2000,+∞)
赋值	9	7	5	3

2. 镇中心村

中心村偏重政策的概念,是对多个偏远的设施配备不健全的村庄,将其公共服务设施集中起来,形成中心村。一般为农村村民委员会或农村集体经济组织所在地,是人口规模较大的村庄。中心村的作用是设置农民日常生活必需的生活服务设施,为本村和所属基层村服务。本章以公共设施的服务半径为依据,以距镇中心村的距离为衡量指标,根据镇中心村对建设用地适宜性的影响进行分级。

村庄级别公共设施是指农村居民点层次的公共服务设施,如农村文体中心、开放空间等,而具体服务范围参考镇建成区相关规定。从缩短行程、节约资源的角度考虑,村庄级别的公共服务设施服务半径为1000m,即步行适宜距离。

结合各公共设施服务半径,考虑步行适宜距离,根据镇中心村对建设用地适宜性的影响进行分级,结果如表4.25所示。

表4.25 镇中心村对建设用地适宜性的影响分级

项目	定性分级			
	很适宜	适宜	较不适宜	不适宜
距镇中心村的距离/m	中心村内	(0,500]	(500,1000]	(1000,+∞)
赋值	9	7	5	3

3. 公路

这里的公路是指县级及以上的道路,其主要影响建设用地的交通便利度和运输成本。而《公路安全保护条例》规定,公路0~10m范围内及农村道路0~5m范围内属于划分的公路建筑控制区,不能用作建设用地。根据仲照东和任子炎的《基于GIS的建设用地适宜性评价研究——以江西省南康市为例》[27]、于少康和袁芳的《基于GIS的浮梁县建设用地适宜性评价》[28]中关于道路的分级,并结合重庆实际情况,以距公路的距离为衡量指标,根据公路对建设用地适宜性的影响进行分级,结果如表4.26所示。

表4.26 公路对建设用地适宜性的影响分级

项目	定性分级				
	很适宜	适宜	较不适宜	不适宜	很不适宜
距公路的距离/m	(10,500]	(500,1500]	(1500,2500]	(2500,+∞)	(公路中心,10]
赋值	9	7	5	3	1

4. 农村道路

这里的农村道路是指县级以下的道路，主要包含镇级道路和村级道路，其对建设用地的影响内容与公路相同。由于行政级别不同，其建设规模与公路不同，因此对建设用地的影响程度也不同。借鉴公路分级依据及结果，道路对建设用地适宜性影响的分级结果如表 4.27 所示。

表 4.27 农村道路对建设用地适宜性的影响分级

项目	定性分级				
	很适宜	适宜	较不适宜	不适宜	很不适宜
距农村道路的距离/m	(5,500]	(500,1000]	(1000,1500]	(1500,+∞)	(道路中心,5]
赋值	9	7	5	3	1

六、指标体系

结合巴南区石龙镇用地环境情况做相应调整和补充，主要是对相对高程分级标准、断裂带有无发育、矿产资源有无分布及自然灾害发生情况调查等问题的确定。完善后的评价指标体系如表 4.28 所示。

表 4.28 巴南区石龙镇建设用地适宜性评价指标体系

评价目标	一级指标	二级指标	定性分级	分类条件	得分
建设用地适宜性评价指标体系	生态安全 S1	水环境严格控制区 S11	很适宜 适宜 较不适宜 不适宜 很不适宜	(200m,+∞) (150m,200m] (100m,150m] (50m,100m] (0,50m]	9 7 5 3 1
		土地利用现状类型 S12	很适宜 适宜 较不适宜 不适宜 很不适宜	建设用地 采矿用地 林地 一般农田、园地 基本农田	9 7 5 3 1
		自然风景区 S13	很适宜 适宜 较不适宜 不适宜 很不适宜	(200m,+∞) (150m,200m] (100m,150m] (50m,100m] (0,50m]	9 7 5 3 1
		植被覆盖度 S14	很适宜 适宜 较不适宜 不适宜 很不适宜	(0,10%] (10%,30%] (30%,50%] (50%,70%] (70%,100%]	9 7 5 3 1

续表

评价目标	一级指标	二级指标	定性分级	分类条件	得分
建设用地适宜性评价指标体系	地形地貌 S2	坡向 S15	很适宜 适宜 较不适宜 不适宜 很不适宜	平地/南坡 东南坡/西南坡 东坡/西坡 东北坡/西北坡 北坡	9 7 5 3 1
		坡度 S16	很适宜 适宜 较不适宜 不适宜 很不适宜	$(0°,10°]$ $(10°,18°]$ $(18°,25°]$ $(25°,30°]$ $(30°,+\infty)$	9 7 5 3 1
		相对高程 S17/m	很适宜 适宜 较不适宜 不适宜 很不适宜	$(-120,10]$ $(10,160]$ $(-160,-120]$ $(160,200]$ $(-200,-160]$, $(200,380]$	9 7 5 3 1
		地表曲率 S18/$(10^{-3}/m)$	很适宜 适宜 较不适宜 不适宜 很不适宜	$(0,0.1]$ $(0.1,0.2]$ $(0.2,0.4]$ $(0.4,0.6]$ $(0.6,+\infty)$	9 7 5 3 1
		坡位 S19	很适宜 适宜 较不适宜 不适宜 很不适宜	平坡 中坡 上坡 下坡 山脊/山谷	9 7 5 3 1
	地质条件 S3	断裂带 S20/m	很适宜 适宜 较不适宜 不适宜 很不适宜	$(400,+\infty)$ $(300,400]$ $(200,300]$ $(100,200]$ $(0,100]$	9 7 5 3 1
		矿产资源 S21	很适宜 很不适宜	无 有	9 1
		表土类型 S22	很适宜 适宜 较不适宜 不适宜 很不适宜	石骨土 砂土 半砂半泥土 泥土 烂泥土	9 7 5 3 1
		洪水淹没 S23/m	很适宜 适宜 较不适宜 不适宜 很不适宜	$(199.47,+\infty)$ $(198.97,199.47]$ $(198.47,198.97]$ $(197.97,198.47]$ $(-\infty,197.97]$	9 7 5 3 1
	自然灾害 S4	滑坡 S24/m	很适宜 适宜 较不适宜 不适宜 很不适宜	$(1400,+\infty)$ $(1200,1400]$ $(600,1200]$ $(300,600]$ $(0,300]$	9 7 5 3 1

续表

评价目标	一级指标	二级指标	定性分级	分类条件	得分
建设用地适宜性评价指标体系	自然灾害 S4	泥石流 S25/m	很适宜 适宜 较不适宜 不适宜 很不适宜	(1200,+∞) (1100,1200] (850,1100] (450,850] (0,450]	9 7 5 3 1
		地面塌陷 S26/m	很适宜 适宜 较不适宜 不适宜 很不适宜	(2000,+∞) (1800,2000] (600,1800] (200,600] (0,200]	9 7 5 3 1
		崩塌 S27/m	很适宜 适宜 较不适宜 不适宜 很不适宜	(700,+∞) (500,700] (150,500] (50,150] (0,50]	9 7 5 3 1
	社会经济 S5	镇建成区 S28/m	很适宜 适宜 较不适宜 不适宜	建成区内 (0,1000] (1000,2000] (2000,+∞)	9 7 5 3
		镇中心村 S29/m	很适宜 适宜 较不适宜 不适宜	中心村内 (0,500] (500,1000] (1000,+∞)	9 7 5 3
		公路 S30/m	很适宜 适宜 较不适宜 不适宜 很不适宜	(10,500] (500,1500] (1500,2500] (2500,+∞) (公路中心,10]	9 7 5 3 1
		农村道路 S31/m	很适宜 适宜 较不适宜 不适宜 很不适宜	(5,500] (500,1000] (1000,1500] (1500,+∞) (道路中心,5]	9 7 5 3 1

注：参考重庆市巴南区水利局关于渝南分流道巴南段(二期)新建花溪河大桥涉及河道管理有关问题的批复，石龙镇百年一遇的洪水位为 197.97m。

第三节 评价方法及模型

一、确定指标权重

确定指标权重的方法主要分为两大类：主观赋权法和客观赋权法。主观赋权法具有主观性强、评价过程的透明度和再现性差等特点，包含层次分析法（AHP 法）、专家打分法（Delphi 法）、环比评分法等。客观赋权法突出被评价对象在评价指标间的差异性，评价过程透明、再现性强，包含评分法、熵值法、方差分析法等。

本章采用以专家经验为判断基础的层次分析法（AHP 法），该方法是由美国运筹学家 T. L. Saaty 教授于 20 世纪 70 年代初提出的。专家针对各评价因子之间的重要程度，首先分别构建一个能够反映评价因子两两之间关系的判断矩阵；然后综合分析各位专家提供的判断矩阵，构造最终判断矩阵；最后通过层次分析，计算出各评价因子的权重，并进行一致性检验以保证其客观性。结合研究区特点，各评价指标的权重确定过程如下。

1. 建立层次结构模型

根据本章设置的评价指标体系，AHP 法的结构模型分为 3 个层次：目标层、准则层和指标层。目标层即为建设用地适宜性；准则层为指标体系中的 5 个一级指标；指标层为一级指标下的 21 个二级指标。

2. 构造判断矩阵

构造判断矩阵的常用方法是 9 标度法，即在确定某一层 N 个因素 $X_1, X_2, \cdots, X_n$ 对上一层某个因素 Y 的影响时，从 $X_1, X_2, \cdots, X_n$ 中任意选取 X_i 与 X_j，按照"1～9 比例尺度"给 X_i / X_j 赋值，比较它们对 Y 的贡献大小，如表 4.29 所示。

表 4.29　层次分析法判断矩阵的含义

标度	含义
1	X_i 与 X_j 的影响相同
3	X_i 比 X_j 的影响稍强
5	X_i 比 X_j 的影响强
7	X_i 比 X_j 的影响明显强
9	X_i 比 X_j 的影响绝对强
2,4,6,8	X_i 与 X_j 的影响在上述等级之间

因素 X_i 与 X_j 比较得到 u_{ij}，且判断矩阵满足 $u_{ji} = \dfrac{1}{u_{ij}}$。

对于 N 个因素 $X_1, X_2, \cdots, X_n$，可以得到如下判断矩阵 $\boldsymbol{T}$。

$$\boldsymbol{T} = \begin{bmatrix} u_{11} & u_{12} & \cdots & u_{1m} \\ u_{21} & u_{22} & \cdots & u_{2m} \\ \vdots & \vdots & & \vdots \\ u_{m1} & u_{m2} & \cdots & u_{mm} \end{bmatrix}$$

本章采用一种改进层次分析法来确定权重,用三标度法代替传统的九标度法建立判断矩阵,并通过最优传递矩阵把比较矩阵转化为一致性矩阵,可快速得出权重排序。其操作性更强,且不需做一致性检验。

本章邀请了 10 个该领域的专家学者,按设定好的问卷调查表对各评价因子之间的重要程度进行调查。首先采用三标度法构建各指标之间的比较矩阵,以"生态安全"下各指标为例进行说明,如表 4.30 或式(4.1)所示。

表 4.30　判断矩阵(巴南区石龙镇)

生态安全	水环境严格控制区 S11	土地利用现状类型 S12	自然风景区 S13	植被覆盖度 S14
水环境严格控制区 S11	0	1	−1	−1
土地利用现状类型 S12	−1	0	−1	−1
自然风景区 S13	1	1	0	−1
植被覆盖度 S14	1	1	1	0

$$C = \begin{bmatrix} c_{11} & c_{12} & \cdots & c_{1n} \\ c_{21} & c_{22} & \cdots & c_{2n} \\ \vdots & \vdots & & \vdots \\ c_{n1} & c_{n2} & \cdots & c_{nn} \end{bmatrix} = \begin{bmatrix} 0 & 1 & -1 & -1 \\ -1 & 0 & -1 & -1 \\ 1 & 1 & 0 & -1 \\ 1 & 1 & 1 & 0 \end{bmatrix} \quad (4.1)$$

其中,$c_{ij}=1$,表示指标 X_i 比 X_j 重要;$c_{ij}=0$,表示指标 X_i 与 X_j 同等重要;$c_{ij}=-1$,表示指标 X_i 没有 X_j 重要。$i, j=1, 2, \cdots, n$。

求出最优传递矩阵 $\boldsymbol{O}$,如式(4.2)所示。

$$\boldsymbol{O} = \begin{bmatrix} o_{11} & o_{12} & \cdots & o_{1n} \\ o_{21} & o_{22} & \cdots & o_{2n} \\ \vdots & \vdots & & \vdots \\ o_{n1} & o_{n2} & \cdots & o_{nn} \end{bmatrix} = \begin{bmatrix} 0 & \frac{1}{2} & -\frac{1}{2} & -1 \\ -\frac{1}{2} & 0 & -1 & -\frac{3}{2} \\ \frac{1}{2} & 1 & 0 & -\frac{1}{2} \\ 1 & \frac{3}{2} & \frac{1}{2} & 0 \end{bmatrix} \quad (4.2)$$

其中,$o_{ij} = \dfrac{1}{n}\sum_{t=1}^{n}(o_{it}+c_{ij})$。

把矩阵 $\boldsymbol{O}$ 转化为一致性矩阵 $\boldsymbol{D}$,矩阵 $\boldsymbol{D}$ 即为该准则层下的判断矩阵,如式(4.3)所示。

$$\boldsymbol{D} = \begin{bmatrix} d_{11} & d_{12} & \cdots & d_{1n} \\ d_{21} & d_{22} & \cdots & d_{2n} \\ \vdots & \vdots & & \vdots \\ d_{n1} & d_{n2} & \cdots & d_{nn} \end{bmatrix} = \begin{bmatrix} 1 & 1.6487 & 0.6065 & 0.3679 \\ 0.6065 & 1 & 0.3679 & 0.2231 \\ 1.6487 & 2.7183 & 1 & 0.6065 \\ 2.7183 & 4.4817 & 1.6487 & 1 \end{bmatrix} \quad (4.3)$$

其中，$d_{ij} = \exp(o_{ij})$。

3. 计算权向量

最终根据判断矩阵 $\boldsymbol{D}$，求出判断矩阵的最大特征根所对应的特征向量，即为各评价因子的重要性，归一化处理后，即得到指标 S11～S14 的权重矩阵 $\boldsymbol{W} = [0.1674 \ 0.1015 \ 0.2760 \ 0.4551]^T$。

用同样的方法处理每个比较矩阵得到 10 组指标权重，剔除偏差较大的 1 组数据，取剩下权重值的平均数，如表 4.31 所示。最终得到 S11～S14 的权重矩阵为 $\boldsymbol{W} = [0.2436 \ 0.1276 \ 0.2479 \ 0.3809]^T$。

表 4.31 巴南区石龙镇生态安全各指标权重

	水环境严格控制区 S11	土地利用现状类型 S12	自然风景区 S13	植被覆盖度 S14
专家 1	0.1674	0.1015	0.2760	0.4551
专家 2	0.1015	0.1674	0.2760	0.4551
专家 3	0.1315	0.1315	0.2783	0.4588
专家 4	0.2760	0.1674	0.1015	0.4551
专家 5	0.2760	0.1015	0.1674	0.4551
专家 6	0.2270	0.1072	0.2915	0.3743
专家 7	0.3743	0.2915	0.1072	0.2270
专家 8	0.2760	0.1674	0.4551	0.1015
专家 9	0.4613	0.1029	0.2179	0.2179
专家 10	0.2760	0.1015	0.1674	0.4551
平均	0.2436	0.1276	0.2479	0.3809

其他各指标也用同样的方法求出对应的权重，最后得到各指标的权重，如表 4.32 所示。

表 4.32　巴南区石龙镇适宜性评价指标体系权重

评价目标	一级指标	一级权重	二级指标	二级权重	综合权重
建设用地适宜性评价指标体系	生态安全 S1	0.2130	水环境严格控制区 S11	0.2436	0.052
			土地利用现状类型 S12	0.1276	0.027
			自然风景区 S13	0.2479	0.053
			植被覆盖度 S14	0.3809	0.081
	地形地貌 S2	0.1758	坡向 S15	0.1869	0.033
			坡度 S16	0.2681	0.047
			相对高程 S17	0.2060	0.036
			地表曲率 S18	0.1650	0.029
			坡位 S19	0.1741	0.031
	地质条件 S3	0.1446	断裂带 S20	0.4728	0.068
			矿产资源 S21	0.3118	0.045
			表土类型 S22	0.2155	0.031
	自然灾害 S4	0.2998	洪水淹没 S23	0.2395	0.072
			滑坡 S24	0.2265	0.068
			泥石流 S25	0.2511	0.075
			地面塌陷 S26	0.1350	0.040
			崩塌 S27	0.1479	0.044
	社会经济 S5	0.1668	镇建成区 S28	0.3001	0.050
			镇中心村 S29	0.2774	0.046
			公路 S30	0.2491	0.042
			农村道路 S31	0.1734	0.029

二、建立评价模型

在土地资源评价中，常用的评价模型及方法有模糊数学模型(其中包括模糊综合评价模型、模糊贴近度模型等)、信息量法、综合指数模型、数理统计法(其中包括定性判别分析模型、多指标分类模型等)、灰色系统评价模型、BP 人工神经网络模型等。在这些模型及方法中，使用频率最高的是模糊综合评价模型和综合指数模型。这里选用较为简单、成熟的综合指数模型中的加权叠加法，其计算公式为

$$Q_{ij} = \sum_{k=1}^{n} W(k) \cdot C_{ij}(k) \tag{4.4}$$

式中，Q_{ij} 为第 ij 个评价单元的适宜性综合得分值；$k=1,2,\cdots,n$，为第 k 个因子；$W(k)$

为第 k 个因子的权重；$C_{ij}(k)$ 为第 k 个因子在第 ij 个评价单元的得分值。

利用综合指数模型，在得到单个评价因素的得分值分布图层之后，利用 ArcGIS 地理信息系统软件，实现综合指数模型的数字化，可以得到评价区域的综合得分值，据此来进行适宜性等级的划分。

三、判定适宜性等级

在得到每个评价单元的综合得分值后，需对所有数据进行重新归类，区分出不同类之间的差异，即适宜性等级的划分。这样才能进行后续的应用分析。分级过程是对评价区域所有评价单元综合得分值组成的序列，按照一定的断点方法进行分段，从而确定相应的分级界线和每个评价单元的等级。在 ArcGIS 中，设置有相应的分级方法，其常用的有以下几种。

1. 自定义间距法

自定义间距法，针对一个数据集，根据特定的需求目的设定各个级别间的分级值。要求研究者对该数据集有全面的了解，能找到合适的断点。自定义间距法的缺点是某些级别中含有的要素值的数量不成比例，第一级和最后一级特别明显。

2. 等间距法

等间距法，针对一个数据集，按照每个等级内数据值间距相等的方式进行分级，是最简单的分级方法。其操作原理简单，当数据呈均匀特征时较为适用，不适用于分布差异过大的数据集。

3. 分位数法

分位数法，针对一个数据集，按照每个等级内数据个数相等的方式进行分级。先将数列从小到大排列好，然后根据实际需要将数列分成 5 段、6 段、10 段等，则每段分位处对应的数列值作为分级值。分位数分级法使每一等级内的数据个数基本相同，能得到较好的制图效果。其缺点是各级内的类聚性和各级间的差异性难以保证。

4. 自然断点法

自然断点法，针对一个数据集，用统计公式来确定数据集的自然聚类。其充分利用统计数列中的自然转折点、特征点等断裂点，能够让各级内的变异和最小、各级间的差异和最大。

5. 标准偏差法

标准偏差法，针对一个数据集，先计算数据集的平均值，再用统计公式计算出反映相对于均值的标准偏差，然后确定要分的等级数目，并以均值作为中间级别的界限值，最后以标准偏差的某一倍数作为分级间距来确定各级间的分级值。由于等级的数目可以自行设定，因此分级间距可以是全部标准偏差、半标准偏差、三分之一标准偏差等。该方法较好地反映了各级间的离散程度，但前提是要保证数据集分布的正态性。

如前所述，山地村镇的自然环境、用地条件等问题复杂，所以对评价指标对应的因素有全面的了解极为困难，不能用自定义间距法进行分级。而根据已有的建设用地适宜性评价结果可知，评价单元综合得分值序列较无序，所以等间距法和标准偏差法的应用会失效。而分位数法本身就存在各级类聚性难以保证的缺点，故也不能较好地保证分级结果的科学性。因此，本章采用"自然断点法"进行适宜性等级的划分，其能够较好地保证不同级间的差异性和同级内的类聚性。而参考《城乡用地评定标准》及《城乡规划工程地质勘察规范》等相关文件，现将适宜性等级划分为 3 类 4 级，如表 4.33 所示。

表 4.33　建设用地适宜性等级划分

等级	定性描述	综合得分 Q	特征描述
I 级	不适宜	$[Q_1, Q_2)$	(1) 用地综合条件极差，不能开发建设； (2) 工程建设对生态用地影响较大； (3) 地面较陡，地表起伏大，日照强度极低； (4) 地表土壤强度低，地下分布有重要矿产资源，位于断裂带上或周边； (5) 地址位于灾害区内或周边，安全隐患大； (6) 距离镇或中心村较远，交通设施不通达，不能享受经济发展带来的红利
II 级	适宜性差	$[Q_2, Q_3)$	(1) 用地综合条件差，不宜开发建设； (2) 工程建设对生态用地可能有影响； (3) 地面稍陡，地表起伏偏大，日照强度偏低； (4) 地表土壤强度较低，地下分布有矿产资源，位于断裂带附近； (5) 地址位于灾害区附近，存在一定安全隐患； (6) 距离镇或中心村有一定距离，交通设施一般，不能较好地享受经济发展带来的红利
III 级	较适宜	$[Q_3, Q_4)$	(1) 用地综合条件相对较好，宜开发建设； (2) 工程建设对生态用地影响较小； (3) 地面较平，地表起伏小，日照强度足够； (4) 地表土壤强度足够，地下无矿产资源分布，距断裂带在安全距离范围外； (5) 地址距灾害区较远，没有安全隐患； (6) 位于镇或中心村内及附近，交通通达度好，能较好地享受经济发展带来的红利
IV 级	适宜	$[Q_4, Q_5]$	

四、适宜性等级修正

根据多因子分级加权指数和法来判定综合等级，较好地考虑了各因子影响的叠加效果，但不能有效地反映各指标的独特性。当部分权重较大的指标值达到某一范围时，其对建设用地适宜性的影响程度呈现出较极端增长的趋势，直至具有决定性作用(即具有"一票否决权")。而从上述综合评价模型得到的结果中不能得出结论，因此需要在上述综合评价结果的基础上人为地对评价结果做调整。

例如，某评价单元位于断裂带上，但其他指标的得分均较高，由加权指数法得到的计算结果，在经过自然断点法分级后，等级评判结果可能为"适宜"。而位于断裂带上的用地，是很不适宜作为建设用地的，这时需要对等级评判结果做修正。结合评价指标体系，等级修正具体情况如表 4.34 所示。

表 4.34　适宜性等级修正

指标	限定范围	备注
生态安全	生态用地	生态用地对生态安全的保障十分重要，保证生态红线不被侵犯
坡度	>58%(30°)	地面较陡，开发建设难度大，且建成后存在较大的安全隐患
断裂带	不适宜范围内	断裂带周边容易受地质活动的影响
洪水淹没	海拔高度<δ	发洪水时极可能被淹没
地质灾害	不适宜范围内	地质灾害风险大，应避开

第四节　评价单元研究

一、网格单元

网格大小的设置至今没有明确的理论依据，由于本章研究的载体是山地地区村镇尺度下的建设用地，因此其大小应较好地符合当地相关建设文件和居住习俗对建筑物尺寸的要求。本章参考《重庆市巴渝新农村民居通用图集》[29]中典型房屋的设计尺寸，并考虑评价结果的可操作性和合理性，以 3 倍房屋进深尺寸(10m 左右)的网格大小为基准，选取 30m×30m 网格作为网格单元研究的基本组。然后结合 GIS 技术中原图单元大小，设置 5m×5m、20m×20m、30m×30m、40m×40m、50m×50m 网格作为网格单元研究的对照组，结合已构建的指标体系和评价模型，现以重庆市巴南区石龙镇为例进行具体说明。

根据巴南区石龙镇的土地利用现状调查图、自然灾害资料和工程地质资料等，以 5 种不同网格作为评价单元，运用 ArcGIS 对每个评价因素进行分级运算，得到单因子评价图。然后根据"模型的建立"内容，通过 ArcGIS 运用加权叠加法得到各评价单元的综合得分值，并按照"自然断点法"，将其分为 3 类 4 级。最后对初步适宜性评价结果进行修正，结合本研究区具体情况，需要针对生态用地、坡度及断裂带 3 个评价因子进行调整，分别将 3 个因子分布在"限定范围"的评价单元提取出来依次进行修正，得到最终评价结果。

1. 5m × 5m 单元评价结果

（1）单因子分级结果。每个单因子的分级统计结果如表 4.35 所示。其中，土地利用现状类型分级如图 4.6 所示；坡度分级如图 4.7 所示；地表曲率分级如图 4.8 所示；表土类型分级如图 4.9 所示。

表 4.35 单因子适宜性分级统计结果（5m×5m）

指标		定性分级及赋值					合计
		很不适宜	不适宜	较不适宜	适宜	很适宜	
		1	3	5	7	9	
水环境严格控制区	比例/%	17.62	14.32	12.98	11.59	43.49	100
土地利用现状类型	比例/%	24.86	25.44	44.60	0.03	5.07	100
自然风景区	比例/%	0	0	0	0	100	100
植被覆盖度	比例/%	4.46	35.21	46.60	12.85	0.88	100
坡向	比例/%	10.54	23.84	29.20	23.57	12.85	100
坡度	比例/%	26.58	14.07	20.03	20.92	18.40	100
相对高程	比例/%	7.28	1.54	2.46	44.00	44.72	100
地表曲率	比例/%	66.11	8.47	9.96	4.25	11.21	100
坡位	比例/%	2.49	5.66	5.84	77.07	8.94	100
断裂带	比例/%	1.75	1.69	1.67	1.68	93.21	100
矿产资源	比例/%	0.03	0	0	0	99.97	100
表土类型	比例/%	1.78	36.89	10.87	25.84	24.62	100
洪水淹没	比例/%	0	0	0	0	100	100
滑坡	比例/%	0	0	0	0	100	100
泥石流	比例/%	0	0	0	0	100	100
地面塌陷	比例/%	0	0	0	0	100	100
崩塌	比例/%	0	0	0	0	100	100
镇建成区	比例/%	0	70.67	19.71	9.56	0.06	100
镇中心村	比例/%	0	100	0	0	0	100
公路	比例/%	0.96	12.62	9.27	37.29	39.86	100
农村道路	比例/%	1.47	0.63	0.82	0.09	96.99	100

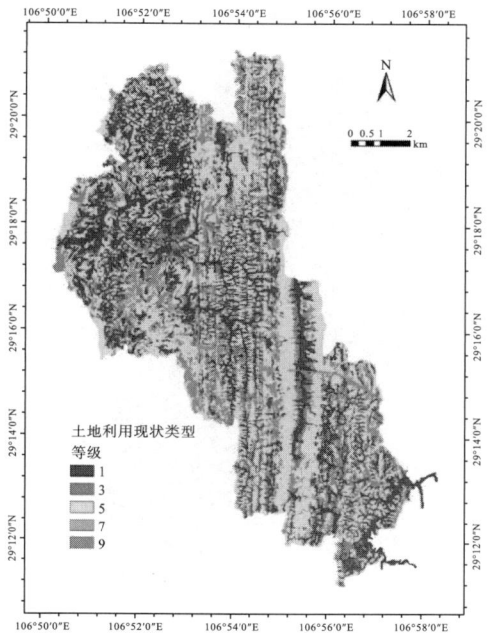

图 4.6 土地利用现状类型分级（5m×5m）（见彩插）

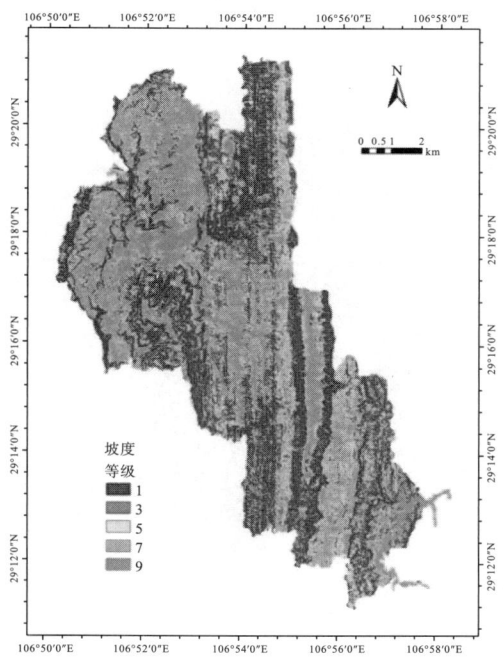

图 4.7 坡度分级（5m×5m）（见彩插）

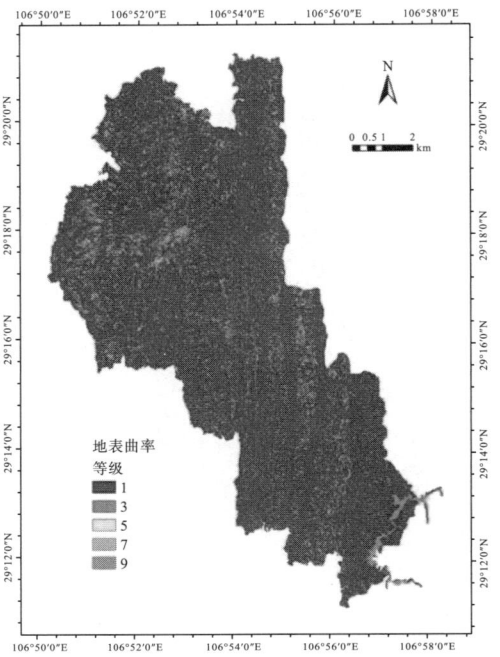

图 4.8　地表曲率分级(5m×5m)(见彩插)

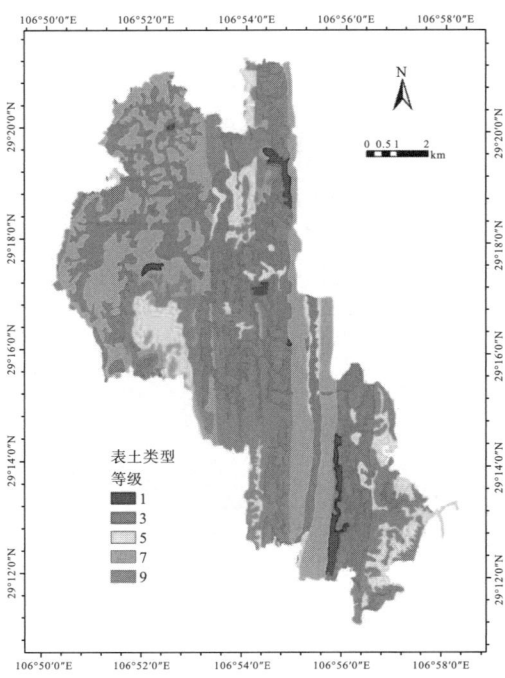

图 4.9　表土类型分级(5m×5m)(见彩插)

(2)适宜性分级结果。各评价单元的综合得分值呈正态分布曲线，具体如图 4.10 所示；初步分级结果如图 4.11 所示，各级比例如表 4.36 所示；最终分级结果如图 4.12 所示，各级比例如表 4.37 所示。

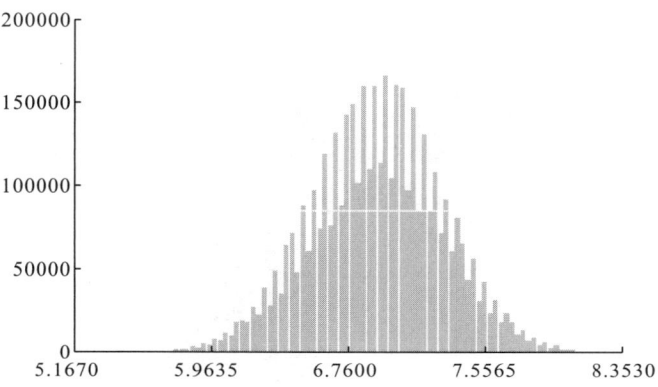

图 4.10　各评价单元综合得分值分布(5m×5m)

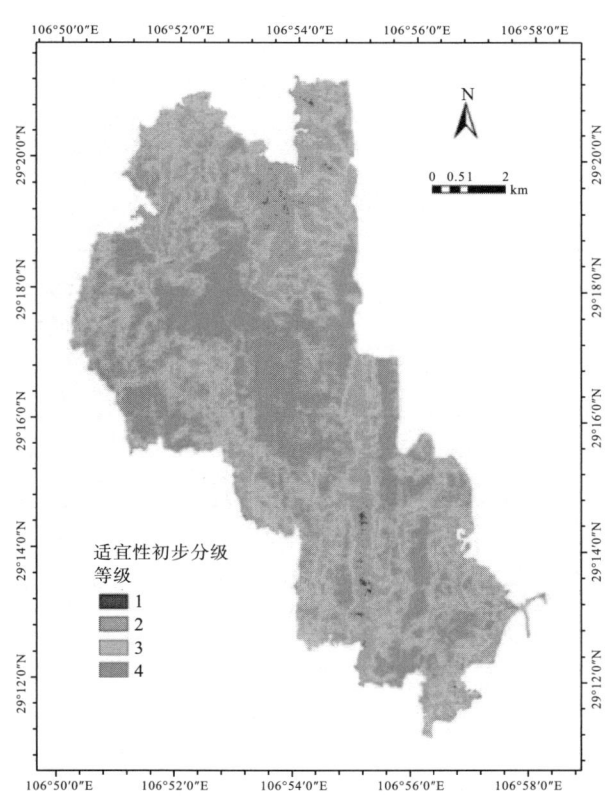

图 4.11　适宜性初步分级(5m×5m)(见彩插)

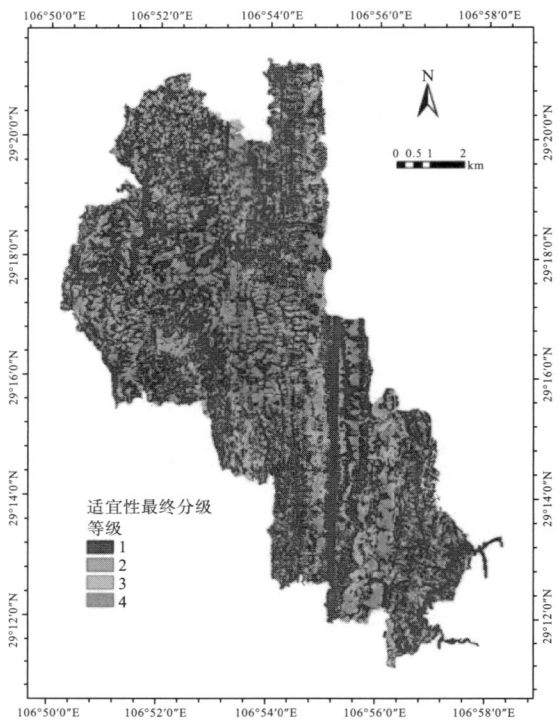

图 4.12　适宜性最终分级（5m×5m）（见彩插）

表 4.36　适宜性初步分级统计结果（5m×5m）

项目	等级				
	Ⅰ级	Ⅱ级	Ⅲ级	Ⅳ级	合计
面积/km²	0.16	27.81	47.18	29.71	104.86
百分比/%	0.15	26.52	45.00	28.33	100.00

表 4.37　适宜性最终分级统计结果（5m×5m）

项目	等级				
	Ⅰ级	Ⅱ级	Ⅲ级	Ⅳ级	合计
面积/km²	53.77	8.86	23.97	18.26	104.86
百分比/%	51.28	8.44	22.86	17.42	100.00

2. 20m×20m 单元评价结果

（1）单因子分级结果。每个单因子的适宜性分级统计结果如表 4.38 所示。其中，土地利用现状类型分级如图 4.13 所示；坡度分级如图 4.14 所示；地表曲率分级如图 4.15 所示；表土类型分级如图 4.16 所示。

表 4.38　单因子适宜性分级统计结果(20m×20m)

指标		定性分级及赋值					合计
		很不适宜	不适宜	较不适宜	适宜	很适宜	
		1	3	5	7	9	
水环境严格控制区	比例/%	17.62	14.32	13.00	11.57	43.49	100
土地利用现状类型	比例/%	24.86	25.40	44.63	0.03	5.08	100
自然风景区	比例/%	0	0	0	0	100	100
植被覆盖度	比例/%	4.46	35.34	46.44	12.87	0.89	100
坡向	比例/%	10.76	24.66	30.19	24.20	10.19	100
坡度	比例/%	17.08	13.62	23.24	26.94	19.12	100
相对高程	比例/%	7.18	1.59	2.42	44.21	44.60	100
地表曲率	比例/%	56.58	12.13	14.08	7.90	9.31	100
坡位	比例/%	66.27	8.27	7.24	15.52	2.70	100
断裂带	比例/%	1.76	1.69	1.67	1.68	93.20	100
矿产资源	比例/%	0.03	0	0	0	99.97	100
表土类型	比例/%	1.81	37.84	11.03	26.25	23.07	100
洪水淹没	比例/%	0	0	0	0	100	100
滑坡	比例/%	0	0	0	0	100	100
泥石流	比例/%	0	0	0	0	100	100
地面塌陷	比例/%	0	0	0	0	100	100
崩塌	比例/%	0	0	0	0	100	100
镇建成区	比例/%	0	70.67	19.70	9.56	0.07	100
镇中心村	比例/%	0	100	0	0	0	100
公路	比例/%	0.96	12.62	9.27	37.28	39.87	100
农村道路	比例/%	1.47	0.63	0.82	9.20	87.88	100

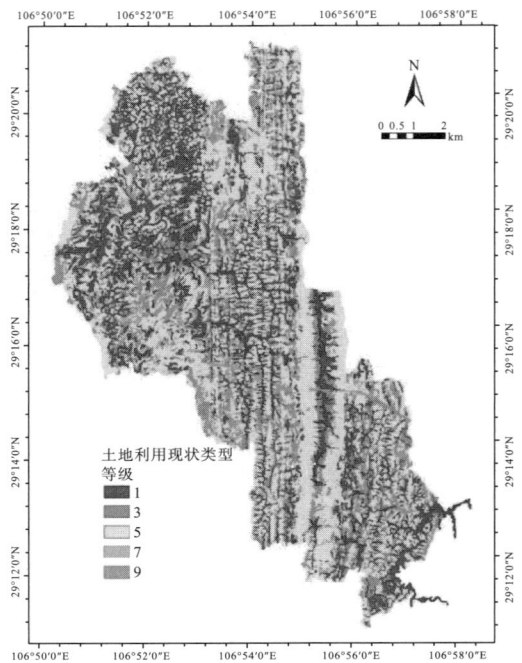

图 4.13　土地利用现状类型分级(20m×20m)(见彩插)

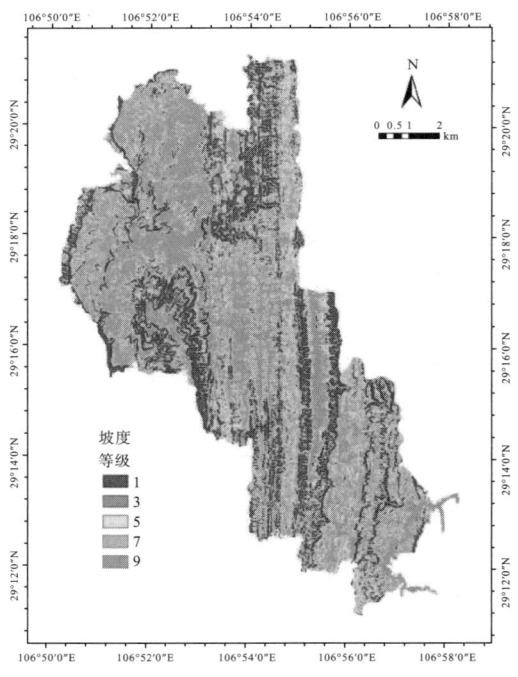

图 4.14　坡度分级(20m×20m)(见彩插)

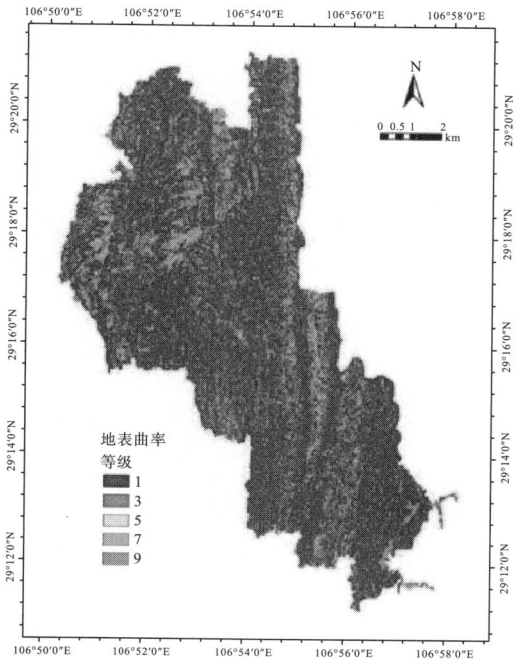

图 4.15 地表曲率分级（20m×20m）（见彩插）

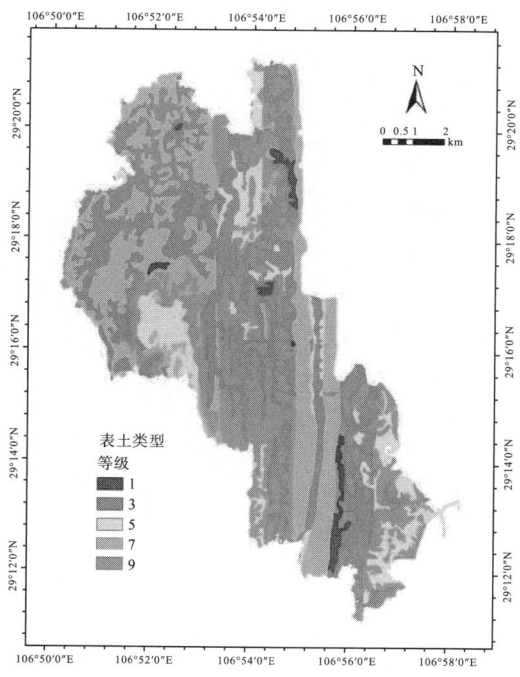

图 4.16 表土类型分级（20m×20m）（见彩插）

(2)适宜性分级结果。各评价单元的综合得分值呈正态分布曲线,具体如图4.17所示;初步分级结果如图4.18所示,各级比例如表4.39所示;最终分级结果如图4.19所示,各级比例如表4.40所示。

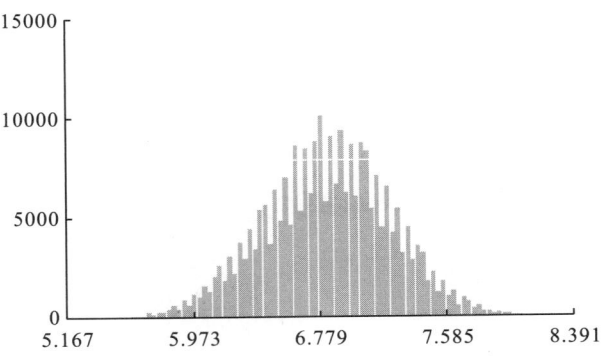

图4.17　各评价单元综合得分值分布(20m×20m)

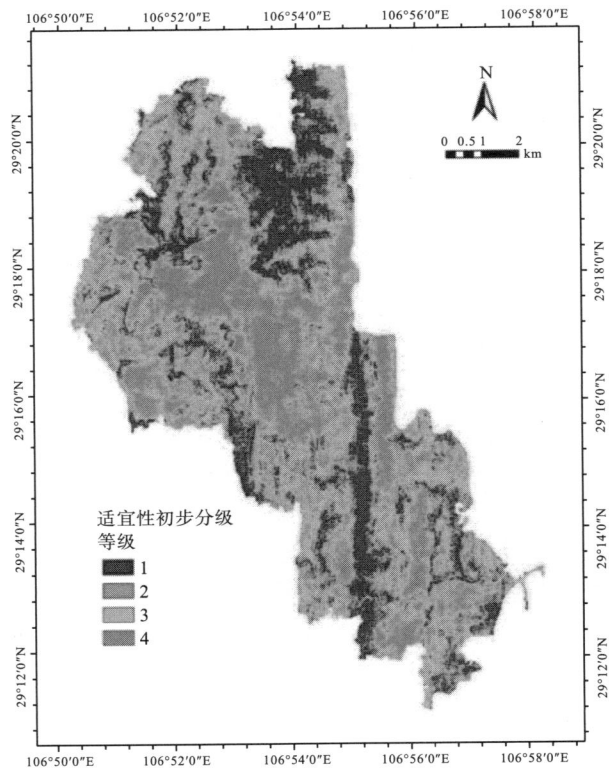

图4.18　适宜性初步分级(20m×20m)(见彩插)

第四章 基于生态安全的建设用地适宜性评价

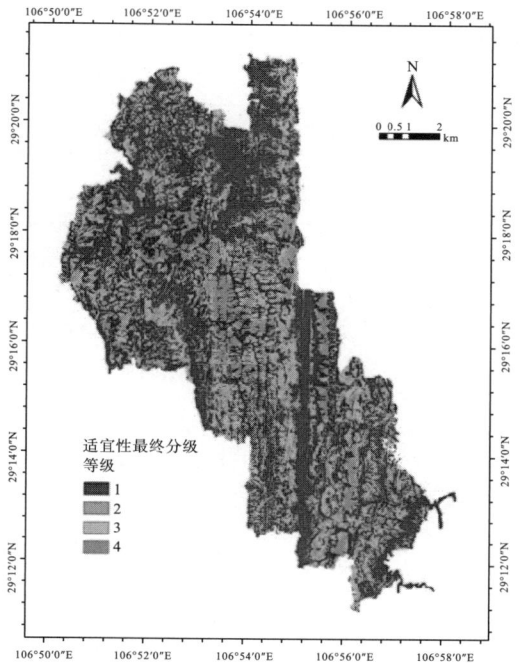

图 4.19　适宜性最终分级（20m×20m）（见彩插）

表 4.39　适宜性初步分级统计结果（20m×20m）

项目	等级				
	Ⅰ级	Ⅱ级	Ⅲ级	Ⅳ级	合计
面积/km²	16.14	33.65	36.27	18.80	104.86
百分比/%	15.39	32.09	34.59	17.93	100.00

表 4.40　适宜性最终分级统计结果（20m×20m）

项目	等级				
	Ⅰ级	Ⅱ级	Ⅲ级	Ⅳ级	合计
面积/km²	50.24	18.85	24.08	11.69	104.86
百分比/%	47.92	17.98	22.95	11.15	100.00

3. 30m×30m 单元评价结果

（1）单因子分级结果。每个单因子的适宜性分级统计结果如表 4.41 所示。其中，土地利用现状类型分级如图 4.20 所示；坡度分级如图 4.21 所示；地表曲率分级如图 4.22 所示；表土类型分级如图 4.23 所示。

表 4.41 单因子适宜性分级统计结果(30m×30m)

指标		定性分级及赋值					合计
		很不适宜	不适宜	较不适宜	适宜	很适宜	
		1	3	5	7	9	
水环境严格控制区	比例/%	17.65	14.32	12.94	11.64	43.45	100
土地利用现状类型	比例/%	24.88	25.47	44.56	0.03	5.06	100
自然风景区	比例/%	0	0	0	0	100	100
植被覆盖度	比例/%	4.50	35.26	46.47	12.90	0.87	100
坡向	比例/%	10.56	24.65	31.30	23.90	9.59	100
坡度	比例/%	11.94	11.83	22.43	30.86	22.94	100
相对高程	比例/%	7.32	1.53	2.49	43.89	44.77	100
地表曲率	比例/%	47.71	14.14	17.30	9.82	11.03	100
坡位	比例/%	80.44	4.97	4.49	8.70	1.40	100
断裂带	比例/%	1.76	1.71	1.66	1.68	93.19	100
矿产资源	比例/%	0.03	0	0	0	99.97	100
表土类型	比例/%	1.79	36.84	12.51	25.84	23.02	100
洪水淹没	比例/%	0	0	0	0	100	100
滑坡	比例/%	0	0	0	0	100	100
泥石流	比例/%	0	0	0	0	100	100
地面塌陷	比例/%	0	0	0	0	100	100
崩塌	比例/%	0	0	0	0	100	100
镇建成区	比例/%	0	70.66	19.70	9.56	0.08	100
镇中心村	比例/%	0	100	0	0	0	100
公路	比例/%	0.96	12.62	9.27	37.26	39.89	100
农村道路	比例/%	1.49	0.64	0.82	9.20	87.85	100

第四章 基于生态安全的建设用地适宜性评价

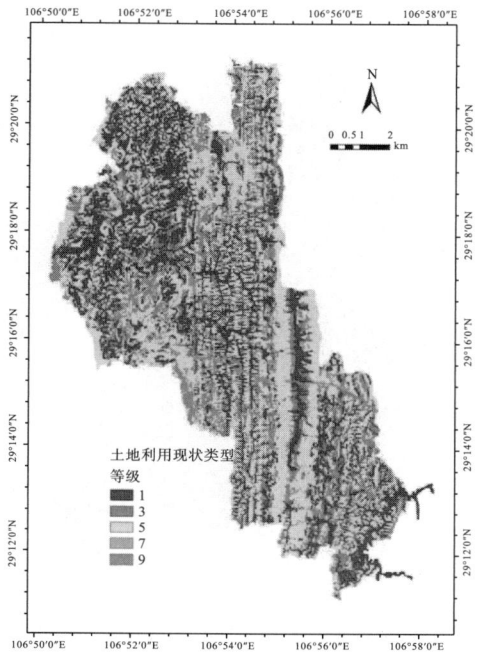

图 4.20　土地利用现状类型分级（30m×30m）（见彩插）

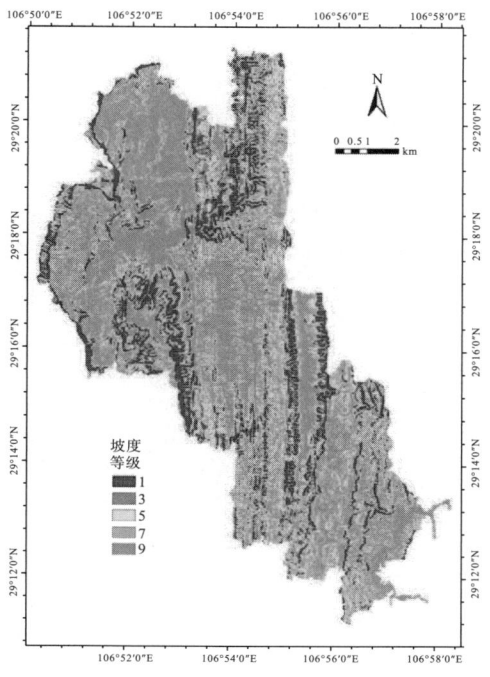

图 4.21　坡度分级（30m×30m）（见彩插）

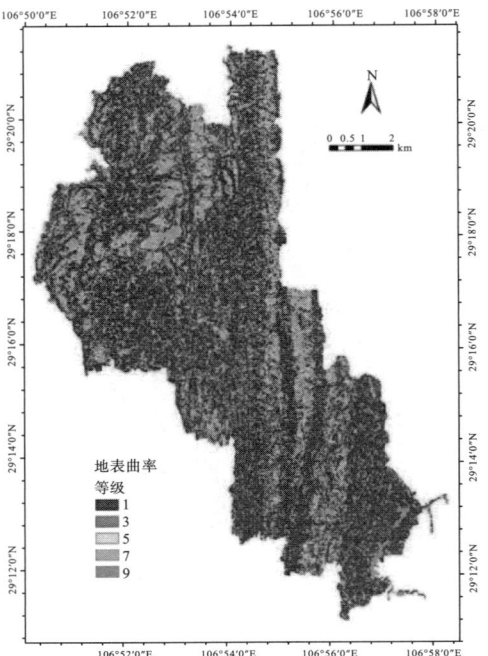

图 4.22　地表曲率分级（30m×30m）（见彩插）

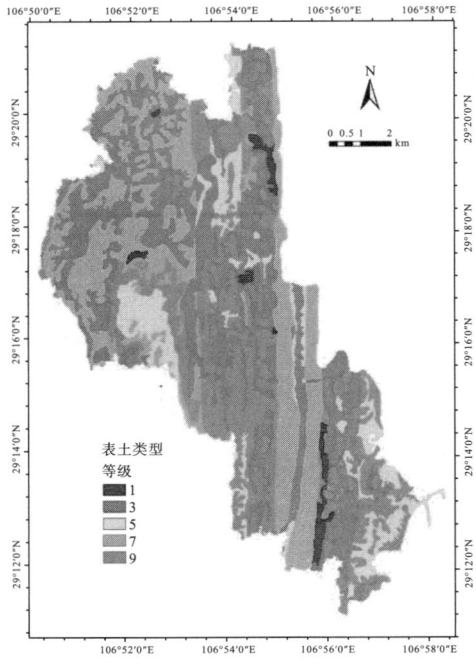

图 4.23　表土类型分级（30m×30m）（见彩插）

(2)适宜性分级结果。各评价单元的综合得分值呈正态分布曲线,具体如图 4.24 所示;初步分级结果如图 4.25 所示,各级比例如表 4.42 所示;最终分级结果如图 4.26 所示,各级比例如表 4.43 所示。

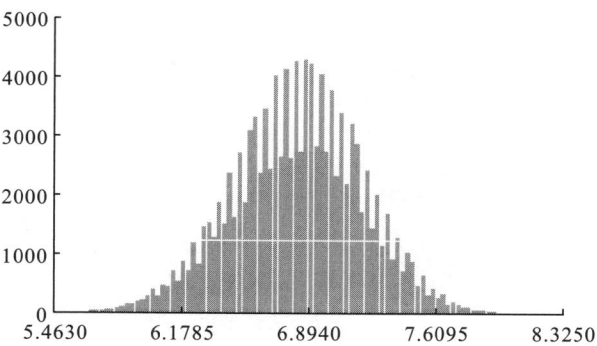

图 4.24　各评价单元综合得分值分布(30m×30m)

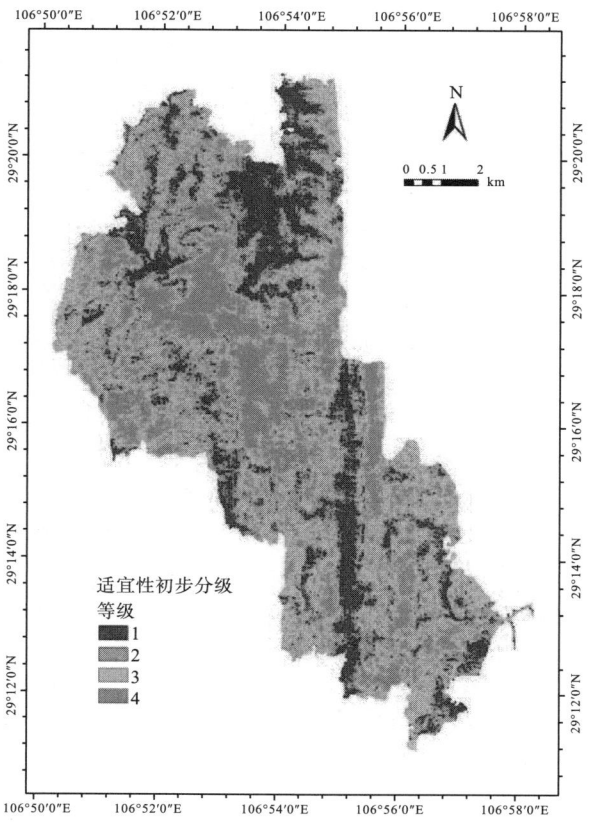

图 4.25　适宜性初步分级(30m×30m)(见彩插)

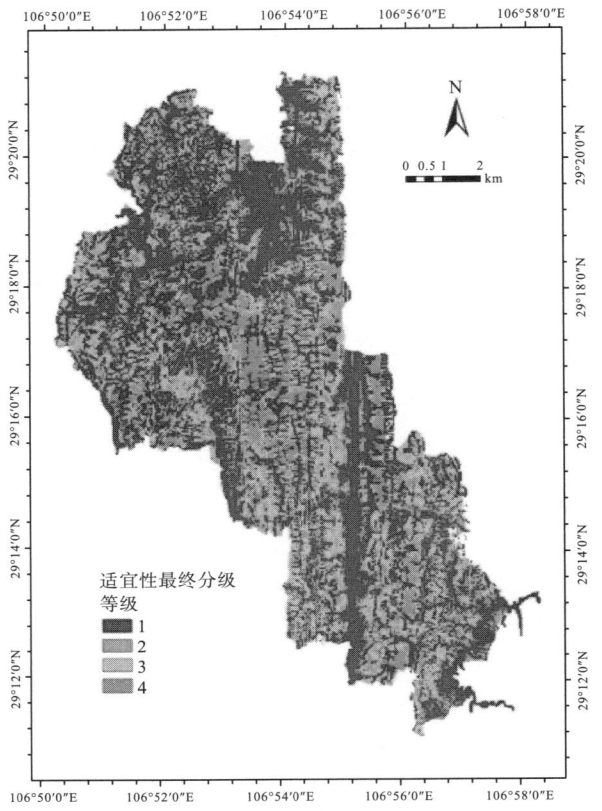

图 4.26 适宜性最终分级(30m×30m)(见彩插)

表 4.42 适宜性初步分级统计结果(30m×30m)

项目	等级				
	Ⅰ级	Ⅱ级	Ⅲ级	Ⅳ级	合计
面积/km²	16.45	34.11	36.20	18.10	104.86
百分比/%	14.70	32.53	34.52	17.25	100.00

表 4.43 适宜性最终分级统计结果(30m×30m)

项目	等级				
	Ⅰ级	Ⅱ级	Ⅲ级	Ⅳ级	合计
面积/km²	47.17	20.55	24.54	12.60	104.86
百分比/%	44.98	19.60	23.40	12.02	100.00

4. 40m×40m 单元评价结果

(1) 单因子分级结果。

每个单因子的适宜性分级统计结果如表 4.44 所示。其中，土地利用现状类型分级如图 4.27 所示；坡度分级如图 4.28 所示；地表曲率分级如图 4.29 所示；表土类型分级如图 4.30 所示。

表 4.44 单因子适宜性分级统计结果(40m×40m)

指标		定性分级及赋值					合计
		很不适宜	不适宜	较不适宜	适宜	很适宜	
		1	3	5	7	9	
水环境严格控制区	比例/%	17.61	14.34	12.99	11.55	43.51	100
土地利用现状类型	比例/%	24.76	25.54	44.60	0.03	5.07	100
自然风景区	比例/%	0	0	0	0	100	100
植被覆盖度	比例/%	4.43	35.14	46.72	12.85	0.86	100
坡向	比例/%	10.30	24.30	32.80	23.62	8.98	100
坡度	比例/%	8.01	10.12	20.59	32.83	28.45	100
相对高程	比例/%	7.10	1.61	2.44	44.19	44.66	100
地表曲率	比例/%	39.12	15.89	20.12	11.71	13.16	100
坡位	比例/%	86.17	3.57	3.22	6.09	0.95	100
断裂带	比例/%	1.75	1.70	1.66	1.69	93.20	100
矿产资源	比例/%	0.03	0	0	0	99.97	100
表土类型	比例/%	1.79	37.49	11.08	26.31	23.33	100
洪水淹没	比例/%	0	0	0	0	100	100
滑坡	比例/%	0	0	0	0	100	100
泥石流	比例/%	0	0	0	0	100	100
地面塌陷	比例/%	0	0	0	0	100	100
崩塌	比例/%	0	0	0	0	100	100
镇建成区	比例/%	0	70.67	19.71	9.56	0.06	100
镇中心村	比例/%	0	100	0	0	0	100
公路	比例/%	0.98	12.62	9.28	37.32	39.80	100
农村道路	比例/%	1.50	0.63	0.82	9.22	87.83	100

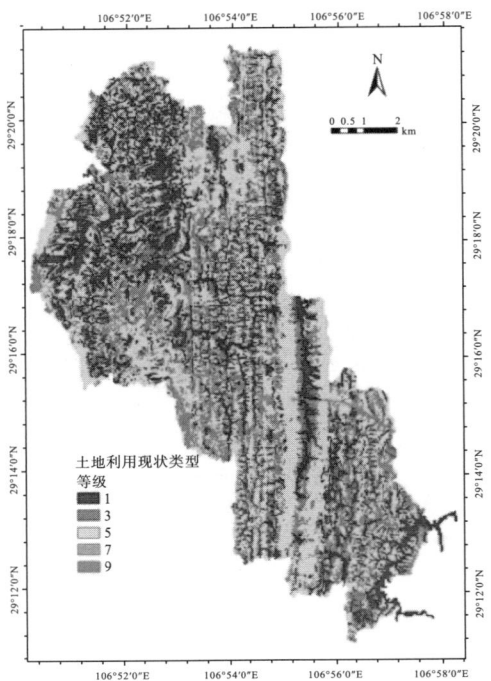

图 4.27 土地利用现状类型分级(40m×40m)(见彩插)

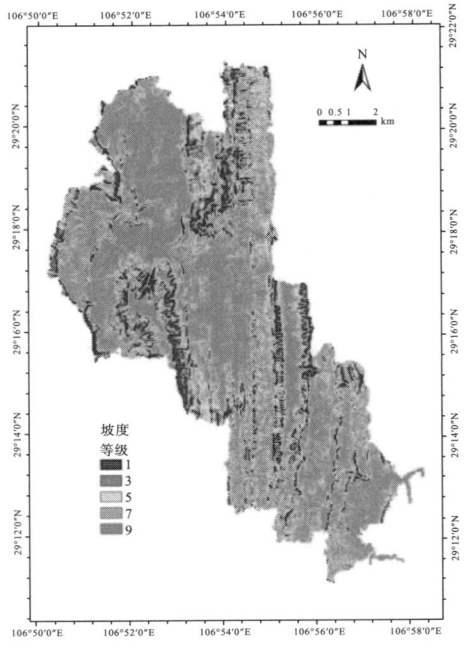

图 4.28 坡度分级(40m×40m)(见彩插)

第四章 基于生态安全的建设用地适宜性评价

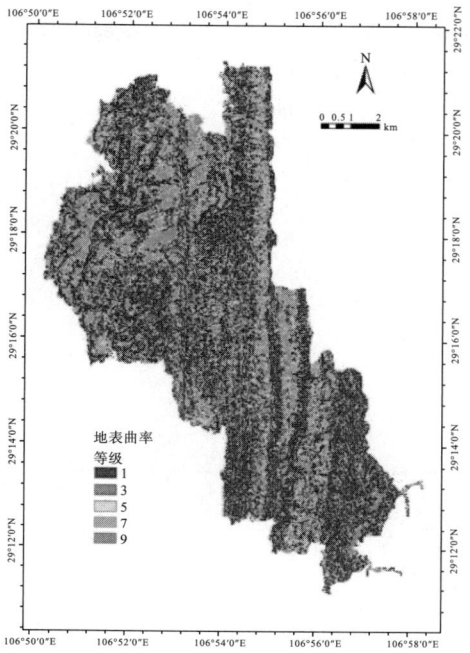

图 4.29 地表曲率分级(40m×40m)(见彩插)

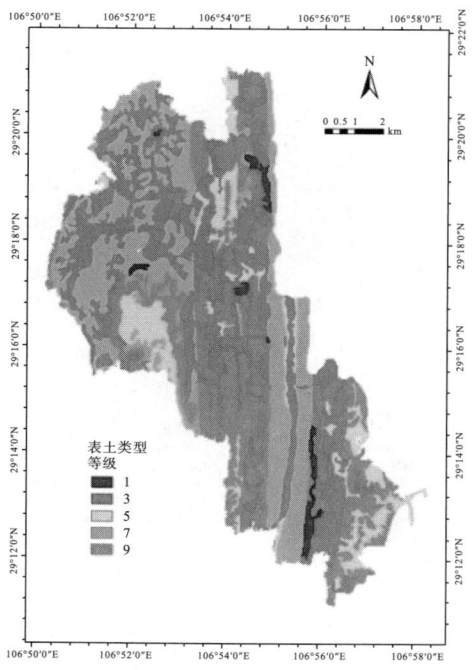

图 4.30 表土类型分级(40m×40m)(见彩插)

(2)适宜性分级结果。各评价单元的综合得分值呈正态分布曲线,具体如图 4.31 所示;初步分级结果如图 4.32 所示,各级比例如表 4.45 所示;最终分级结果如图 4.33 所示,各级比例如表 4.46 所示。

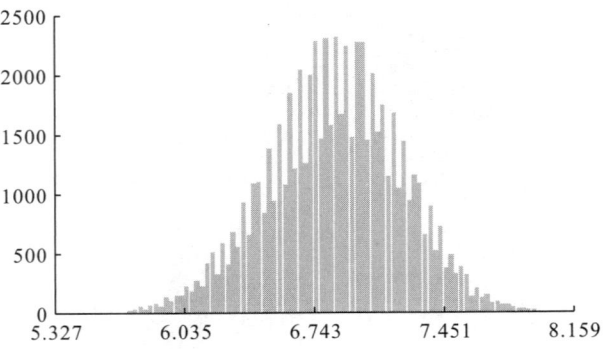

图 4.31 各评价单元综合得分值分布(40m×40m)

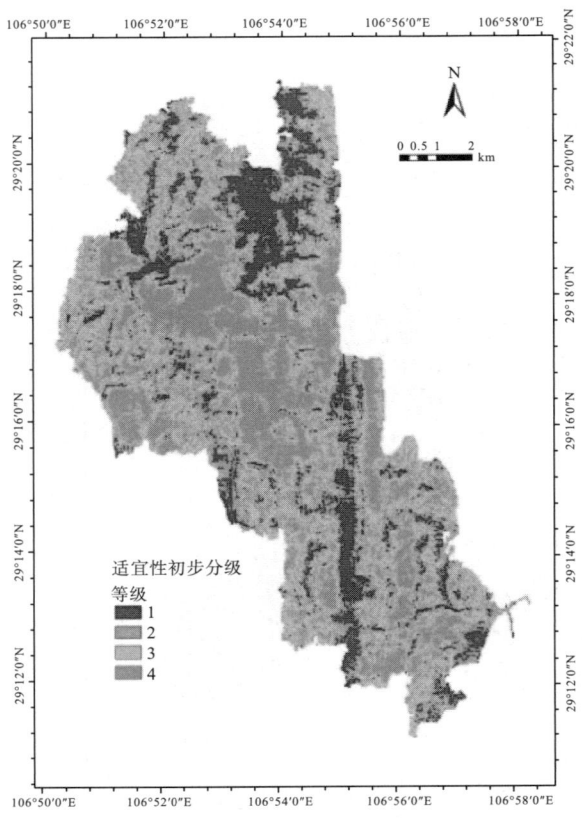

图 4.32 适宜性初步分级(40m×40m)(见彩插)

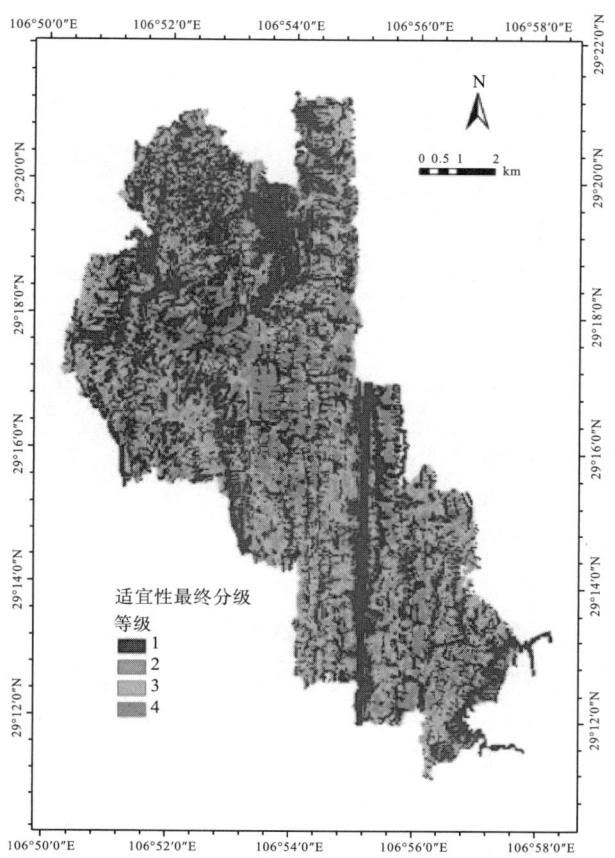

图 4.33 适宜性最终分级(40m×40m)(见彩插)

表 4.45 适宜性初步分级统计结果(40m×40m)

项目	等级				
	Ⅰ级	Ⅱ级	Ⅲ级	Ⅳ级	合计
面积/km²	14.77	33.18	36.51	20.40	104.86
百分比/%	14.09	31.64	34.82	19.45	100.00

表 4.46 适宜性最终分级统计结果(40m×40m)

项目	等级				
	Ⅰ级	Ⅱ级	Ⅲ级	Ⅳ级	合计
面积/km²	43.10	20.30	24.99	15.47	104.86
百分比/%	41.10	19.36	24.79	14.75	100.00

5. 50m×50m 单元评价结果

(1) 单因子分级结果。每个单因子的适宜性分级统计结果如表 4.47 所示。其中，土地利用现状类型分级如图 4.34 所示；坡度分级如图 4.35 所示；地表曲率分级如图 4.36 所示；表土类型分级如图 4.37 所示。

表 4.47 单因子适宜性分级统计结果(50m×50m)

指标		定性分级及赋值					合计
		很不适宜	不适宜	较不适宜	适宜	很适宜	
		1	3	5	7	9	
水环境严格控制区	比例/%	17.67	14.32	12.98	11.60	43.43	100
土地利用现状类型	比例/%	24.96	25.41	44.44	0.03	5.16	100
自然风景区	比例/%	0	0	0	0	100	100
植被覆盖度	比例/%	4.41	35.23	46.65	12.90	0.81	100
坡向	比例/%	10.09	24.15	34.08	23.15	8.53	100
坡度	比例/%	5.51	8.53	19.00	32.80	34.16	100
相对高程	比例/%	7.21	1.57	2.48	44.16	44.58	100
地表曲率	比例/%	32.92	17.60	22.80	12.96	13.72	100
坡位	比例/%	89.85	2.53	2.63	4.24	0.75	100
断裂带	比例/%	1.75	1.70	1.67	1.68	93.20	100
矿产资源	比例/%	0.03	0	0	0	99.97	100
表土类型	比例/%	1.81	37.44	11.09	26.34	23.32	100
洪水淹没	比例/%	0	0	0	0	100	100
滑坡	比例/%	0	0	0	0	100	100
泥石流	比例/%	0	0	0	0	100	100
地面塌陷	比例/%	0	0	0	0	100	100
崩塌	比例/%	0	0	0	0	100	100
镇建成区	比例/%	0	70.65	19.71	9.58	0.06	100
镇中心村	比例/%	0	100	0	0	0	100
公路	比例/%	0.93	12.60	9.27	37.28	39.92	100
农村道路	比例/%	1.56	0.62	0.82	9.16	87.84	100

第四章 基于生态安全的建设用地适宜性评价

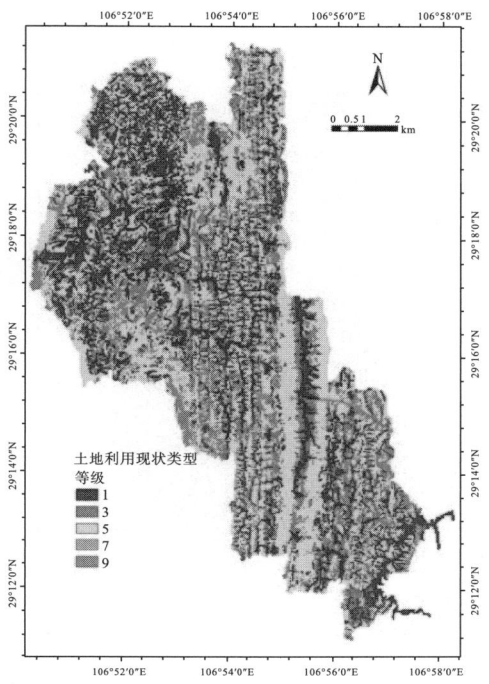

图 4.34 土地利用现状类型分级(50m×50m)(见彩插)

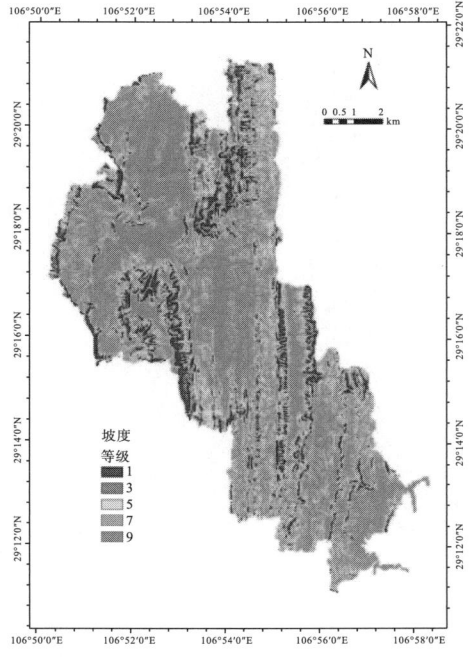

图 4.35 坡度分级(50m×50m)(见彩插)

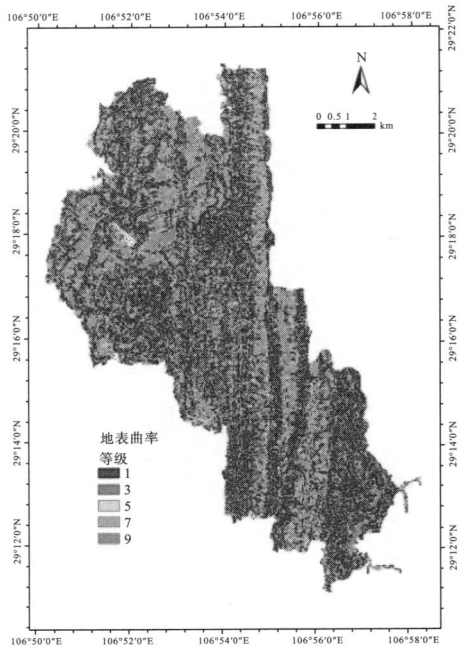

图 4.36 地表曲率分级(50m×50m)(见彩插)

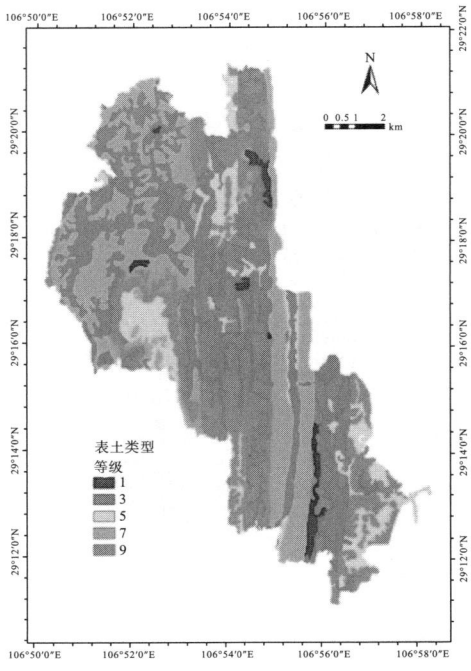

图 4.37 表土类型分级(50m×50m)(见彩插)

（2）适宜性分级结果。各评价单元的综合得分值呈正态分布曲线，具体如图 4.38 所示；初步分级结果如图 4.39 所示，各级比例如表 4.48 所示；最终分级结果如图 4.40 所示，各级比例如表 4.49 所示。

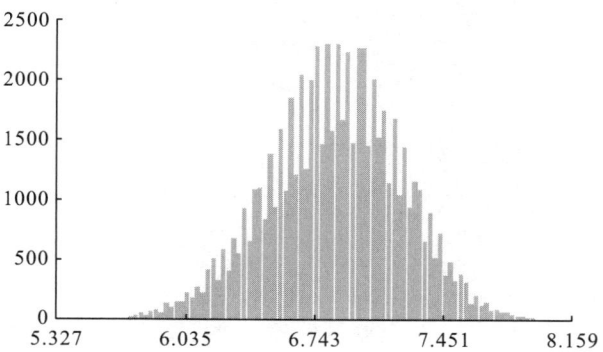

图 4.38　各评价单元综合得分值分布（50m×50m）

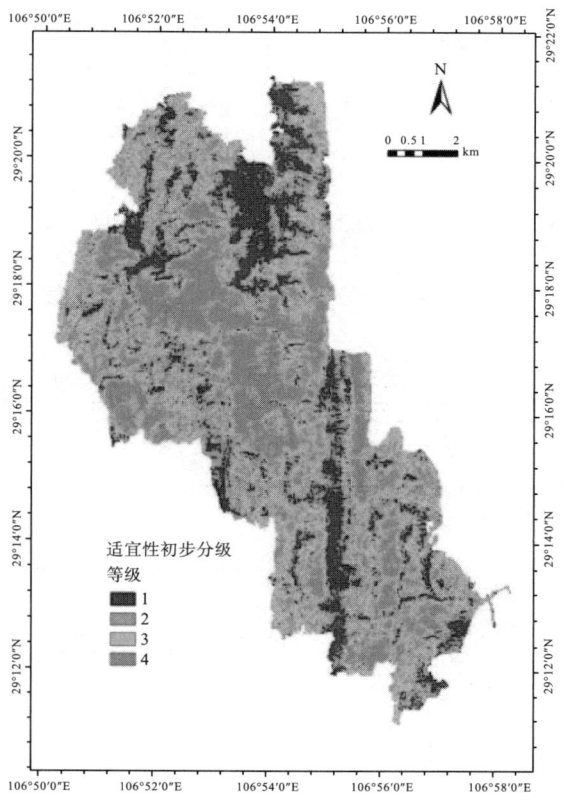

图 4.39　适宜性初步分级（50m×50m）（见彩插）

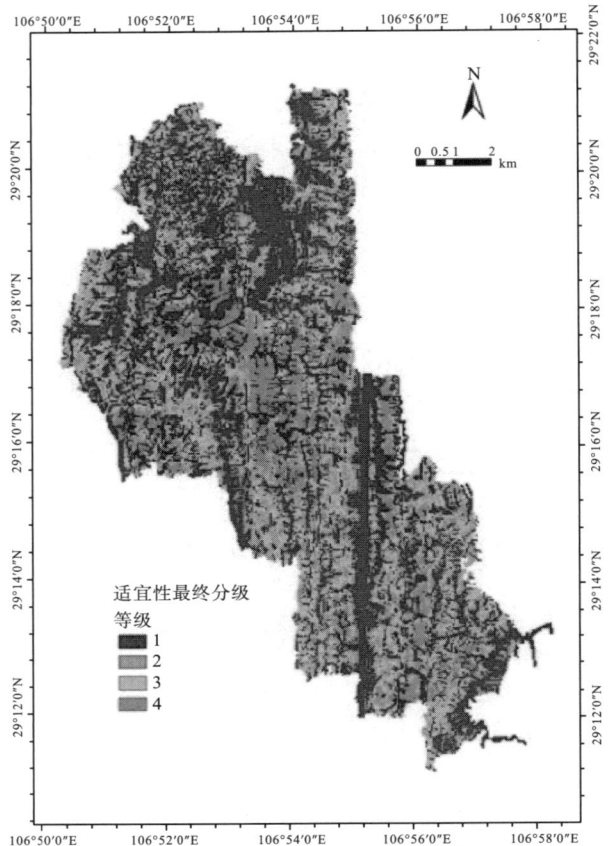

图 4.40 适宜性最终分级(50m×50m)(见彩插)

表 4.48 适宜性初步分级统计结果(50m×50m)

项目	等级				
	Ⅰ级	Ⅱ级	Ⅲ级	Ⅳ级	合计
面积/km²	13.98	32.54	38.21	20.13	104.86
百分比/%	13.33	31.03	36.44	19.20	100.00

表 4.49 适宜性最终分级统计结果(50m×50m)

项目	等级				
	Ⅰ级	Ⅱ级	Ⅲ级	Ⅳ级	合计
面积/km²	41.73	21.16	27.47	14.50	104.86
百分比/%	39.80	20.18	26.20	13.82	100.00

6. 单因子结果对比分析

本章选取了生态安全、地形地貌、地质条件、自然灾害和社会经济 5 类一级指标，总共 21 个二级指标，构成了适宜性评价体系。由 5m×5m、20m×20m、30m×30m、40m×40m、50m×50m 这 5 组网格单元的单因子适宜性分级统计结果可知，除了地形地貌一级指标下各因子分级结果随网格单元大小有一定变化外，其余 4 类一级指标下各因子分级结果基本没有变化。因此单因子分级结果分析主要对地形地貌下各因子评价结果进行对比研究。

(1) 坡向。5 组不同单元的坡向分级结果差异不大，其中"适宜"和"很适宜"两个等级之和随网格单元增大而逐渐略微减小，从 5m×5m 到 50m×50m 依次为 36.42%、34.39%、33.49%、32.60%、31.69%，如图 4.41 所示。

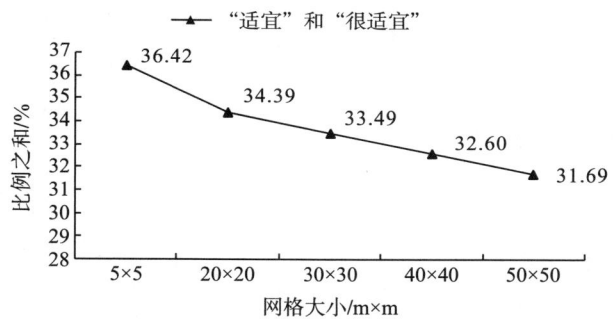

图 4.41　不同网格单元下的坡向分级结果

(2) 坡度。5 组不同单元的坡度分级结果差异较大，随网格单元的增大，评价结果总体由"很不适宜"向"很适宜"逐渐过渡，"适宜"和"很适宜"两个等级之和逐渐增加，从 5m×5m 到 50m×50m 依次为 39.32%、46.06%、53.80%、61.28%、66.96%，如图 4.42 所示。

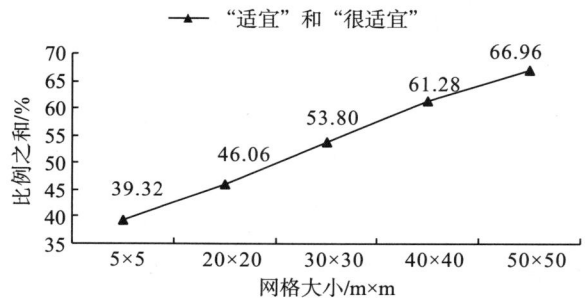

图 4.42　不同网格单元下的坡度分级结果

(3) 相对高程。5 组不同单元的相对高程分级结果几乎相同，"适宜"和"很适宜"两个等级之和随网格单元增大的变化基本可以忽略，从 5m×5m 到 50m×50m 依次为 88.72%、88.82%、88.66%、88.85%、88.73%，如图 4.43 所示。

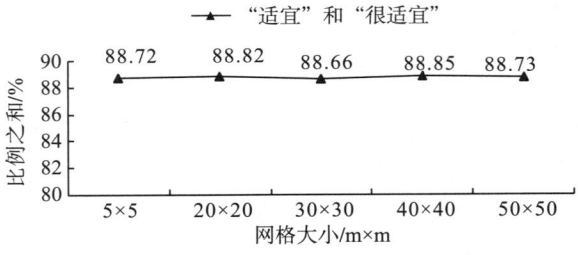

图 4.43　不同网格单元下的相对高程分级结果

(4) 地表曲率。5 组单元的地表曲率分级结果差异较大，随网格单元的增大，评价结果总体由"很不适宜"向"很适宜"逐渐过渡，"适宜"和"很适宜"两个等级之和逐渐增加，从 5m×5m 到 50m×50m 依次为 15.46%、17.21%、20.85%、24.87%、26.68%，如图 4.44 所示。

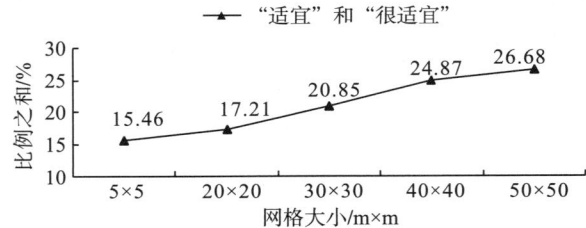

图 4.44　不同网格单元下的地表曲率分级结果

(5) 坡位。5 组单元的坡位分级结果差异很大，随网格单元的增大，评价结果总体由"很适宜"向"很不适宜"过渡，"适宜"和"很适宜"两个等级之和依次减少，从 5m×5m 到 50m×50m 依次为 86.01%、18.22%、10.10%、7.04%、4.99%。从 5m×5m 单元转为 20m×20m 单元时变化巨大，从 20m×20m 单元到 50m×50m 单元的过程中变化相对较小，如图 4.45 所示。

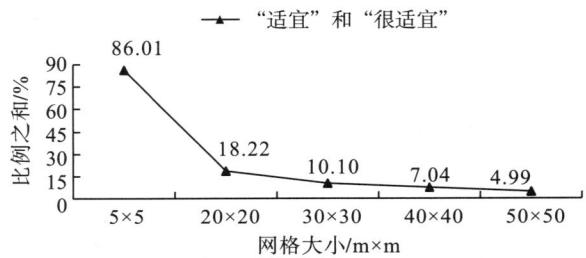

图 4.45　不同网格单元下的坡位分级结果

7. 适宜性评价结果对比分析

(1)初步分级结果分析。适宜性初步分级结果是在各因子叠加的基础上,用自然断点法对叠加结果按照"类聚性"进行划分的。为了得到更加有效的分析结果,需对不同网格单元下叠加得到的单元综合值序列和初步分级结果进行对比。对叠加得到的单元综合值序列进行分析时,统计出数据序列的某些特征,从而进行具体比较。几种网格单元的综合值序列特征如表 4.50 所示,初步分级结果如图 4.46 所示。

表 4.50 不同网格单元的综合值序列特征

项目	网格单元				
	5m×5m	20m×20m	30m×30m	40m×40m	50m×50m
最大值	8.353	8.391	8.325	8.159	8.151
最小值	5.217	5.167	5.463	5.327	5.611
平均值	6.919	6.835	6.835	6.862	6.879
标准差	0.375	0.406	0.362	0.364	0.354

由表 4.50 可以看出,网格大小对综合得分值的总体影响不大。几个特征值的变化范围均较小,没有呈现出特定的规律。综合值序列范围最大的是 20m×20m 网格单元(为 3.224),且其标准差最大,数列的分布离散性最大。综合值序列范围最小的是 50m×50m 网格单元(为 2.540),且其标准差最小,数列的分布离散性最小。平均值 5m×5m 网格单元最大,20m×20m 和 30m×30m 网格单元相同。

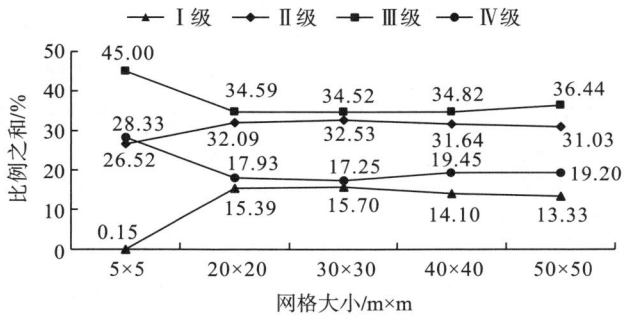

图 4.46 不同网格单元的初步分级结果

由图 4.46 可以看出,随着网格单元的增大,初步分级结果总体上呈现出"先集中后离散"的趋势,其中 5m×5m 单元最离散,30m×30m 单元最集中。而 I 级和 II 级比例随着网格单元的增大而先增大后减小,III级和IV级比例随着网格单元的增大而先减小后增大。当网格从 5m×5m 变成 20m×20m 时，Ⅰ级和Ⅱ级比例的增幅、Ⅲ级和Ⅳ级比例的减幅最大，说明在这个区间内网格单元对评价结果影响较大、评价结果不稳定。当网格从 20m×20m 过渡到 40m×40m 时，Ⅰ级和Ⅱ级比例的增幅、Ⅲ级和Ⅳ级比例的减幅很小，说明在这个区间内网格单元对评价结果影响很小、评价结果基本稳定。当网格从 40m×40m 变成 50m×50m 时，Ⅰ级和Ⅱ级比例的增幅、Ⅲ级和Ⅳ级比例的减幅又变大，说明在这个区间内网格单元对评价结果影响变大、评价结果不稳定。而且Ⅰ级和Ⅱ级的最高点与Ⅲ级和Ⅳ级的最低点均在 30m×30m 网格单元处，因此选定 30m×30m 的网格单元作为斜坡单元的参考是较为合理的。

(2) 适宜性最终评价结果分析。在初步分级的基础上，通过生态用地、坡度和断裂带 3 个因子对Ⅰ级评价结果进行调整，得到最终分级结果。调整情况如表 4.51 所示，最终分级结果如图 4.47 所示。

表 4.51 不同网格单元初步分级结果的调整情况

项目	网格单元				
	5m×5m	20m×20m	30m×30m	40m×40m	50m×50m
生态用地/%	24.86	24.86	24.88	24.76	24.96
坡度/%	26.58	17.08	11.94	8.01	5.51
断裂带/%	1.75	1.76	1.74	1.75	1.75
合计/%	53.19	43.70	38.56	34.52	32.22
综合比例/%	51.23	42.14	36.76	34.43	32.42

由表 4.51 可知，5 种网格单元的调整综合比例依次减小，从 5m×5m 到 50m×50m 分别为 51.23%、42.14%、36.76%、34.43%、32.42%。而生态用地、断裂带因子在不同网格单元中的变化基本可以忽略，主要是坡度的调整比例依次减小，其对调整综合比例变动的贡献最大，这也与前面"单因子分级结果分析"相吻合。

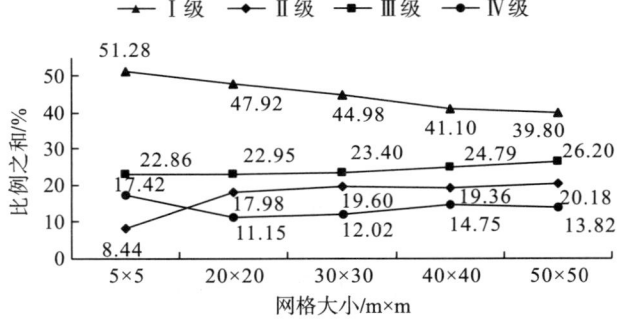

图 4.47 不同网格单元的最终分级结果

由图4.47可知，5m×5m网格单元的最终分级结果与其余4组的差异明显，而其余4组最终分级结果总体相似，但各级在横向上有较小的差异。对比表4.51可知，Ⅰ级最终比例与调整"综合比例"的走势相同，皆依次减小，且差别不大。由此可知，调整后的"综合比例"将主导最终分级中的Ⅰ级比例结果。对比图4.46可知，Ⅰ级最终比例相比初步分级结果都有大幅度的增加，如上所述，这是由调整"综合比例"引起的，而Ⅱ级、Ⅲ级和Ⅳ级最终比例都有不同程度的减少。

二、混合单元

由于现有研究明确表明，在适宜性评价中，网格大小对单个评价因子及综合评价结果有不同程度的影响，且对地表变化复杂的地形地貌尤为明显。根据前面的分析可知，研究区用地特征中，地形地貌与平原地区差异最大，因此在进行评价单元设置时应主要考虑。而合理的评价单元划分应遵循4条基本原则：系统性、主导因素差异性、针对性、实用性。

(1)系统性。要综合分析生态、地形地貌、地质水文、自然灾害及社会经济因素之间的相互关系和组合特点，评价单元内各因素对适宜性的影响能得到综合体现。

(2)主导因素差异性。在山地村镇建设中，地形地貌在很大程度上决定着土地的利用，为建设用地适宜性评价的主导因素。地形地貌在山脊、山谷处常发生突变，两侧的坡位、坡向、微地貌等差异明显，应尽量保证其分布在不同的评价单元。

(3)针对性。本研究是针对建设用地适宜性的，其评价范围为村镇区域。在选取评价单元时，应保证其尺度适合村镇区域空间，且又满足适宜性评价对评价单元的精度要求。

(4)实用性。适宜性评价单元也是运用评价成果对土地进行管理的基本单元。因此评价单元应有效结合山地地形地貌，使其体现在实际土地上具有明显易变的界限，便于后期管理。

本章在遵循以上基本原则的基础上，综合考虑适宜性评价各因素的特点，结合山地特殊地形地貌，引入斜坡单元，并提出混合评价单元评价法。混合单元法对随网格大小不同而变化较小的评价因素采用30m×30m网格单元进行分级处理，而对地形地貌因素采用斜坡单元进行分级处理。斜坡单元是地质灾害危险性区划中常用的方法，实质是基于DEM的地表水文分析，其基本原理是利用正反地形分别提取山谷线和山脊线（分别对应于汇水线和分水线），把生成的集水流域与反向集水流域融合，再经后期处理并人工修改不合理的单元，最终得到的由汇水线与分水线所组成的区域即为斜坡单元[30]。单元的划分较好地体现了地形地貌因素的影响作用,在对地形地貌敏感的山地区域较为适用,且与实地结合紧密,便于后期管理。斜坡单元划分流程如图 4.48 所示。

结合网格单元大小对评价结果影响的分析可知,地形地貌下的 5 个二级指标中,高程分级结果随网格单元大小的变化不明显,故仍采用网格单元处理。而在单个独立的斜坡中,应具有不同的坡位形态,不能将每个斜坡单元定性为某个坡位形态,故坡位的分级不用斜坡单元处理,也采用网格单元分级。因此只对坡向、坡度及地表曲率 3 个二级指标采用斜坡单元进行分级处理。

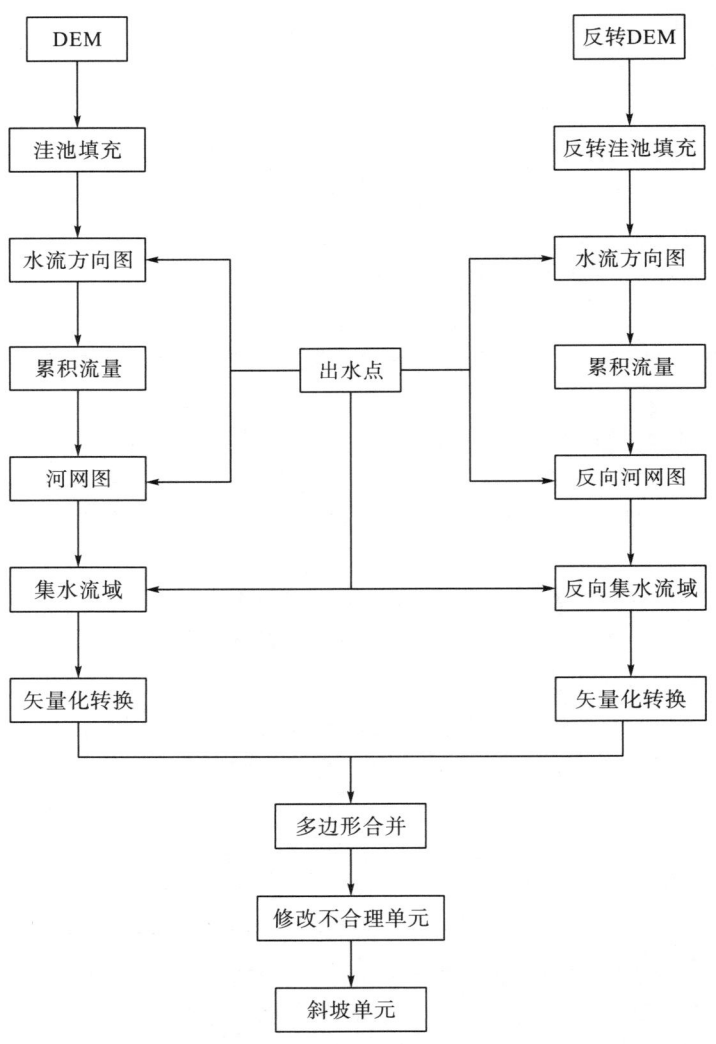

图 4.48 斜坡单元划分流程

第四章　基于生态安全的建设用地适宜性评价

1. 单因子分级结果

斜坡单元如图 4.49 所示，坡向分级如图 4.50 所示，坡度分级如图 4.51 所示，地表曲率分级如图 4.52 所示，3 个因素的分级统计结果如表 4.52 所示。

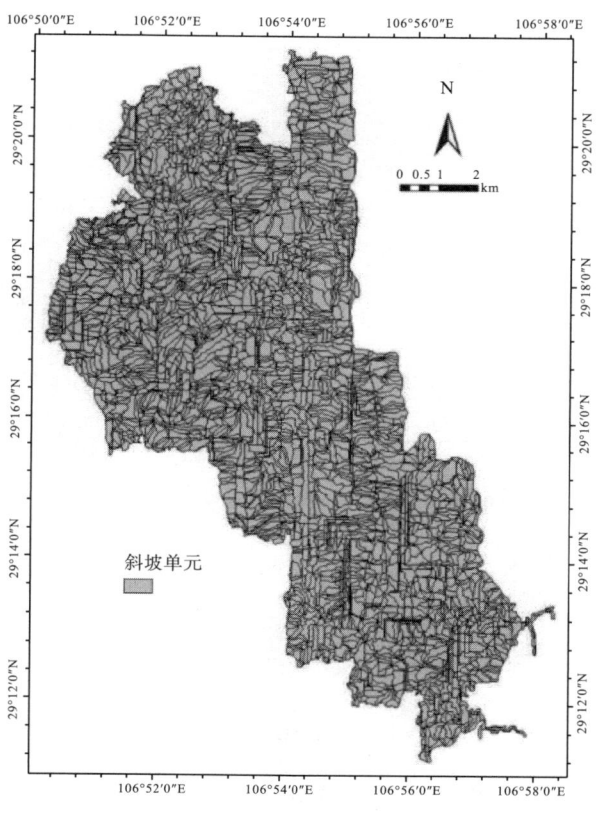

图 4.49　斜坡单元（见彩插）

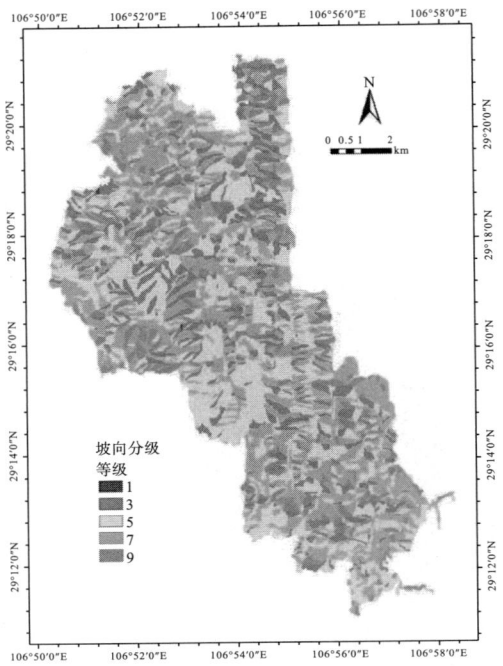

图 4.50　坡向分级(斜坡单元)(见彩插)

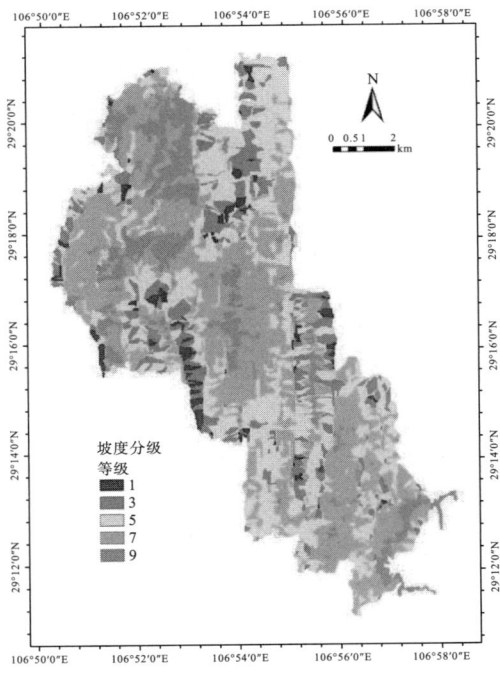

图 4.51　坡度分级(斜坡单元)(见彩插)

第四章 基于生态安全的建设用地适宜性评价

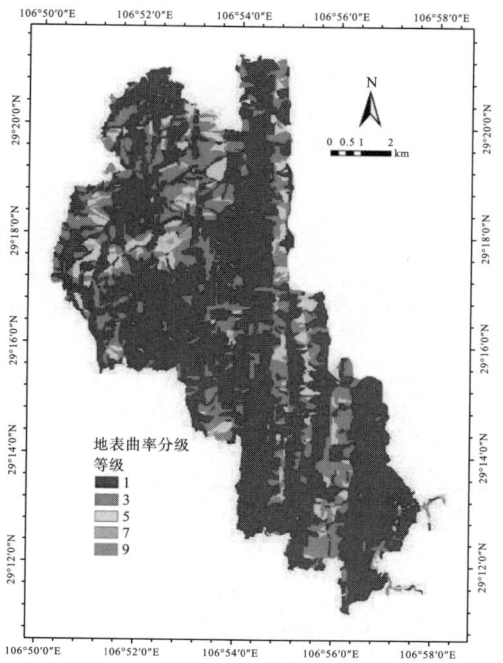

图 4.52 地表曲率分级(斜坡单元)(见彩插)

表 4.52 坡向、坡度及地表曲率的分级统计结果(斜坡单元)

指标		定性分级及赋值					合计
		很不适宜	不适宜	较不适宜	适宜	很适宜	
		1	3	5	7	9	
坡向	比例/%	0.02	15.21	37.82	37.44	9.51	100
坡度	比例/%	2.52	11.20	33.40	43.06	9.82	100
地表曲率	比例/%	69.32	22.52	7.53	0.53	0.10	100

2. 适宜性分级结果

首先根据前面第三章里"模型的建立"内容,通过 ArcGIS 运用加权叠加法得到各评价单元的综合得分值,其曲线呈正态分布,具体如图 4.53 所示;然后按照"自然断点法",将其分为 3 类 4 级,如图 4.54 所示,各级比例如表 4.53 所示;最后对初步分级结果进行调整,得到最终分级结果,如图 4.55 所示,各级比例如表 4.54 所示。

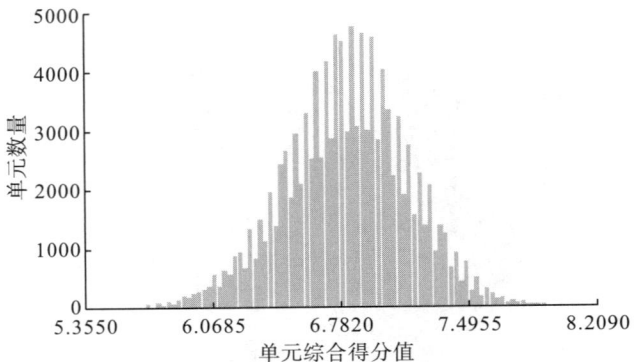

图 4.53 各评价单元综合得分值分布(斜坡单元)

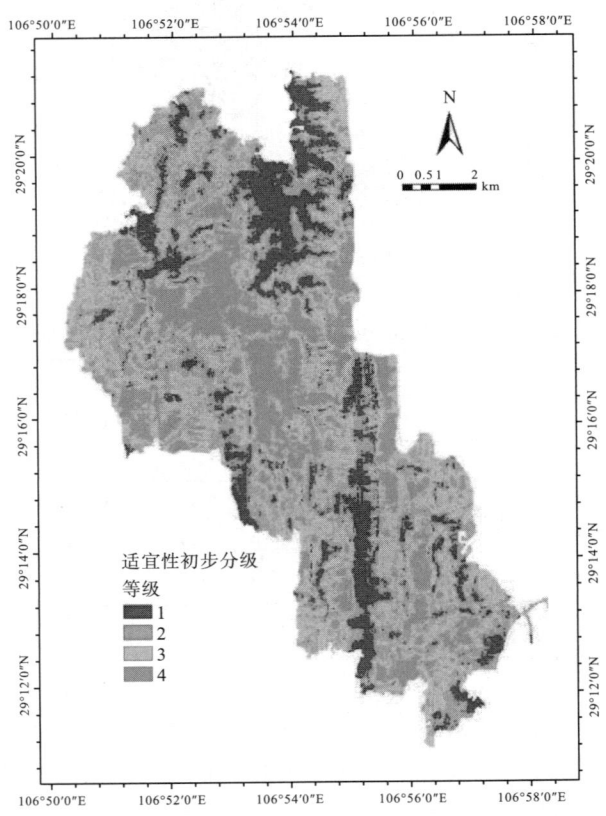

图 4.54 适宜性初步分级(斜坡单元)(见彩插)

第四章 基于生态安全的建设用地适宜性评价

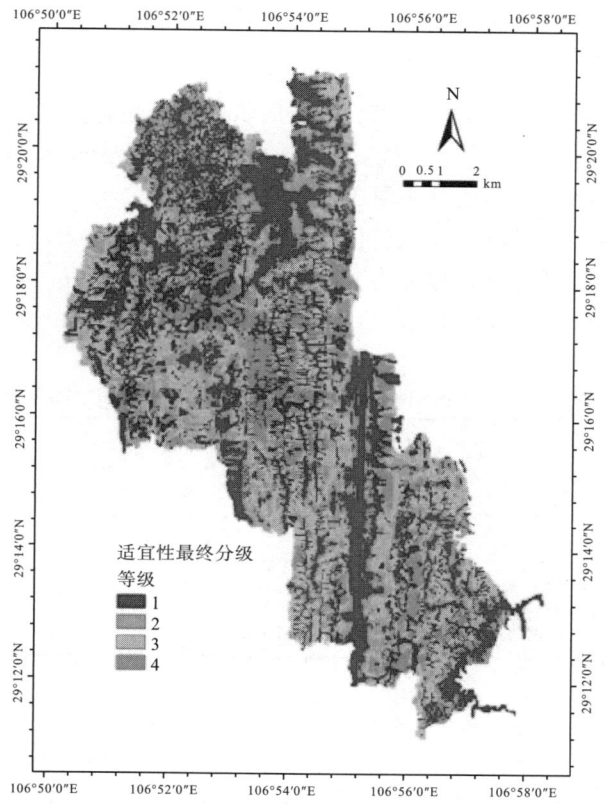

图 4.55　适宜性最终分级(斜坡单元)(见彩插)

表 4.53　适宜性初步分级统计结果(斜坡单元)

项目	等级				合计
	Ⅰ级	Ⅱ级	Ⅲ级	Ⅳ级	
面积/km²	15.10	34.13	36.82	18.81	104.86
百分比/%	14.40	32.55	35.11	17.94	100

表 4.54　适宜性最终分级统计结果(斜坡单元)

项目	等级				合计
	Ⅰ级	Ⅱ级	Ⅲ级	Ⅳ级	
面积/km²	39.62	23.62	27.54	14.08	104.86
百分比/%	37.78	22.53	26.26	13.43	100

3. 单因子结果分析

混合单元法中对地形地貌下部分因子用斜坡单元进行评价，其余因子仍按照 30m×30m 网格单元进行评价。因此单因子分级结果以 30m×30m 网格单元同斜坡单元，对坡向、坡度和地表曲率 3 个指标进行对比分析。

(1) 坡向。两组评价单元的坡向分级结果如表 4.55 所示。由表 4.55 可知，用斜坡单元比 30m×30m 网格单元得到的坡向适宜性整体较好，"适宜"和"很适宜"的比例之和分别为 46.95%和 33.49%。

表 4.55 30m×30m 网格单元、斜坡单元的坡向分级结果

单元		定性分级及赋值					合计
		很不适宜	不适宜	较不适宜	适宜	很适宜	
		1	3	5	7	9	
斜坡单元	比例/%	0.02	15.21	37.82	37.44	9.51	100
30m×30m	比例/%	10.56	24.65	31.30	23.90	9.59	100

(2) 坡度。两组评价单元的坡度分级结果如表 4.56 所示。由表 4.56 可知，30m×30m 网格单元得到的坡度适宜性各级分布"相对均匀"，斜坡单元得到的坡向适宜性呈"相对集中"趋势。这说明斜坡单元使得坡度较大值普遍变小、较小值普遍变大。斜坡单元、30m×30m 网格单元中间段（"不适宜""较不适宜"和"适宜"）的比例之和分别为 87.66%和 65.12%。

表 4.56 30m×30m 网格单元、斜坡单元的坡度分级结果

单元		定性分级及赋值					合计
		很不适宜	不适宜	较不适宜	适宜	很适宜	
		1	3	5	7	9	
斜坡单元	比例/%	2.52	11.20	33.40	43.06	9.82	100
30m×30m	比例/%	11.94	11.83	22.43	30.86	22.94	100

(3) 地表曲率。两组评价单元的地表曲率分级结果如表 4.57 所示。由表 4.57 可知，用斜坡单元比 30m×30m 网格单元得到的地表曲率适宜性整体较差，两者"适宜"和"很适宜"的比例之和分别为 0.63%和 20.85%。

表 4.57　30m×30m 网格单元、斜坡单元的地表曲率分级结果

单元		定性分级及赋值					合计
		很不适宜	不适宜	较不适宜	适宜	很适宜	
		1	3	5	7	9	
斜坡单元	比例/%	69.32	22.52	7.53	0.53	0.10	100
30m×30m	比例/%	47.71	14.14	17.30	9.82	11.03	100

4. 适宜性评价结果分析

与前面网格单元对评价结果的分析类似，混合单元中适宜性评价结果分析也应对初步分级结果和最终分级结果进行分析。初步分级结果分析包含"叠加综合值序列分析"和"初步分级结果分析"，最终分级结果分析包含"调整情况分析"和"最终分级结果分析"。

(1) 初步分级结果分析。30m×30m 网格单元和混合单元的综合值序列特征如表 4.58 所示，两者的分布结果基本相同。由此可知，斜坡单元对综合得分值的总体影响不大。几个特征值的变化范围均较小，综合值序列范围分别为 2.854（混合单元）和 2.862（30m×30m 网格单元），且平均值和标准差基本相同。而两者的初步分级结果如表 4.59 所示，各级分布结果也基本相同，综合值序列的"类聚性"基本相似，断点在序列上的分布基本重合。究其主要原因是指标体系中用斜坡单元处理的评价指标只有 3 个，而用 30m×30m 网格单元处理的评价指标有 18 个，经加权叠加处理后，冲淡了斜坡单元在混合单元中的作用，总体结果差异不明显。

(2) 最终分级结果分析。在混合单元评价中，土地利用现状类型和断裂带分级均用的是 30m×30m 网格单元，只有坡度分级采用的是斜坡单元，3 个因子的调整情况如表 4.60 所示。而最终分级结果如表 4.61 所示。

表 4.58　30m×30m 网格单元和混合单元的综合值序列特征

项目	混合单元	30m×30m
最大值	8.209	8.325
最小值	5.355	5.463
平均值	6.820	6.835
标准差	0.341	0.362

表 4.59　30m×30m 网格单元和混合单元的初步分级结果

项目	混合单元	30m×30m
Ⅰ级/%	14.40	15.70
Ⅱ级/%	32.55	32.53
Ⅲ级/%	35.11	34.52
Ⅳ级/%	17.94	17.25
合计/%	100	100

表 4.60　30m×30m 网格单元和混合单元初步分级结果的调整情况

项目	混合单元	30m×30m
生态用地/%	24.88	24.88
坡度/%	2.52	11.94
断裂带/%	1.74	1.74
合计/%	29.14	38.56
综合比例/%	28.64	36.76

表 4.61　30m×30m 网格单元和混合单元的最终分级结果

项目	混合单元	30m×30m
Ⅰ级/%	37.78	44.98
Ⅱ级/%	22.53	19.60
Ⅲ级/%	26.26	23.40
Ⅳ级/%	13.43	12.02
合计/%	100	100

由表 4.60 可知，混合单元的调整综合比例小于 30m×30m 网格单元，其是由坡度的调整比例较小引起的，两者相差 8.12%。由表 4.61 可知，混合单元的最终分级结果比 30m×30m 网格单元的整体适宜性稍好。混合单元Ⅰ级的比例比 30m×30m 网格单元小，Ⅱ级、Ⅲ级和Ⅳ级的比例均比 30m×30m 网格单元大。混合单元和 30m×30m 网格单元Ⅲ级与Ⅳ级的比例和分别为 39.69%和 35.42%，混合单元法得到的评价结果中适宜建设的土地更多，更有利于开发用地的选择。对比表 4.59 可知，混合单元Ⅰ级最终比例相比初步分级结果增幅较大，而Ⅱ级、Ⅲ级和Ⅳ级最终比例都有不同程度的减少，均是由调整"综合比例"引起的。

第五节 本 章 小 结

本章通过对山地村镇区域生态环境、地质地貌、社会经济和自然灾害特征及建设发展需求的研究,提出了"基于生态安全的山地村镇建设用地适宜性评价"指标体系和评价方法,评价区分为 3 个类别(禁建区、限建区和宜建区)和 4 个等级(Ⅰ级、Ⅱ级、Ⅲ级和Ⅳ级)。

此外,还主要研究了在山地村镇区域中,不同评价单元下建设用地适宜性评价结果的变化情况。其中,网格单元设立了一个基本组和 4 个参考组,混合单元法首次在建设用地适宜性评价中提出,且引入地质灾害风险区划的斜坡单元。整个研究过程首先以重庆市巴南区石龙镇为例,结合石龙镇具体情况,构建了生态安全、地形地貌、地质条件、自然灾害和社会经济 5 个准则层,共 21 个评价因子的评价指标体系,然后用综合指数法中的加权叠加法作为评价模型,并用 ArcGIS 技术对各评价因子进行分级,最后得到适宜性最终评价结果。

通过对评价结果的分析可知,网格单元大小对地形地貌相关因子的分级结果影响较大,对其他 4 个准则层相关因子的分级结果影响较小。网格单元越大,坡位和地表曲率的总体适宜性越差,坡度的总体适宜性越好,而相对高程和坡向的分级结果变化较小。且分析结果表明,选定的 30m×30m 网格单元作为基本组的评价结果较为符合巴南区石龙镇的具体情况。将混合单元与 30m×30m 网格单元进行对比研究可知,混合单元使得坡向的总体适宜性变好,地表曲率的总体适宜性变差,坡度的总体适宜性向中间区域集中,而最终分级结果的整体适宜性稍好。

参 考 文 献

[1] Rainer W. Development of environmental indicator systems: experiences from Germany[J]. Environmental Management, 2000, 25(6):613-623.

[2] FAO,UNDP,UNEP, etc. Land Quality Indicators and Their Use in Sustainable Agriculture and Rural Development: proceedings of the workshop. FAO Land and water bulletin. Rome, 1997.

[3] 谢嗣频. 土地生态安全评价指标体系研究[D]. 南京:南京农业大学, 2011.

[4] 王辉. 中国西南山区城镇建设用地适宜性评价研究[D]. 昆明:云南财经大学, 2012.

[5] Li J J, He L H, Chen J. A Study on urban thermal field of Nanjing based on satellite remote sensing[J]. Resources and Environment in the Yangtze Basin, 2005,14(6):760-763.

[6] Dai X Y, Zhang L Q, Guo Z Y. Mechanism of formation of urban heat island effect and its spatial pattern in Shanghai[J]. Acta Ecologica Sinica, 2009,29(7):3995-4004.

[7] 《工程地质手册》编委会. 工程地质手册(第四版)[M]. 北京: 中国建筑工业出版社, 2007.

[8] Han G F, Yan W T, Zhao K. Spatial-temporal changes of surface heat island in the central area of Chongqing over the past 20 years[J]. Research of Environmental Sciences, 2012,25(6):615-621.

[9] Xu S J, Zeng B, Su X L. Spatial distribution of vegetation and carbon density in Jinyun Mountain Nature Reserve based on RS/GIS[J]. Acta Ecologica Sinica, 2012,32(7):2174-2184.

[10] 韩贵锋, 叶林, 孙忠伟. 山地城市坡向对地表温度的影响——以重庆市主城区为例[J]. 生态学报, 2014(14):4017-4024.

[11] 张红旗, 王立新, 贾宝全. 西北干旱区生态用地概念及其功能分类研究[J]. 中国生态农业学报, 2004(2):10-13.

[12] 戴金华, 赵筱青. 基于灰色线性规划的土地利用结构优化——以云南省澜沧县为例[J]. 云南地理环境研究, 2009(3):26-31.

[13] 国家安全监管总局, 国家煤矿安监局, 国家能源局, 等. 建筑物、水体、铁路及主要井巷煤柱留设与压煤开采规范[S].北京: 煤炭工业出版社, 2017.

[14] 殷跃平. 汶川八级地震地质灾害研究[J]. 工程地质学报, 2008(04):433-444.

[15] 谢和平, 邓建辉, 台佳佳, 等. 汶川大地震灾害与灾区重建的岩土工程问题[J]. 岩石力学与工程学报, 2008(9):1781-1791.

[16] 樊晓一, 乔建平. "坡""场"因素对大型滑坡运动特征的影响[J]. 岩石力学与工程学报, 2010(11):2337-2347.

[17] Fannin R J, Wise M P. An empirical-statistical model for debris flow travel distance[J]. Canadian Geotechnical Journal, 2001,38(5):982-994.

[18] Prochaska A B, Santi P M, Higgins J D, et al. Debris-flow runout predictions based on the average channel slope (ACS)[J]. Engineering Geology, 2008, 98(1-2):29-40.

[19] Rickenmann D. Empirical relationships for debris flows[J]. Natural Hazards, 1999,19(1):47-77.

[20] Berti M, Simoni A. Prediction of debris flow inundation areas using empirical mobility relationships[J]. Geomorphology, 2007, 90(1-2):144-161.

[21] Erlichson H. A mass-change model for the estimation of debris-flow runout, a second discussion: conditions for the application of the rocket equation[J]. The Journal of Geology, 1991(4):633-634.

[22] Hungr O. A model for the runout analysis of rapid flow slides, debris flows, and avalanches[J]. Canadian Geotechnical Journal, 1995,32(4):610-623.

[23] Hungr O, Morgan G C, Kellerhals R. Quantitative analysis of debris torrent hazards for design of remedial measures[J]. Canadian Geotechnical Journal, 1984,21(4):663-677.

[24] Rickenmann D. Runout prediction methods[J]. Springer Praxis Books, 2005.

[25] Okura Y, Kitahara H, Sammori T, et al. The effects of rockfall volume on runout distance[J]. Engineering Geology, 2000,58(2):109-124.

[26] 马超, 胡凯衡, 崔鹏, 等. 汶川地震灾区坡面和沟谷泥石流冲出距离计算方法[J]. 防灾减灾工程学报, 2012(6):759-765.

[27] 仲照东, 任子炎. 基于GIS的建设用地适宜性评价研究——以江西省南康市为例[J]. 现代城市, 2013(1):29-32.

[28] 于少康, 袁芳. 基于GIS的浮梁县建设用地适宜性评价[J]. 国土与自然资源研究, 2011(6):22-24.

[29] 重庆市城乡建设委员会. 重庆市巴渝新农村民居通用图集[S]. 2010.
[30] 尚慧, 倪万魁, 程花. 斜坡单元划分在彭阳县地质灾害危险性区划中的应用[J]. 中国水土保持, 2011(3): 48-50.

第五章　山地村镇建设场地适宜性评价

　　山地村镇建设场地适宜性评价是一个综合性的工程问题，其适宜性评价涉及诸多影响因素，难度较大。所以在选取指标时，既不能选取指标数量太少，会使得评价结果不能正确反映待评价区域的工程建设场地适宜性；又不能选取指标数量太多，会使得指标意义重复和累赘，导致工作量加大。因此，应科学、客观、真实地选取影响工程建设场地适宜性的指标。

　　山地村镇建设场地适宜性评价是指根据规划确定的具体工程建设场地，在取得规划阶段或相当于规划阶段的工程地质勘察资料后所进行的适宜性评价。本层次的评价结论是规划师进行深入规划编制工作的必备地质依据，而且是从工程安全角度出发，对工程建设场地进行的适宜性评价。

第一节　评价指标体系的建立

一、评价指标选取的原则

　　工程建设场地适宜性评价是确定待评价区域作为工程建设场地适宜度的重要判别标准，其指标体系的选择应以工程安全为出发点，所以选取指标时应按照以下原则进行。

　　1. 目标一致性原则

　　该评价体系的目标是工程建设场地适宜性评价，所以指标应该在与工程场地有关的方面进行选取，如地基承载力、持力层埋深、不良地质等。

　　2. 科学性原则

　　单个指标的分级标准划分应符合现行规范、文献资料或实际工程经验等，只要不过大或过小，就能正确地反映场地的工程信息。

　　3. 系统性原则

　　评价指标依次由最高层(A)、中间层(B)、最低层(C)组成，只有对低层次的

第五章 山地村镇建设场地适宜性评价

指标完成评价之后,才能对高层次的指标进行评价,最后完成综合评价。

4. 实用性原则

评价指标应意义准确,符合实际工程需要,不能仅仅因为理论意义,而不考虑实际评价时图纸资料获得的困难。当然,也可以将某些指标过渡到某些容易被理解的指标上。

5. 独立性原则

指标选取时,应尽量避免各个指标之间的包含关系,消除因指标之间的联动性而造成的评价结果的失真。

6. 宏观性原则

评价指标的选取,应尽量从整个山地村镇建设场地适宜性出发,不能仅仅分析某些场地,就总结出指标的全部内容,这样容易造成评价体系适用的目标场地太少,应从山地整个自然特征和地理属性的全局出发,进行选取指标工作。

二、评价指标的组成

影响拟建工程建设场地适宜性的因素多且复杂,对不用的地形条件所考虑的因素也不尽相同,如平原、山地、黄土丘陵地区。而且对不同的居住形式(如城镇和城市)考虑的因素也不一样。孙建筑在对石家庄市的建设用地适宜性研究中,选取岩土体特征、水文地质条件、地形地貌等一级指标和黏聚力、内摩擦角、地下水腐蚀性、断裂、地震灾害、地震液化等二级指标[1];南晓娜在对山地城市的建设用地适宜性研究中,选取工程地质、地貌形态、人为影响、自然灾害等一级指标和地下水埋深、地基承载力、坡向、土地利用现状、建设强度、地震影响程度、滑坡、泥石流等二级指标[2];罗淑华在对环泉州湾地区的建设用地适宜性研究中,选取坡度、地表起伏度、距断层距离、地基条件、灾害点密度、灾害稳定程度、地下水污染、土壤重金属污染等指标[3]。由此可以看出,现有的工程建设场地适宜性研究大都考虑地质条件、地形地貌和地质灾害等。

本章考虑的对象是山地村镇,所以应从其特点出发,通过分析各因素对山地村镇建设场地适宜性限制的影响程度,对影响因素的特点进行梳理、归并,并根据工程建设场地尺度和现行国家标准及行业标准、地区标准及经验,重点考虑拟建工程场地的工程地质条件,包括地形地貌、岩土特征、地下水、不良地质、地震因素。

山地工程建设场地适宜性评价指标体系由最高层(A)、中间层(B)和最低层(C)3个层次组成。中间层主要由地形地貌、岩土特征、地下水、不良地质、地震灾害组成。其中,地形地貌包括剖面曲率和平面曲率,岩土特征包括岩土均匀性、

地基承载力 f_a 和地基持力层埋深 d，地下水包括地下水埋深、土水腐蚀性和土水污染，不良地质包括崩塌、滑坡、地面塌陷、泥石流、地裂缝、采空区和地面沉降，地震灾害包括地震液化和断裂带活动性。山地村镇建设场地适宜性评价指标体系如图5.1所示，其中最底层由17个具体指标构成。

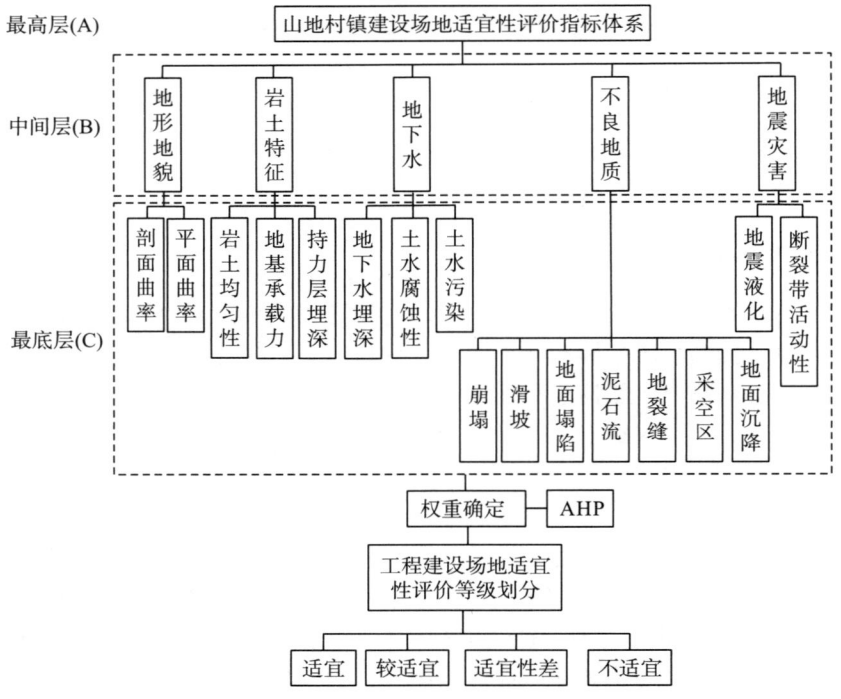

图 5.1　山地村镇建设场地适宜性评价指标体系

第二节　评价指标等级划分

本体系的评价指标量化结果主要根据国家及地方标准、文献资料及必要时参考待评价区域的实际情况及经验而定。参照已有的工程建设适宜性评价指标体系，本层次评价的各指标定量分级分述如下。

一、地形地貌

地形地貌是影响场地复杂性和工程建设经济性的重要因素之一，在第二层次评价中已考虑了坡向、坡度、相对高程、地表曲率和坡位5个地形地貌指标。本层次工程建设场地适宜性评价中考虑剖面曲率和平面曲率两个指标。为分析不同坡形剖面曲率和平面曲率的边坡稳定性系数，采用数值模拟软件 Abaqus 分析。首先设置边坡几何参数和力学参数，坡高为 30m，坡度为 30%，坡体材料为均质强风化泥岩。各项具体参数为：天然重度 γ=23.5kN/m³，黏聚力 c=150kPa，内摩擦角 φ=20°，弹性模量 E=2×10⁴MPa，泊松比 μ=0.3。首先施加边界条件和重力，然后划分网格，用强度折减法计算边坡破坏时所对应的稳定性系数，最后进行对比分析。由于山区村镇建设用地坡度普遍较大，坡度大于 25%的坡地面积约占山地的 70%～80%，因此本研究选取坡度为 30%的典型坡度计算各种坡形的稳定性系数。

1. 剖面曲率

剖面曲率 K_v 是指地面上任一点位地表坡度的变化率，实质是坡度的坡度，其物理意义是坡度方向的表面曲率。重力在这个方向上作用最大，所以在水文分析、土壤移动和地貌分析中使用比较多[4]，它可以反映斜坡的坡形。当 $K_v > 0$ 时，说明该斜坡表面向外凸起，称为凸坡；当 $K_v < 0$ 时，说明该斜坡表面向内凹入，称为凹坡；当 $K_v = 0$ 时，说明该斜坡表面是平的，称为平坡，按剖面曲率划分的 3 种斜坡类型如图 5.2 所示。根据王峰对四川省南江县地质灾害易发性区划的研究，将剖面曲率 $K_v > 0.5$ 的斜坡定义为凸坡，$K_v < -0.5$ 的斜坡定义为凹坡，$-0.5 < K_v < 0.5$ 的斜坡定义为平坡[5]。

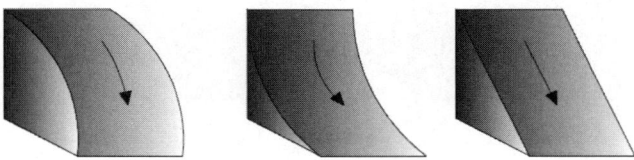

图 5.2　按剖面曲率划分的 3 种斜坡类型

(1) 剖面曲率为平坡。通过计算，平坡的稳定性系数 F_s=1.419。计算过程中平坡示意图如图 5.3 所示，平坡破坏变形图如图 5.4 所示。

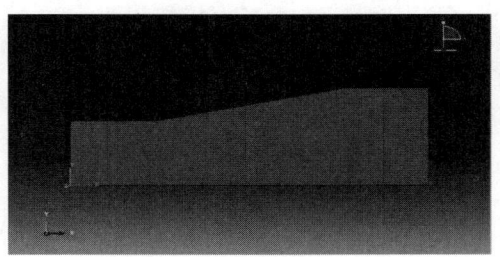

图 5.3　平坡示意图

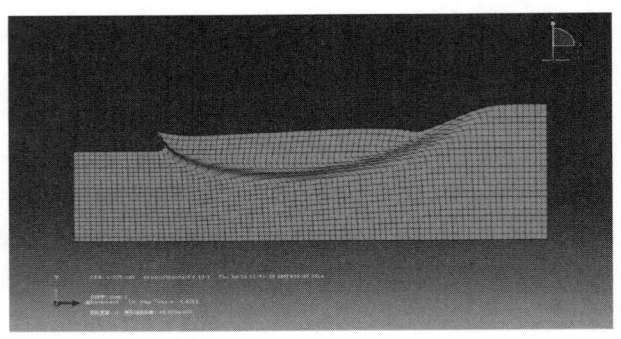

图 5.4 平坡破坏变形图

(2) 剖面曲率为凹坡。通过计算,凹坡的稳定性系数 $F_s = 1.258$,计算过程中凹坡示意图如图 5.5 所示,凹坡破坏变形图如图 5.6 所示。

图 5.5 凹坡示意图

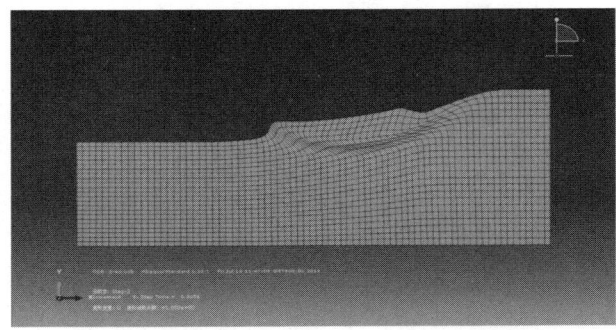

图 5.6 凹坡破坏变形图

(3) 剖面曲率为凸坡。通过计算，凸坡的稳定性系数 $F_s = 1.229$，计算过程中凸坡示意图如图 5.7 所示，凸坡破坏变形图如图 5.8 所示。

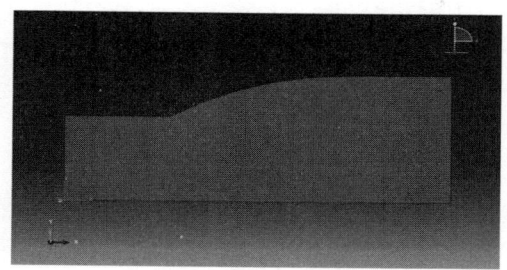

图 5.7　凸坡示意图

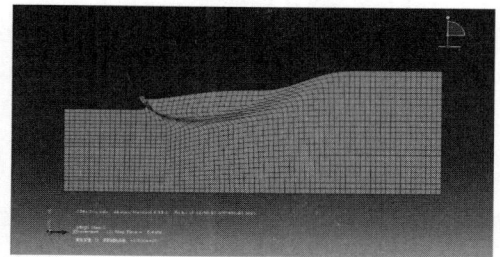

图 5.8　凸坡破坏变形图

以上分析表明，在剖面曲率的影响下，边坡的稳定性从大到小依次为平坡＞凹坡＞凸坡，平坡的稳定性最好。剖面曲率对边坡稳定性系数的影响如图 5.9 所示。根据上述研究，剖面曲率的定量分级标准如表 5.1 所示。

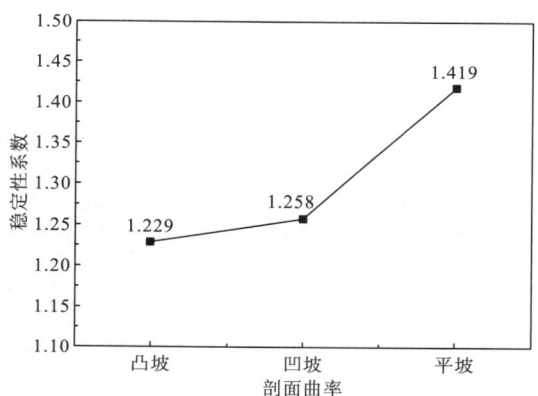

图 5.9　剖面曲率对边坡稳定性系数的影响

表 5.1　剖面曲率的定量分级标准

项目	定量分级			
	所属分级 $1 \leqslant X_j < 3$	所属分级 $3 \leqslant X_j < 6$	所属分级 $6 \leqslant X_j < 8$	所属分级 $8 \leqslant X_j < 10$
剖面曲率	凸坡	凹坡	平坡	

2. 平面曲率

平面曲率 K_h（正切曲率）是地面上任一点位地表坡向的变化率，它反映等高线的弯曲程度，实质是坡向的坡度。当 $K_h > 0$ 时，说明该斜坡表面向外凸起，称为外向形坡；当 $K_h < 0$ 时，说明该斜坡表面向内凹入，称为内向形坡；当 $K_h = 0$ 时，说明该斜坡表面是直的，称为直坡。按平面曲率划分的 3 种斜坡类型如图 5.10 所示。根据肖桐对兰州市的滑坡空间模拟研究，发现滑坡分布数量在平面曲率为 -0.85~0.85 时最多，占兰州市整个总滑坡数量的 82.2%[6]。因此将剖面曲率 $K_h > 0.85$ 的斜坡定义为外向形坡，$K_h < -0.85$ 的斜坡定义为内向形坡，$-0.85 \leqslant K_h \leqslant 0.85$ 的斜坡定义为直坡。

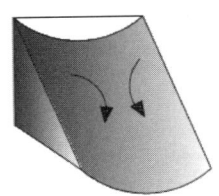 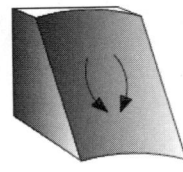 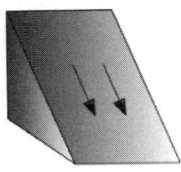

图 5.10　按平面曲率划分的 3 种斜坡类型

(1) 平面曲率为直坡。通过计算，平面曲率为直坡的稳定性系数 $F_s = 1.428$，直坡三维示意图如图 5.11 所示，直坡三维破坏变形图如图 5.12 所示。

图 5.11　直坡三维示意图

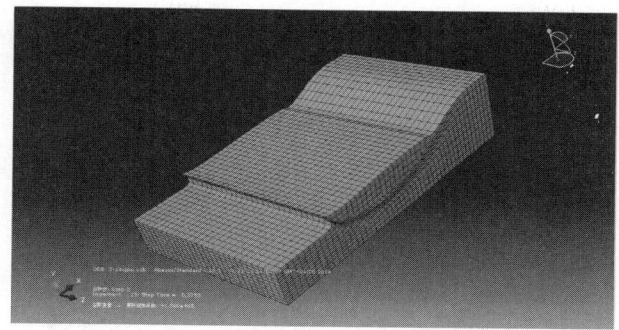

图 5.12 直坡三维破坏变形图

(2) 平面曲率为内向形坡。通过计算，平面曲率为内向形坡的稳定性系数 $F_s=1.520$，内向形坡三维示意图如图 5.13 所示，内向形坡三维破坏变形图如图 5.14 所示。

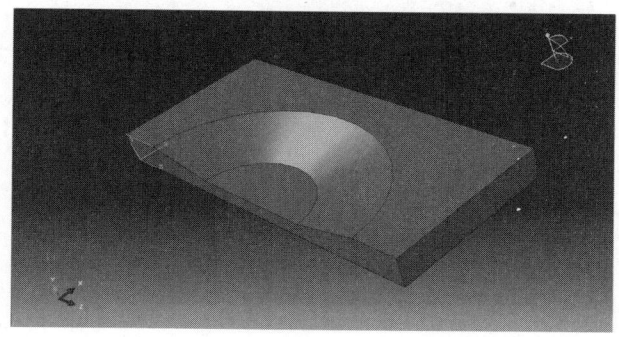

图 5.13 内向形坡三维示意图

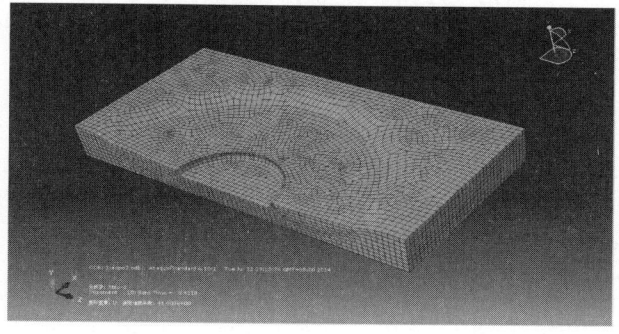

图 5.14 内向形坡三维破坏变形图

(3)平面曲率为外向形坡。通过计算,平面曲率为外向形坡的稳定性系数 $F_s = 1.485$,外向形坡三维示意图如图 5.15 所示,外向形坡三维破坏变形图如图 5.16 所示。

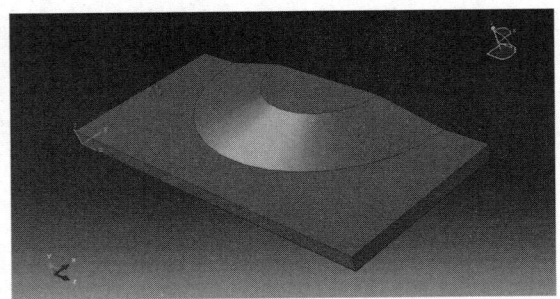

图 5.15　外向形坡三维示意图

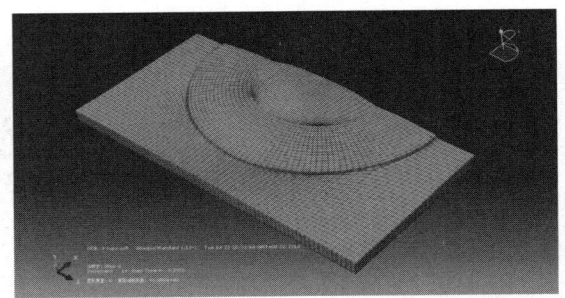

图 5.16　外向形坡三维破坏变形图

以上分析表明,在平面曲率的影响下,边坡的稳定性从大到小依次为内向形坡＞外向形坡＞直坡,其中内向形坡的稳定性最好。平面曲率与边坡稳定性系数的关系如图 5.17 所示。根据上述研究,平面曲率的定量分级标准如表 5.2 所示。

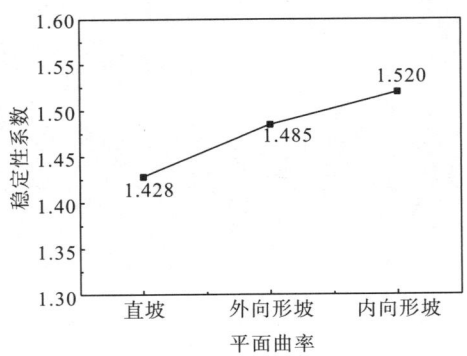

图 5.17　平面曲率与边坡稳定性系数的关系

表 5.2　平面曲率的定量分级标准

项目	定量分级			
	所属分级 $1 \leqslant X_j < 3$	所属分级 $3 \leqslant X_j < 6$	所属分级 $6 \leqslant X_j < 8$	所属分级 $8 \leqslant X_j < 10$
平面曲率	直坡	外向形坡		内向形坡

二、岩土特征

1. 岩土均匀性

在进行工程建设场地选址时，设计人员首先关心的是场地土的均匀性，因为它直接影响地基的均匀性和稳定性。地基的不均匀会影响建筑物的变形(沉降量、沉降差、倾斜及局部倾斜)，对建筑物的正常使用产生严重的影响。根据《城乡规划工程地质勘察规范》(CJJ 57—2012)，按照岩土的种类、工程性质、是否有特殊性岩土及是否需要处理等方面，将岩土均匀性分为 3 等级，其分级标准如表 5.3 所示。

表 5.3　岩土均匀性指标的定量分级标准

项目	定量分级			
	所属分级 $1 \leqslant X_j < 3$	所属分级 $3 \leqslant X_j < 6$	所属分级 $6 \leqslant X_j < 8$	所属分级 $8 \leqslant X_j < 10$
岩土均匀性	岩土种类多，分布不均匀，工程性质差；分布严重湿陷、膨胀、盐渍、污染的特殊性岩土，且其他情况复杂，需做专门处理的岩土		岩土种类较多，分布较不均匀，工程性质一般；分布中等、轻微湿陷、膨胀、盐渍、污染的特殊性岩土	岩土种类单一，分布均匀，工程性质良好；无特殊性岩土分布

2. 地基承载力 f_a

地基承载力是指地基土单位面积所能承受的荷载。建筑物所位于的地基土类别会直接影响地基承载力的大小，所以可根据地基土类别来判断地基承载力大小。参考经验值及工程地质手册[7]，常见地基土的承载力如表 5.4 所示[7]。根据《城乡规划工程地质勘察规范》(CJJ 57—2012)，按照地基承载力大小，将其分为 4 等级，如表 5.5 所示。

表 5.4　常见地基土的承载力

类别	碎石	杂石	黏土	粗砂、中砂	细砂		大孔土	淤泥	泥炭
					稍湿	湿			
承载力/(kPa)	400~700	300~500	250~500	240~340	160~220	120~160	150~250	40~100	10~50

表 5.5 地基承载力指标的定量分级标准

项目	定量分级			
	所属分级 $1\leqslant X_j<3$	所属分级 $3\leqslant X_j<6$	所属分级 $6\leqslant X_j<8$	所属分级 $8\leqslant X_j<10$
地基承载力 f_a/kPa	$f_a<80$	$80\leqslant f_a<150$	$150\leqslant f_a<200$	$200\leqslant f_a$

3. 地基持力层埋深 d

除了基岩直接露出地表以外，一般地表物质大部分是松散、未经处理的堆积物，不能直接承载建筑物，所以建筑物应建在地表物质下的持力层上。在土力学中，持力层受到的附加压力是一直减少的，直到附加压力可以被忽略不计的深度称为地基持力层埋深，只有经过计算才能确定这个深度。在工程建设中，持力层埋深越浅的工程建设场地，越适合进行工程建设活动。根据《城乡规划工程地质勘察规范》(CJJ 57—2012)，将地基持力层埋深分为 4 等级，其分级标准如表 5.6 所示。

表 5.6 地基持力层埋深指标的定量分级标准

项目	定量分级			
	所属分级 $1\leqslant X_j<3$	所属分级 $3\leqslant X_j<6$	所属分级 $6\leqslant X_j<8$	所属分级 $8\leqslant X_j<10$
地基持力层埋深 d/m	$d\geqslant 50$	$30\leqslant d<50$	$5\leqslant d<30$	$d<5$

三、地下水

1. 地下水埋深

地下水不仅为农业提供重要的灌溉水资源，而且其水位的埋深直接影响建筑物的建设。当地下水位上升时，水会浸湿和软化岩土，改变土的物理性质，使其抗剪强度降低、压缩性增大，这种变化对于湿陷、膨胀、盐渍、特殊性岩土更为严重。而当地下水位下降时，根据有效应力原理可知，会使土的自重应力增加，基础的附加沉降增大。所以应考虑对地下水的埋深进行分级。根据《城乡规划工程地质勘察规范》(CJJ 57—2012)，将地下水埋深分为 4 等级，其分级标准如表 5.7 所示。

表 5.7 地下水埋深指标的定量分级标准

项目	定量分级			
	所属分级 $1\leqslant X_j<3$	所属分级 $3\leqslant X_j<6$	所属分级 $6\leqslant X_j<8$	所属分级 $8\leqslant X_j<10$
地下水埋深/m	$h<1$	$1\leqslant h<3$	$3\leqslant h<6$	$6\leqslant h$

2. 土、水腐蚀性

随着山地城镇化的快速发展，为居民带来了经济的增长和生活水平的提高，随之而来的还有任意排放的工业三废和生活垃圾。这些废物不仅会破坏山区脆弱的生态环境，而且这些废物中的腐蚀性物质与钢筋和混凝土发生化学变化，从而影响它们的力学性质。水和土存在的腐蚀性物质主要有 SO_4^{2-}、Mg^{2+}、OH^-、HCO_3^- 等，对钢筋混凝土结构中钢筋的腐蚀物质主要有 Cl^-。所以必须对土、水腐蚀性的程度进行评价。根据《城乡规划工程地质勘察规范》（CJJ 57—2012），将土、水腐蚀性大小分为 4 等级，其分级标准如表 5.8 所示。

表 5.8 土、水腐蚀性指标的定量分级标准

项目	定量分级			
	所属分级 $1 \leqslant X_j < 3$	所属分级 $3 \leqslant X_j < 6$	所属分级 $6 \leqslant X_j < 8$	所属分级 $8 \leqslant X_j < 10$
土、水腐蚀性	强腐蚀	中等腐蚀	弱腐蚀	微腐蚀

3. 土、水污染

土、水污染会产生诸多有害物质，如挥发性酚类、亚硝酸盐、氯化物、铜、铬、砷等。这些物质不仅会污染居民的水源地及危害人体健康，而且会引起地下水硬度的增加、溶解氧的减少和土的力学性质的劣化，影响地基基础和建筑物的正常使用。根据《地下水质量标准》（GB/T 14848—2017)和《土壤环境质量 农用地土壤污染风险管控标准(试行)》（GB 15618—2018），将土、水污染分为 4 等级，其分级标准如表 5.9 所示。

表 5.9 土、水污染指标的定量分级标准

项目	定量分级			
	所属分级 $1 \leqslant X_j < 3$	所属分级 $3 \leqslant X_j < 6$	所属分级 $6 \leqslant X_j < 8$	所属分级 $8 \leqslant X_j < 10$
土、水污染	严重，不可修复	中度，可修复	轻微，可不做处理	无污染

四、不良地质

1. 崩塌、滑坡、地面塌陷

崩塌、滑坡、地面塌陷是影响工程建设场地稳定性和适宜性的重要因素。虽然在建设用地适宜性评价中考虑了崩塌、滑坡、地面塌陷、泥石流等因素，但主

要考虑已存在的不良地质（地质灾害）发生点的影响，没有对不良地质的稳定性进行定量分级[8]。根据《城乡规划工程地质勘察规范》（CJJ 57—2012），将崩塌、滑坡、地面塌陷发生的稳定性分为 4 等级，其分级标准如表 5.10 所示。

表 5.10　崩塌、滑坡、地面塌陷指标的定量分级标准

项目	定量分级			
	所属分级 $1 \leqslant X_j < 3$	所属分级 $3 \leqslant X_j < 6$	所属分级 $6 \leqslant X_j < 8$	所属分级 $8 \leqslant X_j < 10$
崩塌 滑坡 地面塌陷	不稳定	稳定性差	基本稳定	稳定

2. 泥石流

山地地形险峻和其自然存在的沟谷深壑，为泥石流的发生提供了地理条件，而且夏季多暴雨就更容易发生泥石流。泥石流具有流速快、流量大及破坏力强等特点，一旦发生就会冲毁和破坏城镇居民点，造成巨大的经济损失和人员伤亡。所以工程场地尽量选择在泥石流不容易发生，或者发生但造成损失少的地方。根据《城乡规划工程地质勘察规范》（CJJ 57—2012），按照泥石流的种类将其分为 4 等级，如表 5.11 所示。在《岩土工程勘察规范》（GB 50021—2001）（2009 年版）中，将泥石流的种类按照严重程度分为 3 等级，分别是严重、中等、轻微，如表 5.12 所示。将两种标准综合，可将泥石流按照发生的严重程度进行分类，如表 5.13 所示。

表 5.11　泥石流的分类等级表

定量分级			
所属分级 $1 \leqslant X_j < 3$	所属分级 $3 \leqslant X_j < 6$	所属分级 $6 \leqslant X_j < 8$	所属分级 $8 \leqslant X_j < 10$
I_1、II_1 类泥石流沟谷	I_2、II_2 类泥石流沟谷	I_3、II_3 类泥石流沟谷	非泥石流沟谷

表 5.12　泥石流的分类

类别	亚类	严重程度
高频率泥石流沟谷	I_1	严重
	I_2	中等
	I_3	轻微
低频率泥石流沟谷	II_1	严重
	II_2	中等
	II_3	轻微

表 5.13　泥石流指标的定量分级标准

定量分级			
所属分级 $1 \leqslant X_j < 3$	所属分级 $3 \leqslant X_j < 6$	所属分级 $6 \leqslant X_j < 8$	所属分级 $8 \leqslant X_j < 10$
严重	中等	轻微	无泥石流

3. 地裂缝

20 世纪中叶以来，地裂缝逐渐在我国某些区域出现，并发展成为一种区域性的主要地质灾害。地裂缝不仅会改变当地的地形地貌，而且会对当地地下水的补、径、排和地下天然土层产生严重的影响，这往往会产生地面塌陷、潜蚀、不均匀沉降等次生灾害，形成恶性循环。地裂缝穿过之处会造成工业厂房、道路、居民房屋变形、坍塌及沉降，已引起专家、规划部门和居民的普遍关注。地裂缝具有带状性、不可抗拒性、方向性、周期性等特点[9]，这是由它所处的板块构造，以及地下水的不合理开采造成的。

根据 2006 年国土资源部编制的《县(市)地质灾害调查与区划基本要求》实施细则(修订稿)对地裂缝的规模进行分级，如表 5.14 所示。根据此分级标准，可按照地裂缝对工程建设场地的影响进行等级划分，分级标准如表 5.15 所示。

表 5.14　地裂缝规模分级标准

级别	规模
巨型	地裂缝长＞1km，地面影响宽度＞20m
大型	地裂缝长＞1km，地面影响宽度 10～20m
中型	地裂缝长＞1km，地面影响宽度 3～10m，或者长＜1km，宽 10～20m
小型	地裂缝长＞1km，地面影响宽度＜3m，或者长＜1km，宽＜10m

表 5.15　地裂缝指标的定量分级标准

项目	定量分级			
	所属分级 $1 \leqslant X_j < 3$	所属分级 $3 \leqslant X_j < 6$	所属分级 $6 \leqslant X_j < 8$	所属分级 $8 \leqslant X_j < 10$
地裂缝	$W \leqslant 3$	$3 < W \leqslant 10$	$10 < W \leqslant 20$	$W > 20$

注：W 为地裂缝宽度，单位：m。

4. 采空区

采空区是指由于天然地质构造运动，或者因为开采地下矿产资源而导致的地下空洞。近几十年来随着经济的大力发展，人类对矿产资源的需求呈井喷式增长，而对矿产资源的盲目开采是造成采空区的主要原因，其造成的灾害巨大并且无法预防。从力学方面说，这是因为地下开采打破了原有岩体的力学平衡，所以导致危岩应力重分布和应力集中，如果此时应力集中超过了岩体的极限强度，就会使其发生位移、岩爆等现象，从而发生灾害[10]。所以工程建设场地尽量远离采空区及其影响范围。

采空区的影响范围主要由开采深度和主要影响角决定。根据《煤矿采空区岩土工程勘察规范》(GB 51044—2014)对采空区进行分类，如表 5.16 所示。

表 5.16 采空区分类表

项目	分类		
	浅层采空区	中深层采空区	深层采空区
开采深度	$H \leqslant 50$	$50 < H \leqslant 200$	$H > 200$

主要影响角(β)为开采边界点与主要影响半径(r)边界点的连线和水平线所夹的锐角。β越大，r越小，影响范围则越小；β越小，r越大，影响范围则越大。在煤炭开采时，$\tan\beta$的分布范围主要为 1.3～2.5，一般为 2[11]，它的大小主要决定于上覆岩层的岩性，岩层坚硬时，$\tan\beta$较小，岩层柔软时，$\tan\beta$较大。

$$r = \frac{H}{\tan\beta}$$

根据《城乡规划工程地质勘察规范》(CJJ 57—2012)，又考虑到该评价区域空间尺度的大小，按照采空区的影响范围将其分为 4 等级，分级标准如表 5.17 所示。

表 5.17 采空区指标的定量分级标准

定量分级			
所属分级 $1 \leqslant X_j < 3$	所属分级 $3 \leqslant X_j < 6$	所属分级 $6 \leqslant X_j < 8$	所属分级 $8 \leqslant X_j < 10$
$r \leqslant 25$	$25 < r \leqslant 75$	$75 < r \leqslant 100$	$r > 100$

5. 地面沉降

本章的地面沉降主要是由人为因素——不合理地开采地下流体(主要是地下水)引起的较为急剧的地面下陷，其具有产生过程缓慢、影响范围大、难以治理等特点。从力学上说，这是因为不合理开采地下流体导致松散土层固结压缩，从而引起变形。衡量地面的沉降程度可用地面沉降速率［即单位时间地面下沉的幅度。一般用每年多少毫米(mm/a)表示］来表示。如果沉降速率变大，表明地面沉降在一定程度上加强[12]；反之则减弱。根据《城乡规划工程地质勘察规范》(CJJ 57—2012)，将地面沉降速率大小分为 4 等级，其分级标准如表 5.18 所示。

表 5.18　地面沉降指标的定量分级标准

项目	定量分级			
	所属分级 $1 \leqslant X_j < 3$	所属分级 $3 \leqslant X_j < 6$	所属分级 $6 \leqslant X_j < 8$	所属分级 $8 \leqslant X_j < 10$
地面沉降/(mm/a)	$v \geqslant 50$	$30 \leqslant v < 50$	$0 \leqslant v < 30$	$v < 0$

注：v 为地面沉降速率。

五、地震

1. 地震液化

当发生地震时，饱和或接近饱和的砂土等无黏性土由固化状态变为液化状态的现象称为地震液化，其成因为：当土受到地震作用时，空隙力增大，有效应力减小，使土迅速减少或丧失抗压强度，像液体一样流动或喷出地面。地基液化时会使地基承载力丧失，从而引起不均匀下沉，导致建筑物倒塌，造成严重的财产损失和人员伤亡。

根据《建筑抗震设计规范》(GB 50011—2010)规定，对于存在液化土层的地基，应探明各液化土层的深度和厚度。计算其液化指数后，可按液化等级与液化指数的对应关系综合划分地基的液化等级，如表 5.19 所示。根据上面的对应关系可得地震液化的定量分级标准，如表 5.20 所示。

表 5.19　液化等级与液化指数的关系

项目	液化等级		
	轻微	中等	严重
液化指数 I_{lE}	$0 < I_{lE} \leqslant 6$	$6 < I_{lE} \leqslant 18$	$I_{lE} > 18$

表 5.20　地震液化指标的定量分级标准

项目	定量分级			
	所属分级 $1 \leqslant X_j < 3$	所属分级 $3 \leqslant X_j < 6$	所属分级 $6 \leqslant X_j < 8$	所属分级 $8 \leqslant X_j < 10$
地震液化	严重液化	中等液化	轻微液化	不液化

注：I_{lE} 为液化指数。

2. 断裂带活动性

断裂带活动性在一定程度上表征地震发生概率的大小,与其他自然灾害相比,地震具有突发性强、破坏性大、损失惨重、防御难度大等特点,而且常常伴随次生灾害的发生。所以,在工程建设场地选址时,应尽量避免地震多发地带。

根据《岩土工程勘察规范》(GB 50021—2001)(2009 年版),全新活动断裂分级表如表 5.21 所示,根据历史地震震级将其分为强烈、中等、微弱三级。进而以该地区的历史地震震级 M 对断裂带活动性进行分级,分级标准如表 5.22 所示。

表 5.21 全新活动断裂分级表

断裂分级		活动性	平均活动速率 $v/(\text{mm/a})$	历史地震震级 M
I	强烈全新活动断裂	中晚更新世以来有活动,全新世活动强烈	$v>1$	$M \geqslant 7$
II	中等全新活动断裂	中晚更新世以来有活动,全新世活动较强烈	$0.1 \leqslant v \leqslant 1$	$6 \leqslant M < 7$
III	微弱全新活动断裂	全新世有微弱活动	$v<0.1$	$M<6$

表 5.22 断裂带活动性指标的定量分级标准

项目	定量分级			
	所属分级 $1 \leqslant X_j < 3$	所属分级 $3 \leqslant X_j < 6$	所属分级 $6 \leqslant X_j < 8$	所属分级 $8 \leqslant X_j < 10$
断裂带活动性	强烈全新活动断裂 $M \geqslant 7$	中等全新活动断裂 $7 > M \geqslant 6$	微弱全新活动断裂 $0 < M < 6$	非全新活动断裂 $M \leqslant 0$

注:M 为该地区发生的历史震级。

第三节 评价指标权重确定

山地工程建设场地适宜性评价指标体系中的各个因子对评价目标的贡献或影响程度是不同的,这种程度的大小则要靠其权重来体现。确定因子权重大小不仅可以体现出各个因子之间的差异,而且使评价结果更符合现场工程实际情况。因此,权重确定方法应选择规范、科学、成熟且便于计算机操作处理的方法。

现在确定因子权重的方法有主成分分析法、灰色关联度法、层次分析法(AHP)、德尔斐法等[13]。这里采用较为成熟和易于理解的改进的层次分析法,该方法由美国运筹学家萨蒂于 20 世纪 70 年代初提出。它是一种权重层次分析方法,主要用于解决多因素且难以定量描述解决的社会问题。它根据目标内容和性质将评价因子分为若干个层次，即最高层 A、中间层 B、最低层 C，然后通过两两比较的方式，邀请该领域的专家以填矩阵的方式来确定它们之间的相对重要性，用 1、3、5、7、9 分别表示同等重要、稍微重要、较强重要、强烈重要、极端重要等级别[14]。例如，比较因子 U_i 与因子 U_j 得到判断为稍重要，结果为 3；那么反过来比较因子 U_j 与因子 U_i 得到结果为 1/3。其中，两种因子的重要性在上述等级之间，可用 2、4、6、8 表示。确定完低层次因子权重后再确定高层次，依次逐层进行计算，直至计算完所有层次的权重，这是目前最常用、也是最有效的确定因子权重的方法。本章采用一种改进的层次分析方法，它不同于传统的层次分析法，这里主要用三标度法(-1,0,1)代替传统的 9 标度法(1～9)建立判断矩阵，不需要一致性检验，大大减少了计算过程，其主要步骤如下。

(1) 邀请专家填写同一层次中评价因子的重要性判别矩阵 P，其中 i,j=1,2,3, …,n；n 为评价层次中的因子总数。

$$P_{ij} = \begin{bmatrix} a_{11} & a_{12} & \cdots & a_{1n} \\ a_{21} & a_{22} & \cdots & a_{2n} \\ \vdots & \vdots & & \vdots \\ a_{n1} & a_{n2} & \cdots & a_{nn} \end{bmatrix}$$

(2) 求最优传递矩阵 P'，其中 i、j、n 的意义与步骤(1)中相同。

$$P'_{ij} = \begin{bmatrix} a'_{11} & a'_{12} & \cdots & a'_{1n} \\ a'_{21} & a'_{22} & \cdots & a'_{2n} \\ \vdots & \vdots & & \vdots \\ a'_{n1} & a'_{n2} & \cdots & a'_{nn} \end{bmatrix}$$

其中，$P'_{ij} = \dfrac{1}{n}\sum_{t=1}^{n}(P_{it}+P_{tj})$。

(3) 求一致性矩阵 P''，其中 i、j、n 的意义与步骤(1)中相同。

$$P''_{ij} = \begin{bmatrix} a''_{11} & a''_{12} & \cdots & a''_{1n} \\ a''_{21} & a''_{22} & \cdots & a''_{2n} \\ \vdots & \vdots & & \vdots \\ a''_{n1} & a''_{n2} & \cdots & a''_{nn} \end{bmatrix}$$

其中，$P''_{ij} = \exp(P'_{ij})$。

(4) 求出 P'' 的最大特征根和其对应的特征向量，归一化处理后，即为权向量。

$$\boldsymbol{\omega} = [\omega_1, \omega_2, \omega_3, \cdots, \omega_n]$$

(5) 可以邀请多位专家填写构造矩阵，去除偏差大的，然后求其平均值。

(6) 最后求出其他层次因子的权重，直至最高层 A。

第四节　多因子综合评价

山地村镇建设用地适宜性评价单元划分目前有两种方法：①将待评价区域划分成多边形；②将待评价区域划分成长和宽分别相等的方格网，它们的内部属性被认为是完全一致的，唯一不同的是待评价因子在网格中的单项得分值不同。本章选择第二种方法来划分评价单元，该方法可以更好地体现出空间叠加，计算结果也会更加直观准确。但是如果单元过大，就不能体现出单元划分的意义和差异性，结果显示不乐观；如果单元过小，则使得计算工作量大，又不利于实际工作。考虑到本评价的目标对象是区域面积不大的工程建设场地，所以选择的评价单元为 30m×30m。

在确定好各个层次的权重和划分好评价单元后，就要进行适宜性评价的综合评价。这里采用的是乘积指数加权叠加方法，即

$$T_i = \sum_{j=1}^{n} \omega_j t_i(j)$$

式中，T_i 为第 i 个评价单元的综合分值；ω_j 为第 j 个因子的权重，$j=1,2,3,\cdots,n$，n 为评价因子总数；$t_i(j)$ 为第 j 个因子在第 i 个评价单元的单项分值。

根据毛军采用"自然断点法"对工程建设场地适宜性等级临界值的划分[8]，并参考相关规范，现将适宜性等级划分为 4 级，如表 5.23 所示。

表 5.23　工程建设场地适宜性等级划分

等级	定性描述	综合得分 Q	特征描述
Ⅰ级	不适宜	$[Q_1, Q_2)$	①地面较陡，地表起伏大； ②岩土种类多，工程性质很差，地基条件和施工条件差，地基专项处理及基础工程费用很高； ③地下水对工程建设有严重威胁； ④存在严重地质灾害，应采取大规模工程防护措施，而且治理难度很大； ⑤地震灾害活动性非常强
Ⅱ级	适宜性差	$[Q_2, Q_3)$	①地面稍陡，地表起伏偏大； ②岩土种类多，分布很不均匀，工程性质差，地基条件和施工条件较差，地基处理及基础工程费用较高； ③地下水对工程建设影响较大； ④存在地质灾害的概率较大，需采取较大规模工程防护措施，而且治理难度较大； ⑤地震灾害活动不强
Ⅲ级	较适宜	$[Q_3, Q_4)$	①地面较平，地表起伏小； ②岩土种类较多，分布较不均匀，工程性质较差，地基条件和施工条件一般，基础工程费用较低； ③地下水对工程建设影响较小，地表排水条件尚可；

续表

等级	定性描述	综合得分 Q	特征描述
			④存在地质灾害的概率不大，采取一般工程防护措施可以解决，而且治理简单； ⑤地震灾害活动微弱
IV级	适宜	$[Q_4, Q_5]$	①地形平坦，地表起伏很小； ②岩土种类单一，分布均匀，工程性质良好，地基条件和施工条件优良，基础工程费用低廉； ③地下水对工程建设无影响，地表排水良好； ④工程建设不会诱发次生地质灾害； ⑤无地震灾害活动

第五节 应 用 实 例

一、研究区概况

1. 自然地理概况

(1) 地理位置与交通状况。研究区位于重庆市涪陵区义和镇机房村，长江上游北岸，重庆市涪陵城区的西部，与涪陵城区的直线距离约为1.64km；中心地理位置为东经107°13′，北纬29°44′；东接李渡镇，南临龙桥镇、蔺市镇，西与石沱镇毗邻，北与长寿区相接。涪义公路贯穿整个规划区，镇义公路从规划区北西侧穿过，与其他乡村道路形成规划区公路网，区内交通便利，交通位置如图5.18所示。区内面积约4.44km²，现多为耕地，零星分布有村民住宅及乡村道路。根据涪陵区义和镇总体规划布局：本规划用地区域是重庆市涪陵区义和镇机房村的新农村建设区，在区内拟规划建设的建筑物为一般性居民建筑、行政管理设施、教育机构、医疗卫生设施及交通设施等。

(2) 气象水文。义和镇属亚热带湿润季风气候，具有四季分明，热量丰富，降水充沛，光照不足，灾害性天气频繁，光、热、水资源同步等特点。沿江地区年平均降水量为1107mm，月均降水量在160mm以上，降雨量以5、6月份最多，日最大降水量为116mm，沿江地区最小降雨量出现于1、2月份，月均不足20mm。年平均气温18℃，年际变化幅度为1～1.6℃，极端最低气温为2℃，极端最高气温为42℃，常年有伏夏，属我国夏季最热地区之一。历年平均无霜期满315天，年均雾日30.2天，年平均日照时数1188小时。

规划区南面为长江，在整个涪陵区境内流长为86km。多年平均流量为13357m³/s，最大流量为64360m³/s。义和镇长江洪水位记载：50年一遇洪水位为167.70m(1987年)，100年一遇洪水位为172.40m(1981年7月17日)。三峡工程蓄水运行后，在义和镇段的变化幅度为166.4～175.4m。

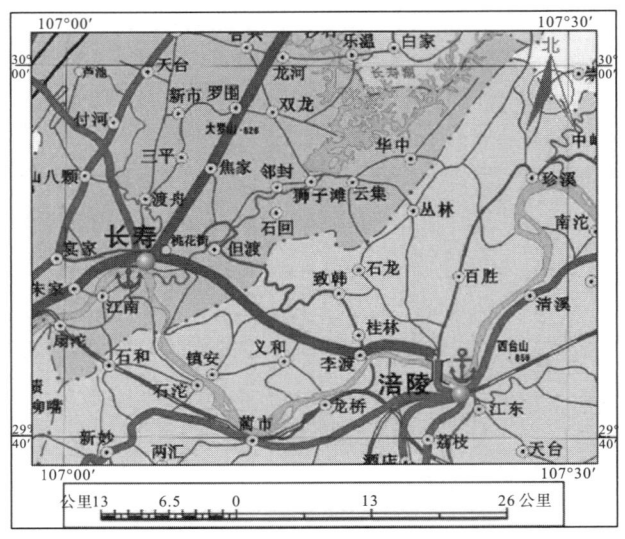

图 5.18 交通位置

规划区范围无常年径流溪流，区内地表水体主要为部分鱼塘及农田灌溉水。

2. 地质环境条件

(1) 地形地貌。调查区域地形为浅丘剥蚀地貌，以宽缓的丘陵谷地为主，地形坡角一般为 5°～26°，局部呈陡坡、陡崖，坡角达 48°～70°。其海拔标高为 360.92～421.13m，高差约 60.21m，土层厚度为 0.9～5.8m。

规划区现多为农田，植被丰茂，在地势低洼地带有大小不等的鱼塘分布，局部为零星建筑，规划区地貌如图 5.19 所示。

图 5.19 规划区地貌

(2) 地层岩性。规划区出露地层主要为第四系和侏罗系地层，其岩性由新至旧分述如下。

①第四系全新统。人工堆积层（Q_4^{ml}）：有素填土和杂填土。素填土为砂、泥岩碎块石土，碎块石直径为 0.10～0.50m，主要分布在场区内公路路基段，可见厚度为 0.5～2.0m；杂填土为建筑、生产、生活垃圾，分布在工厂、居民区附近，可见厚度为 1.0～2.0m。

残坡积层（Q_4^{el+dl}）：主要分布在斜坡表面低缓处和冲沟内。岩性以粉质黏土为主，褐色、灰褐色、灰黑色，多呈可塑至硬塑状，含风化岩屑碎块，分布厚度较薄。斜坡上厚度为 0.5～1.5m，斜坡中下部厚度为 1.0～3.5m。在鱼塘内分布有厚 1.0m 左右的淤泥质黏土，灰黑色，呈软塑状。

②侏罗系中统沙溪庙组（J_{2S}）。地层岩性以砂岩、泥岩为主。砂岩为黄灰色、灰色、紫灰色，主要矿物成分为长石、石英及杂色岩屑，钙、泥质胶结，中-细粒结构，中-厚层状构造，岩体较完整，表层有 1.0m 左右的强风化带。泥岩为紫红色，主要由黏土矿物组成，偶见砂质团块及条带，泥质结构为主，局部含砂质，中-厚层状构造，岩体较完整，强风化带厚度为 0.5～2.0m。地层岩性随地形条件不同而有所差异，深沟地段厚度稍大，在规划区主要呈不连续露头出露，其上覆较薄（一般小于 0.5m）的残坡积土层。

(3) 地质构造。调查区域位于石溪堡子场向斜北东翼。场地内地层由单斜岩层组成，岩层产状为 10°～21°∠5°。经地质调查，调查区未见断层，岩层中发育有两组构造裂隙和一组层面裂隙。

①J1：300°～312°∠65°～70°，裂面平直，延伸长度为 2.0～4.0m，局部张开，充填钙、泥质薄膜，裂隙间距为 2.0～3.0m。

②J2：30°～41°∠70°～75°，延伸长度为 1.0～2.0m，多闭合，粗糙，无充填物，偶见黑色氧化物充填，裂隙间距为 2.0～2.5m，较发育。

两组裂隙在平面上多呈"X"共轭裂隙。

裂隙面结合程度一般，多为密闭，无填充物，部分微张，钙、泥质薄膜或黑色氧化物充填，为硬性结构面。

(4) 地震。根据中国地震局《中国地震动峰值加速度区划图》及《中国地震动反应谱特征周期区划图》资料，规划区抗震设防烈度 6 度，地震动峰值加速度为 $0.05g$，地震动反应谱周期为 0.35s。

(5) 水文地质条件。

①地表水及地下水特征。规划区内气候湿润，降雨充沛，排泄较畅。受地层岩性、地质构造和地形地貌的相互作用，各类地下水构成独立的水文单元。地下水类型主要为第四系松散岩类孔隙水、基岩网状风化裂隙水两大类。

松散岩类孔隙水：该含水层主要分布在平坝地带，赋存于碎石土及粉质黏土中，富水性弱，接受大气降水补给。因接受补给条件的不同，地下水含量也有所变化，分布不连续。松散岩类孔隙水对诱发地质灾害作用较大。

基岩网状风化裂隙水：主要分布于低洼沟谷地区，赋存于紫红色泥岩和砂岩网状风化裂隙中，富水性较弱，主要接受大气降水补给。埋藏浅，水量贫乏，局部带有承压性的特点。由高处向低处运移，在地势低洼处以泉、井形式向外排泄，地下水位不连续。

综上所述，规划区水文地质条件简单。

②地表水及地下水腐蚀性评价。根据对场地周边进行调查访问和本次勘探查明，场地内及周边无污染源，根据地区经验及周围环境情况，按《岩土工程勘察规范》(GB 50021—2001)(2009年版)的有关规定，判定场地环境类型属Ⅲ类，地表水、地下水及岩土对混凝土结构中的钢筋及钢结构具有微腐蚀性。

(6) 不良地质现象。根据现场调查，规划区及周边地质环境未发现滑坡、塌陷、泥石流、岩溶、构造断层等不良地质现象，规划区内不良地质现象不发育。

二、单因子评价

1. 地形地貌

加载机房村的 DEM，分别生成评价区域的剖面曲率和平面曲率，然后进行重分级，结果如图 5.20 所示。

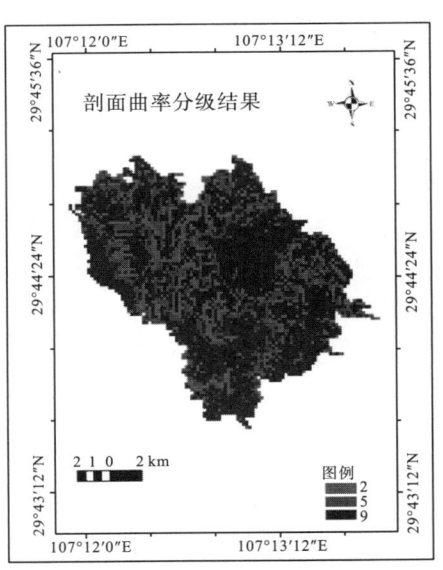
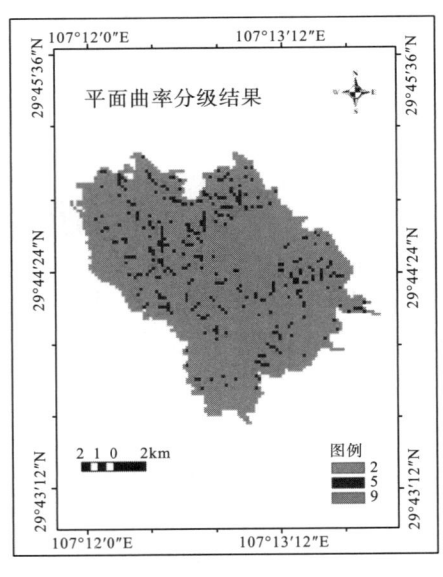

图 5.20 剖面曲率和平面曲率分级（见彩插）

2. 岩土特征

经过对机房村工程地质勘察报告及机房村规划图的查看可以看出，虽然其没有特殊性岩土及不需要做特殊处理，但是岩土种类较多，工程性质一般，考虑到工程场地的尺度大小，所以整个区域的岩土均匀性是一样的。因此，按照前文分级标准，赋值为 7 分，结果如图 5.21 所示。

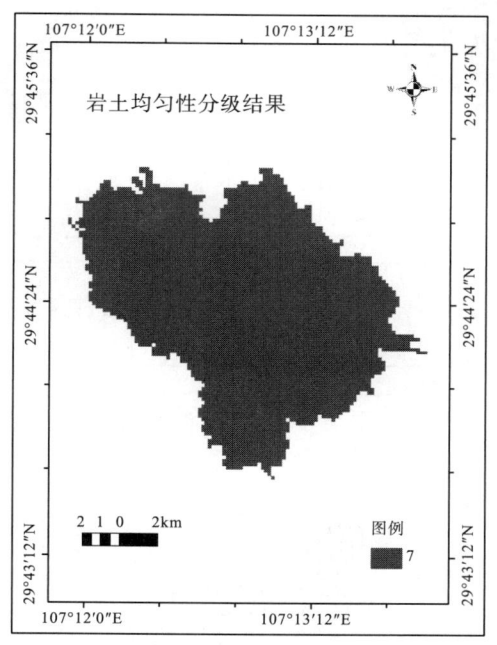

图 5.21　岩土均匀性分级（见彩插）

对于地基承载力，根据表 5.4 中各种物质的承载力和前文所述标准，对地基承载力进行赋值，然后将其转换为栅格。对于持力层埋深，首先将持力层埋深矢量图转换为栅格图层，然后重分级。两者结果如图 5.22 所示。

3. 地下水

从机房村勘察报告中可以看出，地下水较贫乏对工程影响程度较小，而且土、水腐蚀性为微腐蚀。因为不存在污染，所以地下水埋深，土、水腐蚀，土、水污染这 3 个二级指标得分均为 9 分。现以地下水埋深为例，结果如图 5.23 所示。

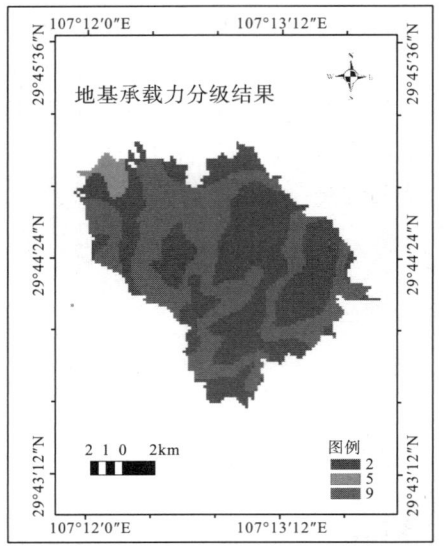
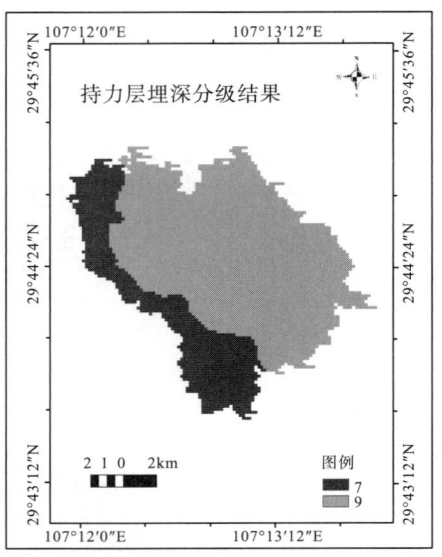

图 5.22　地基承载力和持力层埋深分级（见彩插）

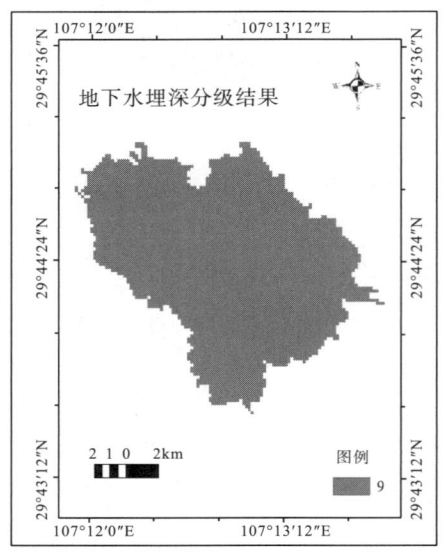

图 5.23　地下水埋深分级（见彩插）

4. 不良地质

由于该评价区域的场地环境很好，因此未发现滑坡、塌陷、泥石流、崩塌、地裂缝等不良地质现象。根据工程场地的尺度大小，现以崩塌为例，结果如图 5.24 所示。

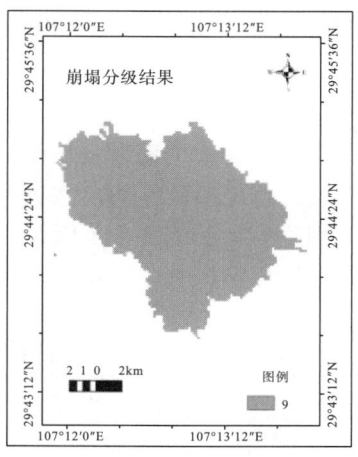

图 5.24 崩塌分级(见彩插)

5. 地震

根据《建筑抗震设计规范》(GB 50011—2010)中的规定:当评价区域的地震设防烈度为 6 度时,液化问题可以不用考虑,但对液化沉陷敏感的乙类建筑物可按 7 度考虑。而机房村工程建设场地的建筑物绝大部分是民用建筑物,不符合乙类建筑的判别标准,所以整个场地的分值均为 9 分。

重庆地区的地震活动以中小地震为主,现代 5 级以上的中强地震活动开始于 1989 年渝北区统景镇的 5.2 级和 5.4 级地震,以及 1997 年和 1999 年荣昌县的 5.2 级和 5.0 级地震,10 年内发生 5 级以上地震只有 4 次[15]。所以,根据前文提到的根据地震等级判别断裂带活动性可得,机房村的断裂带活动性为非全新活动断裂,其得分为 7 分。两者结果如图 5.25 所示。

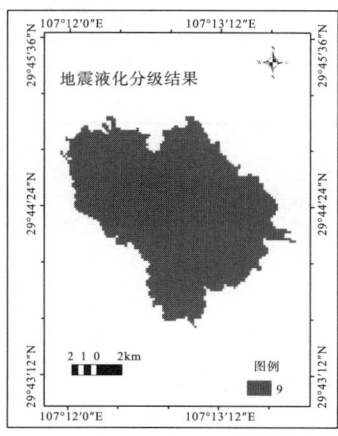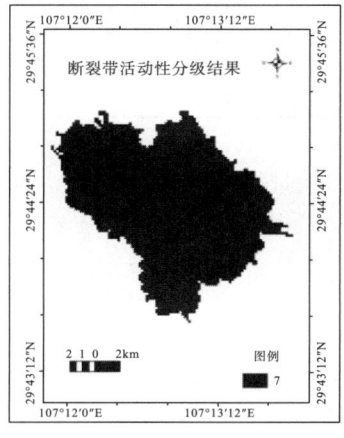

图 5.25 地震液化和断裂带活动性分级(见彩插)

三、多因子综合评价

考虑到各影响因子在山地村镇建设用地适宜性评价中所起的作用不同，为更加准确和真实地反映机房村的工程地质条件和自然条件，以及为所有因子分配各自相应的权重，采用改进的层次分析法确定各个因子的权重。山地工程建设场地适宜性评价中一级指标和二级指标的权重，如表5.24所示。

表5.24 山地工程建设场地适宜性评价因子权重表

中间层（一级指标）	最低层（二级指标）	一级权重	二级权重	最终权重
地形地貌	剖面曲率	0.22	0.5	0.11
	平面曲率		0.5	0.11
岩土特征	岩土均匀性	0.37	0.3	0.111
	地基承载力		0.4	0.148
	地基持力层埋深		0.3	0.111
地下水	地下水埋深	0.1	0.4	0.04
	土、水腐蚀		0.3	0.03
	土、水污染		0.3	0.03
不良地质	崩塌	0.21	0.15	0.0315
	滑坡		0.15	0.0315
	地面塌陷		0.15	0.0315
	泥石流		0.15	0.0315
	地裂缝		0.13	0.0273
	采空区		0.13	0.0273
	地面沉降		0.14	0.0294
地震	地震液化	0.1	0.4	0.04
	断裂带活动性		0.6	0.06

根据前面的权重表及各个图层，可以进行多因子综合评价，最终适宜性分级结果如图5.26和图5.27所示。

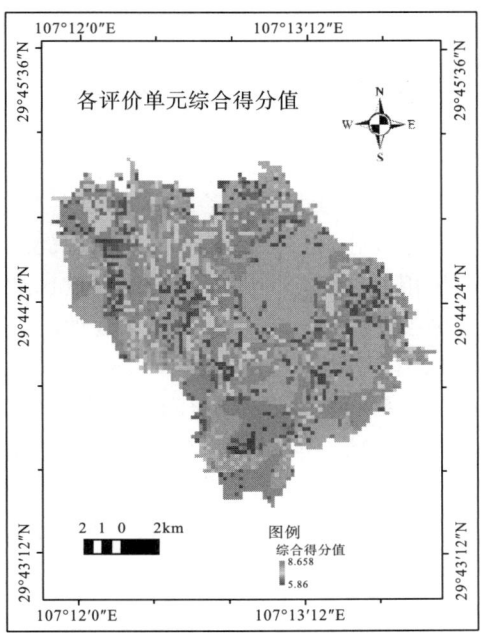

图 5.26　各评价单元综合得分值（见彩插）

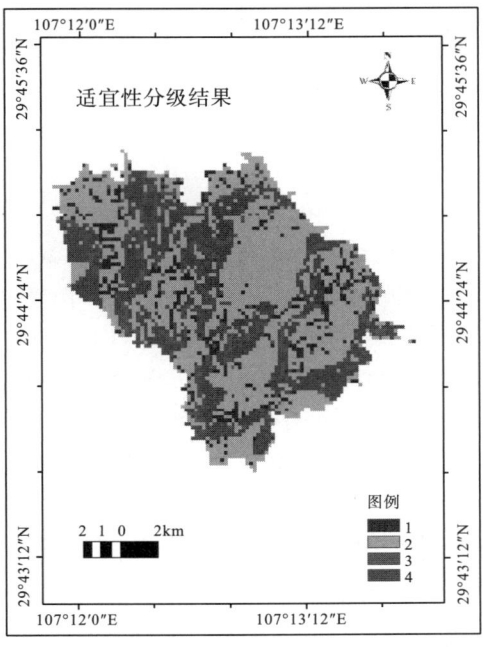

图 5.27　适宜性分级结果（见彩插）

第六节 本章小结

  本章在总结国内外有关山地城镇工程建设场地适宜性评价理论的基础上,依据山地城镇工程建设场地适宜性评价指标体系构建应遵循的原则,按照指标体系构建的步骤,并根据 GIS 相关功能,提出与 GIS 结合的山地城镇工程建设场地适宜性评价指标体系,并对各评价指标进行标准化预处理。

  该体系由最高层(A)、中间层(B)和最低层(C)3个层次组成。最高层是对工程建设场地适宜性评价指标体系的高度概括,反映工程建设场地适宜性的总体水平。中间层包括地形地貌、岩土特征、地下水、不良地质、地震灾害 5 个方面。最低层由 17 个具体指标所组成,是对中间层的分解与细化。最后用改进的层次分析法确定每个层次因子的权重,进而进行多因子综合评价,得出每个评价单元的得分值。

参 考 文 献

[1] 孙建筑. 基于 GIS 的石家庄市建设用地适宜性评价[D]. 天津:河北工业大学, 2013.

[2] 南晓娜. GIS 支持下的山地城市建设用地适宜性评价研究[D]. 西安:西北大学, 2009.

[3] 罗淑华. 环泉州湾地区建设用地适宜性评价研究[D]. 湘潭:湖南科技大学, 2014.

[4] 范红艳,戚鹏程,黄天勇. 关于 GIS 中三种地面曲率的探讨[J]. 南阳师范学院学报, 2011, 10(6): 71-74.

[5] 王峰. 四川省南江县地质灾害易发性区划研究[D]. 成都:成都理工大学, 2015.

[6] 肖桐. 基于 GIS 的兰州市滑坡空间模拟研究[D]. 兰州:兰州大学, 2007.

[7] 工程地质手册编委会. 工程地质手册(第四版)[M]. 北京:中国建筑工业出版社, 2007.

[8] 毛军. 评价单元对山地村镇区域建设用地适宜性评价影响的研究[D]. 重庆:重庆大学, 2015.

[9] 武强,陈佩佩,张宇,等. 我国城市地裂缝灾害问题与对策[J]. 中国地质灾害与防治学报, 2002, 13(2): 72-74, 81.

[10] 余学义. 高等级公路下伏采空区危害程度分析[J]. 西安公路交通大学学报, 2000, 20(4): 46-48.

[11] 韩科明. 采煤沉陷区稳定性评价研究[D]. 北京:煤炭科学研究总院, 2008.

[12] 段学敏. 基于 GIS 的沧州地面沉降危险性区划[D]. 北京:中国地质大学, 2013.

[13] 陈锦. 基于 GIS 的县域土地利用总体规划环境影响评价系统研究[D]. 武汉:华中师范大学, 2006.

[14] 杨宏瑞. 基于 GIS 的旅游资源调查与评价系统研究[D]. 昆明:昆明理工大学, 2008.

[15] 蔡辉腾. 重庆主城区地震危险性分析[D]. 重庆:重庆大学, 2006.

第六章 基于三维斜坡失效概率的建设用地适宜性评价

西部山地地区地形地貌条件复杂、地质灾害频发，在进行建设规划与选址前，需要对规划区域的地质灾害发育情况进行调查与评价，避免直接在地质灾害发生可能性大的区域开展建设活动，以保障山区人民的生命财产安全。然而，现在针对地质灾害（以滑坡灾害为主）的区域性评价大多以定性或部分定量的方法为主，即选取多个地质灾害发生的影响因子构成评价指标体系，再对各因子进行量化分级等处理，然后运用数学模型进行综合叠加从而得出评价结果。这些评价过程中都存在着许多定性处理，因此没有统一的评价标准，也存在着一些问题，如选取哪些指标因子、如何给指标量化和分级，以及指标存在不确定性等。

本章在 GIS 平台下结合斜坡单元划分技术、三维滑动面搜索技术、人工智能优化算法、三维极限平衡法及可靠度分析原理，对山地地区斜坡的稳定性进行定量评价，以弥补定性评价中存在的不足，为西部山区发展建设提供更加科学可靠的规划依据。

第一节 基于 GIS 的斜坡单元划分与斜坡单元数据集构建

在对区域内的斜坡进行稳定性评价之前，首先需要确定基本的评价单元，然后以评价单元为研究对象，收集其相关的数据信息，从而为后续的斜坡稳定性评价做好准备工作。本节将采用斜坡单元划分技术，将评价区域划分为多个单独的斜坡作为评价对象，并为每个斜坡以数据点的形式构建相应的斜坡单元数据集。

一、斜坡单元划分

在对某一研究区域定量地进行斜坡稳定性评价时，选择单独的栅格作为研究对象计算栅格的"稳定性系数"是不科学的，各栅格之间无法体现出地质灾害发生的地形地质条件。因此，研究对象应扩大至每一个斜坡，因为斜坡才是地质灾害发生的基本单元。而且必须将整个区域划分为若干个独立的斜坡，这样才能针对每个斜坡的稳定性做出评价。

本节采用斜坡单元划分技术，将整个评价区域按照不同的斜坡划分为多个可供分析的单元，其实质上是基于数字高程数据的地表水文分析，利用正反地形生成正反集水流域，然后将两者组合，可以在 GIS 软件中借助其水文分析模块来完成。整个斜坡单元的划分流程如图 6.1 所示，主要包括洼地填充、水流方向计算、汇流累积量计算、河网生成、流域出水点确定、流域划分等关键步骤。

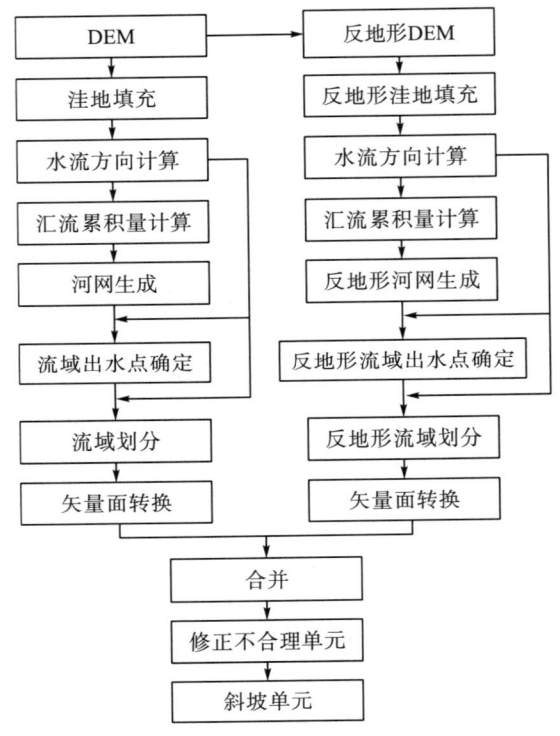

图 6.1　斜坡单元的划分流程

1. 无洼地 DEM 生成

DEM 又称数字高程模型，它是一种用一组有序的数值阵列来表示地面高程的实体地面模型（图 6.2），在 ArcGIS 中 DEM 为栅格图层，每个栅格包含一个高程值，在 DEM 栅格图层的基础上可以派生出包括坡度、坡向、地表曲率、等值线，甚至山体阴影、山顶点、山谷山脊线等各种地貌因子的图层[1]。

DEM 由于一些误差及特殊地形的原因，其表面可能会存在一些洼地，在生成斜坡单元时可能会导致一些不合理的结果[1]，因此首先需要对 DEM 图层进行洼地填充，使用 ArcGIS 水文分析模块中的填洼工具，并设定合理的洼地深度填充阈值。但有可能洼地填充一次后在其附近区域会出现新的洼地，因此在操作中应对洼地进行反复多次的填充。

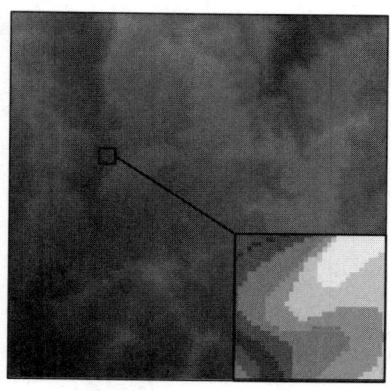

图 6.2　DEM 图层

2. 流向与汇流累积量计算

流向是指水流离开中心栅格时的指向，即对于中心栅格，在其 8 个相邻栅格中找到落差最大的一个栅格。此栅格相对于中心栅格的方向即为中心栅格的流向。流向图层可借助 ArcGIS 水文分析模块中的流向工具，通过无洼地 DEM 生成，如图 6.3 所示。

汇流累积量是借助 ArcGIS 水文分析模块中的流量工具，由流向图层生成的。其原理是假设每个栅格处都有一个单位的水量，并按照流向图层中每个栅格数据所代表的流向流动，计算出每个栅格处所流经的水量总值，便得到汇流累积量图层，如图 6.4 所示。

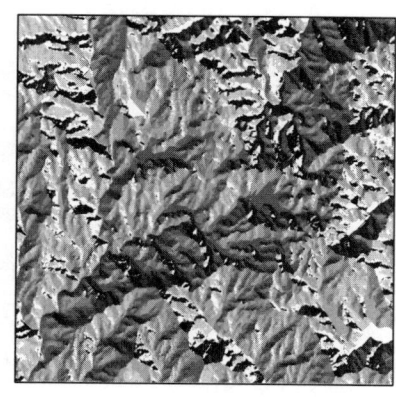

图 6.3　流向图层

图 6.4　汇流累积量图层

3. 河网与集水流域生成

当汇流累积量达到一定值时，就会产生地表水流，因此提取出汇流累积量大于一定临界值的栅格即为河网栅格，如图 6.5 所示。临界值设置得越小则生成的河网越密集，应利用真实地形图等辅助资料进行不断的试验对比来确定此临界值[1]。

利用 ArcGIS 水文分析模块中的河流链接工具，通过河网和流向数据可以得到河网节点之间的连接信息，以及河网中每一个河段的起点与终点，从而可以确定集水流域的出水点。

集水流域是指所有流经的水流都从一个公共的出水点排出，从而形成的一个集中的排水区域，其边界即为分水岭[1]，如图 6.6 所示。

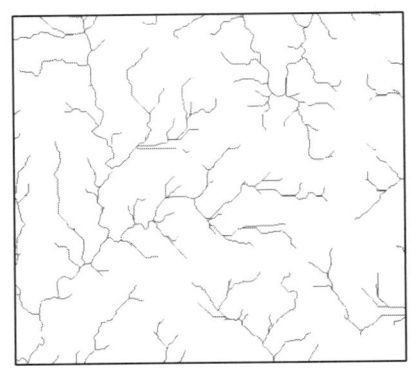

图 6.5　河网图层

图 6.6　集水流域图层

将流域出水点数据及流向数据输入 ArcGIS 水文分析模块的分水岭工具中，即可从该流域最低的出水点开始，结合流向数据，搜索上游所有流过该出水点的栅格，直到搜索到分水岭位置，从而最终可以得到集水流域图层。

4. 斜坡单元生成

在生成集水流域栅格图层后，将其转换为矢量图层。然后运用栅格计算工具对 DEM 进行反转，对反地形 DEM 进行同样的操作，生成反地形集水流域矢量图层，并将正反两个集水流域图层合并生成初始的斜坡单元图层。

由于合并可能产生一些零散破碎的单元，且存在一些平地区域，在这些区域内水流方向是随机的，因此容易生成一些平行状的伪沟谷[1]，如图 6.7 所示。因此还需要使用 ArcGIS 中的拆分、裁剪、消除、合并等功能对一些不规则的单元进行手动修正，最终形成合理的斜坡单元图层，如图 6.8 所示。

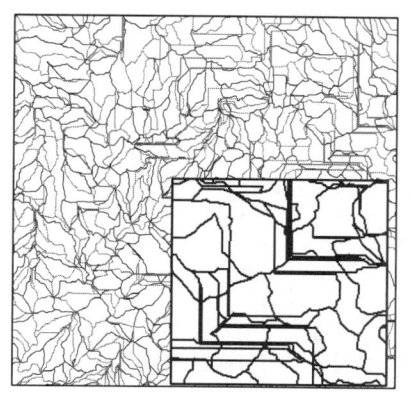 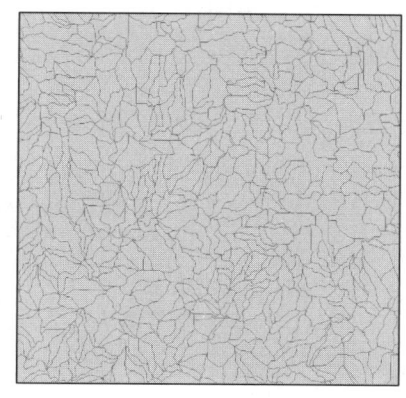

图 6.7　正反集水流域合并图层　　　　图 6.8　斜坡单元图层

在对不合理的单元进行修正时,可以使用 DEM 数据生成真实反映实际三维地形的 TIN 表面数据,借助 ArcScene 的三维可视化功能,将斜坡单元与三维 TIN 表面进行比较(图 6.9),从而检查并修正斜坡单元,使其划分更加合理。

图 6.9　斜坡单元与三维地形对比图(见彩插)

5. 图解建模

ArcGIS 提供的模型构建器,可以直接利用 GIS 中已有的分析工具,以图形的方式直观地构建出一个自定义工具,包括数据的输入、中间环节空间处理工具的组合,以及数据的输出。当空间处理步骤繁杂或需要做大量重复工作时,如果以界面操作方式逐步进行处理,不仅耗时且容易出错;如果利用模型构建器按照整个处理流程构建出自定义的处理工具,就可进行自动的批量处理。

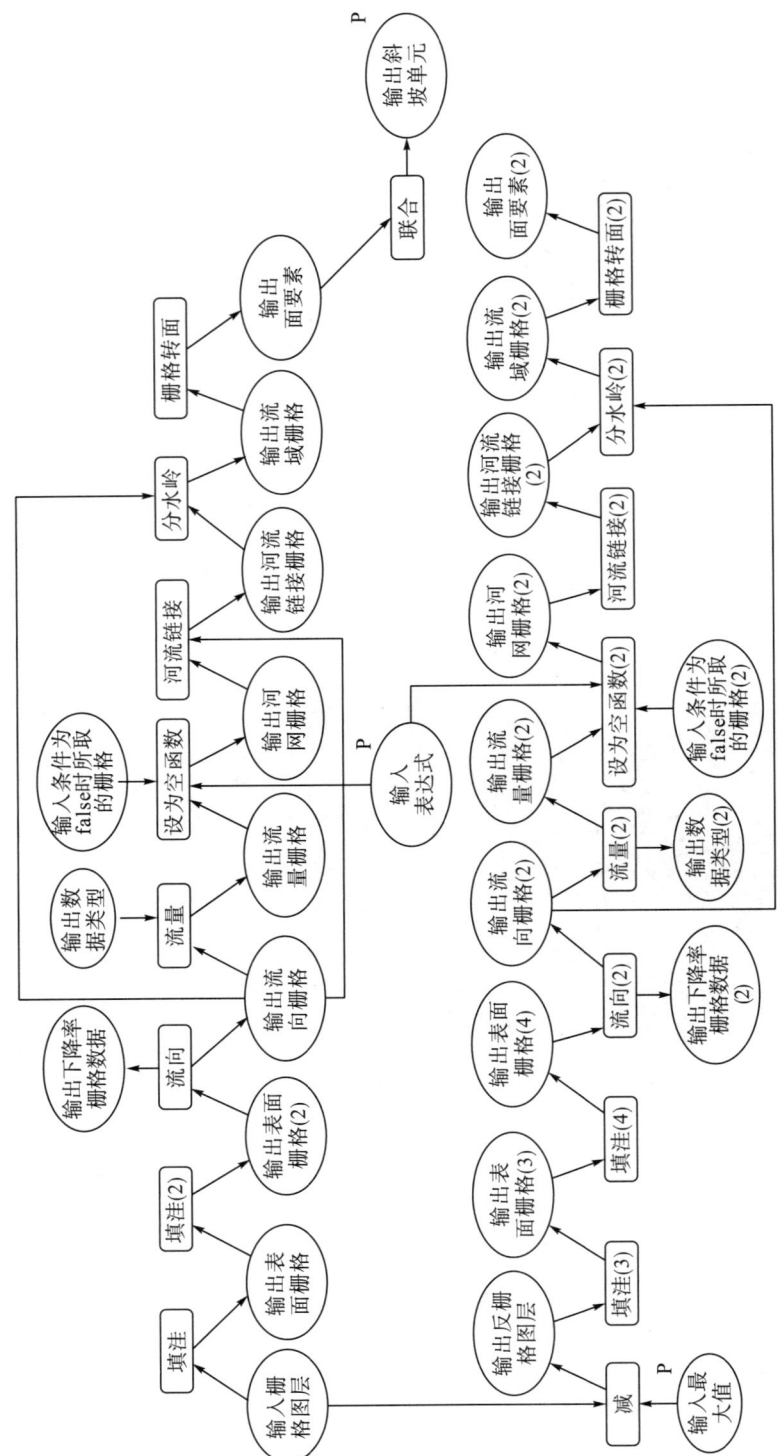

图 6.10 斜坡单元划分模型结构图

图 6.10 所示为在模型构建器中建立的斜坡单元划分模型结构图。其中，椭圆形模块表示输入或输出的数据，矩形模块表示空间处理工具，箭头表示数据流动方向，标"P"的模块表示需手动设置参数。

二、斜坡单元数据集构建

在将整个区域划分为若干个斜坡单元后，要对每个斜坡单元中的斜坡进行稳定性分析，还需要为每一个斜坡单元建立一个包含斜坡空间地质信息及岩土体力学信息的数据集。

1. 多层 DEM 空间地质模型建立

为了得到每个斜坡的空间地质信息，需要拥有这个区域完整的空间地质模型（图 6.11），而这个模型通常是通过有限的勘测数据建立起来的。在 ArcGIS 地统计分析模块中，可以利用已获得的钻孔点数据并通过插值生成包括各土层、基岩层、地下水层等各种所需地层的高程地统计图层（GA 图层），从而建立起完整的多层 DEM 空间地质模型[2]。

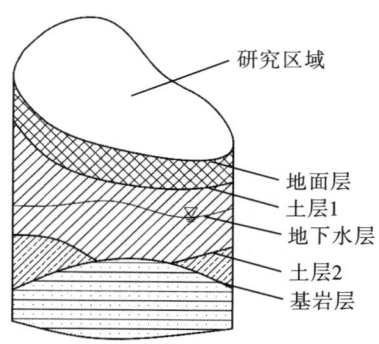

图 6.11 空间地质模型

利用 ArcGIS 地统计分析模块建立多层 DEM 空间地质模型大致可分为 4 个步骤：钻孔点数据提取、数据探索、地统计插值、模型构建。

(1) 钻孔点数据提取[3-4]。将研究区域内所有钻孔揭示的全部地层按照沉积顺序排列成区域地层序列，对照区域地层序列依次提取出每个钻孔中各地层上界面的高程，当发现某层缺失时，则令该层的厚度为 0，即令该层的高程与其下一层的高程一致，如图 6.12 所示，最终得到每个钻孔下的各地层高程值。

(2) 数据探索。数据探索的目的是更好地了解所用到的钻孔点数据，分析其分布特征与分布趋势，以便在插值计算时选取合理的插值方法及计算参数。

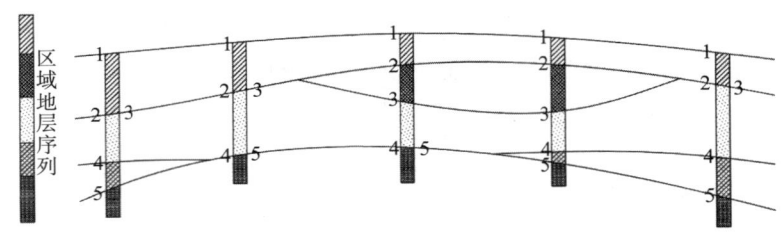

图 6.12 钻孔点数据提取

ArcGIS 地统计分析模块提供了多种用于探索数据的工具，其中直方图工具，可以将所有样本数据按照一定间隔绘制出所占比例。我们可以从中直观地看出样本数据的分布规律及各种统计信息，从而判断数据符合何种分布方式或发现异常的样本点。

Voronoi 图工具是在每个样本点周围形成一个多边形，使得此多边形内的所有点到此样本点的距离都比到其他样本点的距离近。通过它可以直观地了解每个钻孔点在插值时的主要控制区域，从而剔除一些内插作用不大的离群值。

分位数 QQ 图工具可以将样本数据的分布与正态分布或其他分布进行比较，判断钻孔点数据是否符合某种分布方式。

趋势分析工具可以将钻孔点数据转换为三维透视图，从而可以从不同视角发现其全局趋势。

方差变异分析工具表示了所有样本点对的理论半变异值、协方差、交叉协方差，并用两点间距离的函数来表示。从中我们可以分析发现钻孔点数据的空间相关性，并且可以通过改变搜索方向来发现钻孔点数据是否各向异性。

(3) 地统计插值。了解钻孔点数据的基本规律后，就可以对它们进行插值。空间插值方法有很多种，包括以反距离权重插值 (IDW) 为代表的确定性插值方法和以克里金插值为代表的地统计插值方法。这里所用到的克里金插值，实质上是在同时考虑样本数据大小及空间结构的基础上对未知样本点进行的无偏最优估计[1]，适用于区域变量存在空间相关性的情况，正如我们的地层高程数据。

在克里金法中，用来衡量各个样本点之间空间相关程度的是半变异函数，即

$$\gamma(h) = \frac{1}{2n} \cdot \sum_{i=1}^{n} \left[z(x_i) - z(x_i + h) \right]^2 \tag{6.1}$$

式中，h 为两点之间的距离；n 为由 h 分开的成对样本点的数量；z 为点的属性值。

一种典型的半变异函数如图 6.13 所示。其中，半变异值随距离增大而增大，且有两个非常重要的点，即间距为 0 时的点及函数趋于平稳时的拐点。前者表示两个非常接近的样本点之间的误差及空间变异，后者表示两个样本点超过此间距后将不存在空间相关性。

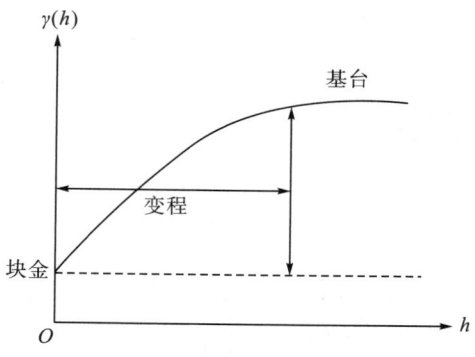

图 6.13 半变异函数图

利用做出的半变异函数图找出与之拟合得最好的理论变异函数模型。可用于拟合的模型，包括高斯模型、线性模型、球状模型、指数模型、圆形模型等。拟合后即可通过式(6.2)来确定内插所需要的权重，并通过式(6.3)进行未知样本点属性值的估计。

$$\begin{cases} \sum_{i=1}^{n} \lambda_i \cdot \gamma(h_{ij}) + \mu = \gamma(h_{0j}) \\ \sum_{i=1}^{n} \lambda_i = 1 \end{cases} \tag{6.2}$$

$$z(x_0) = \sum_{i=1}^{n} \lambda_i \cdot z(x_i) \tag{6.3}$$

式中，λ_i 为待定的权重；μ 为拉格朗日乘子；$\gamma(h_{ij})$ 为 x_i 与 x_j 两点的半变异函数；n 为样本点数量；x_0 为待插值点；z 为其属性值。

在 ArcGIS 地统计分析模块中，通过设置半变异函数的有关参数及选取合适的搜索范围，即可在其向导下完成整个插值过程。插值完成还需在 ArcGIS 的向导下对结果进行交叉验证，以便我们对不同参数得到的结果精度进行比较，从而修改模型来达到最优的插值效果。例如，图 6.14 所示为在 ArcGIS 地统计模块的向导下，利用文献[1]例题中的数据，采用克里金插值方法生成的某区域地表高程图。

(4) 多层 DEM 模型构建。当通过钻孔点数据获得各地层的高程地统计图层后，将其转换为统一格式的高程栅格数据图层(即 DEM 图层)，并按照研究区域范围进行裁剪，再对上下地层间的交切关系进行处理。例如，图 6.11 中的基岩层和土层 2，当某一处地层相互交错时需要采用一定的裁剪策略对其高程值进行修正，从而裁剪掉交错的部分，最终建立起整个区域的多层 DEM 空间地质模型，如图 6.15 所示。

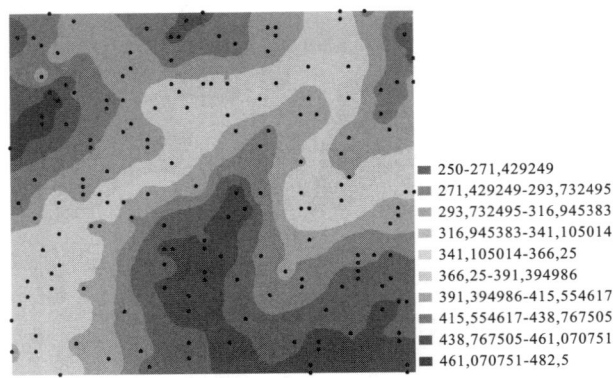

图 6.14 克里金插值方法生成的地表高程图（见彩插）

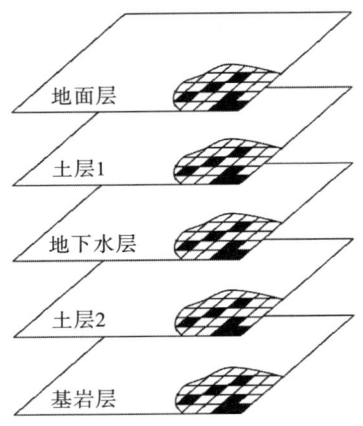

图 6.15 多层 DEM 空间地质模型

综上所述，整个建立多层 DEM 空间地质模型的流程如图 6.16 所示。

2. 数据提取

当获得整个区域的空间地质模型以及所需的所有岩土力学参数后，即完成了建立斜坡单元数据集的准备工作。

直接在 GIS 中利用众多的栅格图层数据进行后续的处理效率极低，因此我们用 ArcGIS 中的渔网点作为数据集的载体，可以方便地将此数据集以多种形式在任何（如 MATLAB）计算软件中运行，大大提高了分析效率。

首先创建与整个区域栅格数量相同的二维矢量点，每个矢量点均处于栅格中心，其代表一个以正方形栅格为顶面及界面的多层柱体（图 6.17），将多层 DEM 空间地质模型中每个栅格图层的信息均提取到渔网点中，并且同时将岩土体的物理力学参数，每个渔网点自身的 x、y 坐标，以及每个渔网点所处的斜坡单元编号均添加到渔网点数据表中(表 6.1),有时可能需要各参数的统计值。最终根据每个渔网点所对应的斜坡单元编号将其分配给各个斜坡单元,从而使每一个斜坡单元都形成一个可供后续稳定性分析的数据集。整个数据集建立流程如图 6.18 所示。

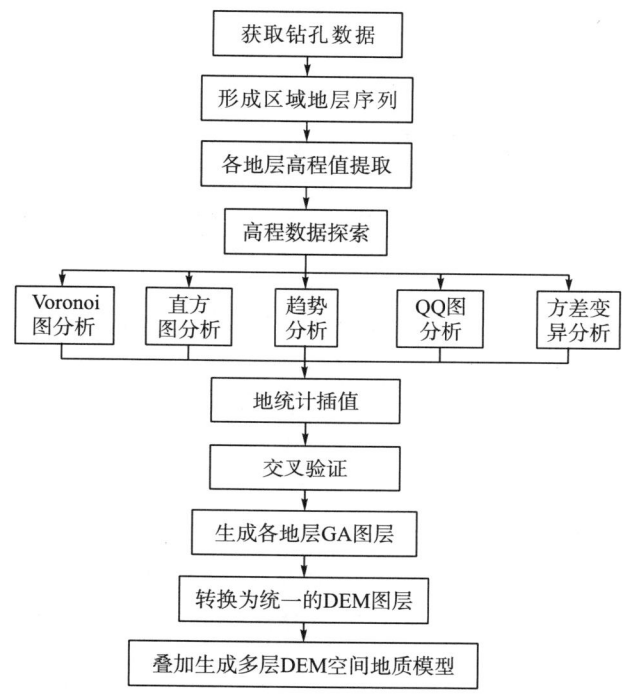

图 6.16 多层 DEM 空间地质模型建立流程

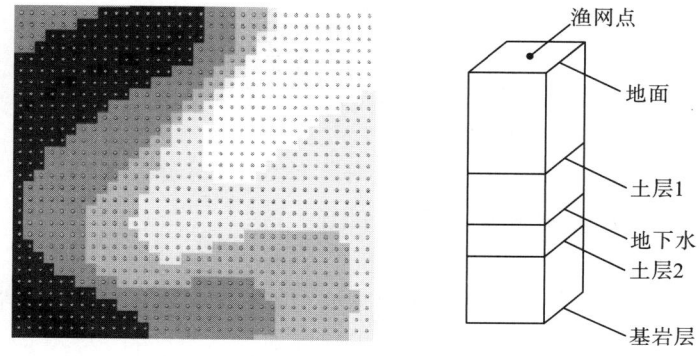

图 6.17 渔网点模型

表 6.1　渔网点数据表

渔网点编号	斜坡单元序号	地层 X				地下水层 Z_w/m	x/m	y/m
		Z_1/m	c/kPa	φ/(°)	γ/(kN/m³)			
1	98	301.9	24.1	13.6	21	295.8	531	115
2	98	303.8	24.1	13.6	21	298.1	531	120
3	98	305.0	24.1	13.6	21	303.2	536	120

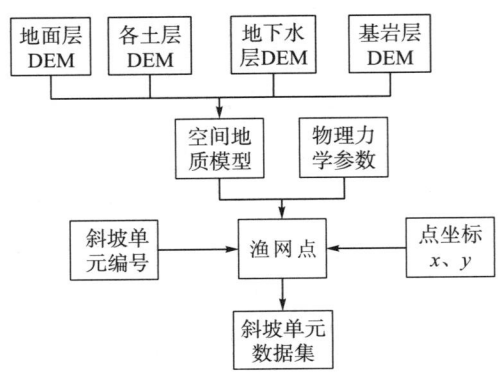

图 6.18　数据集建立流程

第二节　基于斜坡单元数据集的三维土质斜坡稳定性评价

分析斜坡稳定性的方法有很多种，包括极限平衡法、强度折减法、极限分析法、数值模拟法等。其中，极限平衡法作为最早提出的经典分析方法，其算法简洁实用，具有十分成熟的理论体系，在实际工程中有着广泛的应用。在第五章所构建的斜坡单元数据集的基础上，本节利用三维极限平衡法来实现三维斜坡稳定性评价，并结合滑动面搜索方法及可靠度原理，提出一套完整的基于斜坡单元数据集的三维土质斜坡稳定性评价方法。

一、三维土质斜坡极限平衡法基础理论

在实际的斜坡稳定性分析中，通常采用二维极限平衡法，严格来说，大多数滑坡呈现的是三维形态，许多复杂的工程问题都具有明显的三维效应，二维极限平衡法无法真实地反映出斜坡的实际情况，因此产生了三维极限平衡法。由于斜坡单元数据集中的斜坡均为三维形态，且考虑到需要对整个区域的大量斜坡进行批量处理，因此本节选取三维极限平衡法来实现区域斜坡稳定性分析。

近 30 年来，已有一些学者对三维极限平衡法进行了研究，并提出一些算法，这些算法大多都是基于二维极限平衡法的拓展，均引入大量的假定，其中具有代表性的有三维简化 Bishop 法、三维简化 Janbu 法、三维 Spencer 法等[5]。

Hungr 提出的三维简化 Bishop 法忽略了土柱间所有的竖向剪力，假设滑裂面上的剪力与滑坡方向相同，通过纵轴方向上的静力平衡与绕一个水平轴的力矩平衡建立方程，适用于滑裂面为旋转面的情况。

简化 Janbu 法与简化 Bishop 法的假设相同，分别通过纵轴和一个水平轴方向上的静力平衡求解稳定性系数，适用于滑裂面对称的情况。

Zhang Xing 提出的三维 Spencer 法将条间力简化为与条间界面平行且倾角为常量的力，即二维 Spencer 法中的假设，并假定条间底部作用了一个端部力，从而反映三维效应。

1. 三维简化 Janbu 法原理

考虑到计算量问题及精度需求，本节采用三维简化 Janbu 法[6]，此方法具有以下 3 个显著优点。

(1) 在划分条块时无须按照事先判断或假定的主滑方向划分，由于斜坡单元数据库中的斜坡数据是由栅格图层提取出来的，其中每一个数据点代表一个柱体。一般柱体均是由经纬网切出的，因此无法保证这些土柱沿着主滑方向划分。

(2) 适用于任何形状的滑动面，包括非对称情况。

(3) 在保持计算精度的同时，此方法计算简便，只需一层迭代，适用于批量分析区域斜坡稳定性。

斜坡被划分为多个离散的垂直土柱，其中第 i 行第 j 列的土柱 $ABCDA'B'C'D'$ 的受力情况如图 6.19 所示。其中，x 轴的方向平行于 $A'B'$，y 轴的方向平行于 $A'D'$，z 轴的方向平行于 AA'。

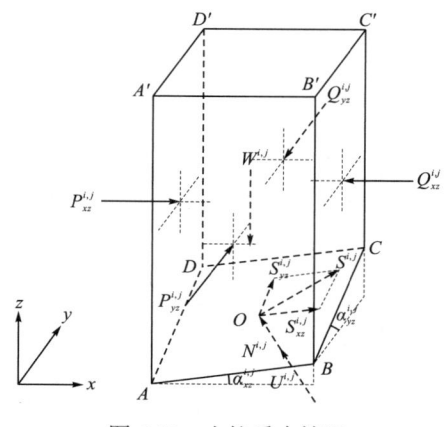

图 6.19　土柱受力情况

在图 6.19 中，$W^{i,j}$ 为条块自身重力；$N^{i,j}$ 为底面法向力；$U^{i,j}$ 为底面所受到的水压力；$S^{i,j}$ 为底面剪力；$S^{i,j}_{yz}$、$S^{i,j}_{xz}$ 为底面剪力在底面内平行于 yOz 和 xOz 面的分量；$P^{i,j}_{xz}$、$Q^{i,j}_{xz}$、$P^{i,j}_{yz}$、$Q^{i,j}_{yz}$ 为条块侧面的块间水平作用力；$\alpha^{i,j}_{xz}$、$\alpha^{i,j}_{yz}$ 为 AB、BC 边与水平面的夹角；$n(n^{i,j}_x, n^{i,j}_y, n^{i,j}_z)$ 为底面单位法向量，指向 $N^{i,j}$ 方向。

根据三维简化 Janbu 法，为使问题静定可解，需要做出以下几个假设。

假设 1：底面假设为平面，且底面上的力均通过底面几何中心 O。

假设 2：不考虑边界效应。

假设 3：不考虑条块 4 个侧面水平方向及铅垂方向的剪力。

基于以上的假设，可以对每一个土柱列出 3 个方向力的平衡方程，即

$$\begin{cases} S^{i,j}_{xz} \cdot \cos\alpha^{i,j}_{xz} + n^{i,j}_x \cdot (N^{i,j} + U^{i,j}) + \Delta^{i,j}_{xz} = 0 \\ S^{i,j}_{yz} \cdot \cos\alpha^{i,j}_{yz} + n^{i,j}_y \cdot (N^{i,j} + U^{i,j}) + \Delta^{i,j}_{yz} = 0 \\ S^{i,j}_{xz} \cdot \sin\alpha^{i,j}_{xz} + S^{i,j}_{yz} \cdot \sin\alpha^{i,j}_{yz} + n^{i,j}_z \cdot (N^{i,j} + U^{i,j}) - W^{i,j} = 0 \end{cases} \quad (6.4)$$

式中，$\Delta^{i,j}_{xz} = P^{i,j}_{xz} - Q^{i,j}_{xz}$，为 x 方向条间水平力差值；$\Delta^{i,j}_{yz} = P^{i,j}_{yz} - Q^{i,j}_{yz}$，为 y 方向条间水平力差值。

滑体在 x、y 方向上的稳定性系数定义如式 (6.5)[7]，同时令所有条块 x、y 方向上的稳定性系数均相等[6]。

$$\begin{cases} F_x = F^{i,j}_x = \dfrac{T^{i,j}}{S^{i,j}_{xz}} \\ F_y = F^{i,j}_y = \dfrac{T^{i,j}}{S^{i,j}_{yz}} \end{cases} \quad (6.5)$$

式中，$T^{i,j} = c^{i,j} \cdot A^{i,j} + N^{i,j} \cdot \tan\varphi^{i,j}$，为第 i 行第 j 列的土柱底滑面抗滑力；$c^{i,j}$ 为第 i 行第 j 列的土柱底滑面黏聚力；$A^{i,j}$ 为第 i 行第 j 列的土柱底滑面面积；$\varphi^{i,j}$ 为第 i 行第 j 列的土柱底滑面内摩擦角。

2. 三维简化 Janbu 法求解步骤

(1) 输入每个条块的几何物理参数。

(2) 假定各条块 F_x、F_y 的初始值均为 1。

(3) 将 F_x、F_y 的值代入式 (6.4) 和式 (6.5) 得到各条块的 $T^{i,j}$，即

$$T^{i,j} = \dfrac{W^{i,j} + n^{i,j}_z \cdot \dfrac{c^{i,j} \cdot A^{i,j}}{\tan\varphi^{i,j}} - n^{i,j}_z \cdot U^{i,j}}{\dfrac{n^{i,j}_z}{\tan\varphi^{i,j}} + \dfrac{\sin\alpha^{i,j}_{xz}}{F_x} + \dfrac{\sin\alpha^{i,j}_{yz}}{F_y}} \quad (6.6)$$

(4) 将 F_x、F_y、$T^{i,j}$ 的值代入式 (6.4)，根据假设 2，可得新的 F_x、F_y，即

$$F_x = \frac{\sum_i \sum_j \left(T^{i,j} \cdot \sin\alpha_{xz}^{i,j} \cdot \dfrac{n_x^{i,j}}{n_z^{i,j}} - T^{i,j} \cdot \cos\alpha_{xz}^{i,j} \right)}{\sum_i \sum_j \left(W^{i,j} \cdot \dfrac{n_x^{i,j}}{n_z^{i,j}} - \sin\alpha_{yz}^{i,j} \cdot \dfrac{T^{i,j}}{F_y} \cdot \dfrac{n_x^{i,j}}{n_z^{i,j}} \right)} \tag{6.7}$$

$$F_y = \frac{\sum_i \sum_j \left(T^{i,j} \cdot \sin\alpha_{yz}^{i,j} \cdot \dfrac{n_y^{i,j}}{n_z^{i,j}} - T^{i,j} \cdot \cos\alpha_{yz}^{i,j} \right)}{\sum_i \sum_j \left(W^{i,j} \cdot \dfrac{n_y^{i,j}}{n_z^{i,j}} - \sin\alpha_{xz}^{i,j} \cdot \dfrac{T^{i,j}}{F_x} \cdot \dfrac{n_y^{i,j}}{n_z^{i,j}} \right)} \tag{6.8}$$

(5) 将新的 F_x、F_y 取代初始值进行迭代至收敛，得到最终的 F_x、F_y、$T^{i,j}$。

(6) 求出底面总剪力：

$$S^{i,j} = \sqrt{\left(\frac{T^{i,j}}{F_x} \right)^2 + \left(\frac{T^{i,j}}{F_y} \right)^2 + 2 \cdot \sin\alpha_{xz}^{i,j} \cdot \sin\alpha_{yz}^{i,j} \cdot \frac{T^{i,j}}{F_x} \cdot \frac{T^{i,j}}{F_y}} \tag{6.9}$$

(7) 求出稳定性系数：

$$F = \frac{\sum_i \sum_j T^{i,j}}{\sum_i \sum_j S^{i,j}} \tag{6.10}$$

二、基于斜坡单元数据集的三维土质斜坡极限平衡法实现

1. 算法实现

斜坡单元数据集中每一个数据点对应一个栅格，其中包含各个地层的高程值及一些岩土力学参数。因此，一个数据点可以想象为一个以正方形栅格为顶面及各地层界面的三维柱体（图 6.20），这与极限平衡法的思想不谋而合，这一点使得基于斜坡单元数据集实现三维斜坡稳定性计算变为可能。

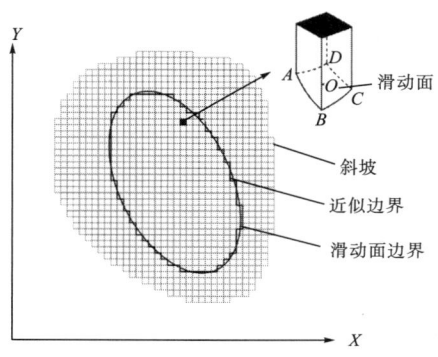

图 6.20　斜坡单元数据集计算模型

(1) 寻找计算土柱。在确定斜坡土体滑动曲面(假定为椭球面)后,通过比较各数据点处(即土柱中心点处)椭球滑动面高程值 Z_O 及地表高程值 Z_1,从而寻找到被切挖到的土柱,即需要计算的土柱。图 6.21 所示为椭球滑动面在坡面切出的边界,以及通过寻找 $Z_1 \geqslant Z_O$ 找到的所有土柱的边界。

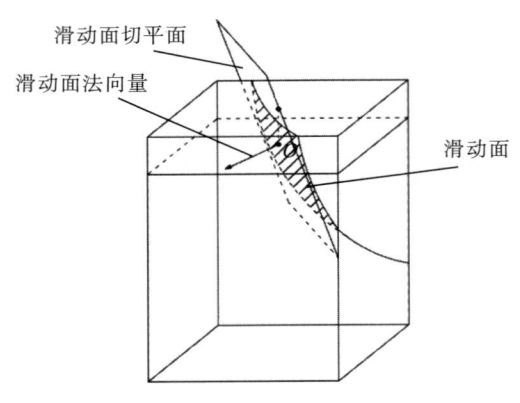

图 6.21　边界处理

如果按照 $Z_1 \geqslant Z_O$ 判断土柱是否与滑动面相交,在滑体边界处就会出现如图 6.21 所示的情况,即边界土柱未被完全切出,此时计算得出的土柱体积会比实际土柱体积偏小,计算得出的土柱底滑面面积会比实际面积偏大。如果底滑面为椭球滑动面,那么土柱的底面倾角也会比实际倾角偏大。然而由于土柱尺寸相对斜坡尺寸一般都很小,本节中一个斜坡至少包含上千个土柱,边界土柱占比很小,因此其产生的误差也很小,可以忽略不计。但当斜坡中划分的土柱较少时,边界土柱的误差会影响最终结果,应予以考虑。

(2) 形成组合滑动面。对于所有被切挖到的土柱,比较其椭球滑动面高程值与土岩分界面高程值,当 Z_O 值小于岩土分界面 Z_R 值时,需要用 Z_R 替换 Z_O 作为新的滑动面高程,即当椭球滑动面切在土体中时,认为土体沿椭球滑动面滑动,当椭球滑动面切到基岩以下时,认为土体沿土岩分界面滑动,如图 6.22 所示。

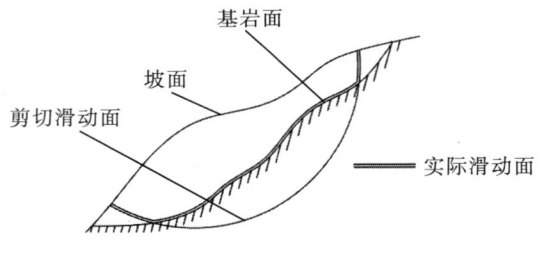

图 6.22　组合滑动面

(3) 计算土柱底滑面倾角与倾向。计算土柱底滑面倾角需要分为以下两种情况。

① 当底滑面为椭球滑动面时，由于土柱尺寸远小于椭球滑动面尺寸，因此可将底滑面假定为与椭球滑动面在土柱中心点相切的切平面。从而可以先在土柱中心点处对曲面方程求偏导得到切平面法向量 (n_x, n_y, n_z)，通过法向量按式(6.11)计算出底滑面倾角 θ。

$$\theta = \arctan\left(\frac{\sqrt{n_x^2 + n_y^2}}{n_z}\right) \tag{6.11}$$

② 当底滑面为土岩分界面时，由于岩层面高程数据均来自栅格，每个土柱下的土岩分界面均无倾向与倾角，因此需要与邻近土柱的基岩面高程同时考虑(图6.23)，用这9个栅格的高程值拟合出一个平面，依据式(6.12)~式(6.15)计算出这个平面的倾角、倾向作为中心栅格的倾角、倾向。其中，倾向定义为与 y 轴正方向的夹角。

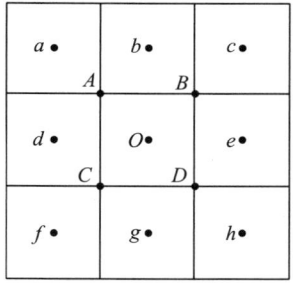

图 6.23 倾角、倾向计算简图

分别计算 x 与 y 方向上的高程变化率：

$$\frac{dz}{dx} = \frac{(Z_a + 2Z_d + Z_f) - (Z_c + 2Z_e + Z_h)}{8d} \tag{6.12}$$

$$\frac{dz}{dy} = \frac{(Z_f + 2Z_g + Z_h) - (Z_a + 2Z_b + Z_c)}{8d} \tag{6.13}$$

式中，d 为栅格尺寸；$z_a, z_b, \cdots, z_h$ 均为各栅格高程值。

计算出倾向 Asp 与倾角 θ：

$$\theta = \tan^{-1}\sqrt{(dz/dx)^2 + (dz/dy)^2} \tag{6.14}$$

$$\mathrm{Asp} = \begin{cases} \tan^{-1}\left(\dfrac{\mathrm{d}z}{\mathrm{d}x}\Big/\dfrac{\mathrm{d}z}{\mathrm{d}y}\right) & \left(\dfrac{\mathrm{d}z}{\mathrm{d}x}\geqslant 0, \dfrac{\mathrm{d}z}{\mathrm{d}y}\geqslant 0\right) \\ \tan^{-1}\left(\dfrac{\mathrm{d}z}{\mathrm{d}x}\Big/\dfrac{\mathrm{d}z}{\mathrm{d}y}\right)+180° & \left(\dfrac{\mathrm{d}z}{\mathrm{d}x}\geqslant 0, \dfrac{\mathrm{d}z}{\mathrm{d}y}< 0\right) \\ \tan^{-1}\left(\dfrac{\mathrm{d}z}{\mathrm{d}x}\Big/\dfrac{\mathrm{d}z}{\mathrm{d}y}\right)+180° & \left(\dfrac{\mathrm{d}z}{\mathrm{d}x}< 0, \dfrac{\mathrm{d}z}{\mathrm{d}y}< 0\right) \\ \tan^{-1}\left(\dfrac{\mathrm{d}z}{\mathrm{d}x}\Big/\dfrac{\mathrm{d}z}{\mathrm{d}y}\right)+360° & \left(\dfrac{\mathrm{d}z}{\mathrm{d}x}< 0, \dfrac{\mathrm{d}z}{\mathrm{d}y}\geqslant 0\right) \end{cases} \quad (6.15)$$

当遇到平地时，即 $\dfrac{\mathrm{d}z}{\mathrm{d}x}$ 与 $\dfrac{\mathrm{d}z}{\mathrm{d}y}$ 均为 0 时，可以令坡向等于 -1。在 GIS 中也可以实现利用一个栅格 DEM 图层生成其坡度、坡向图层，其算法与上述算法相同。

(4) 计算土柱底滑面单位法向量。当底滑面为椭球滑动面时，可直接用上一步中在土柱中心点处对曲面方程求偏导得到的法向量，经过归一化处理为单位法向量；当底滑面为土岩分界面时，可以用上一步中求得的倾角和倾向计算得到法向量：

$$(n_x, n_y, n_z) = (\sin \mathrm{Asp} \cdot \sin \theta, \cos \mathrm{Asp} \cdot \sin \theta, \cos \theta) \quad (6.16)$$

(5) 计算 α_{xz}、α_{yz}。根据底滑面法向量可以求出底滑面与 x、y 轴的两个夹角 α_{xz}、α_{yz}：

$$\alpha_{xz} = \tan^{-1}\left(-\dfrac{n_x}{n_z}\right) \quad (6.17)$$

$$\alpha_{yz} = \tan^{-1}\left(-\dfrac{n_y}{n_z}\right) \quad (6.18)$$

(6) 计算土柱底滑面面积。因为无论底滑面是椭球滑动面还是土岩分界面，都被拟合成一个平面，且已知这个拟合平面的倾角为 θ，所以可以计算出底滑面面积为

$$A = \dfrac{d^2}{\cos \theta} \quad (6.19)$$

式中，d^2 为栅格面积。

(7) 计算土柱重量。每个土柱下可能存在多个土层，因此需要分层计算土柱重量，并考虑存在地下水的情况：

$$W = d^2 \cdot \left[(Z_1 - Z_2) \cdot \gamma_1 + (Z_2 - Z_3) \cdot \gamma_2 + \cdots + (Z_n - Z_O) \cdot \gamma_n\right] \quad (6.20)$$

式中，Z_n 为由上向下第 n 个土层表面高程；γ_n 为由上向下第 n 个土层重度，当处于地下水以下时需改用浮重度。

(8) 确定 c、φ 值。c、φ 的值需要根据底滑面所处的土层确定，将底滑面高程

Z_O 和 Z_1, Z_2, $\cdots$, Z_n 以及地下水高程 Z_w 比较后选取相应的 c、φ 值。

(9) 计算稳定性系数。最后可根据式(6.6)～式(6.10)计算出斜坡的稳定性系数，从而对斜坡的稳定性做出评价。

综上所述，整个基于斜坡单元的土质斜坡稳定性系数计算在 MATLAB 中实现的流程如图 6.24 所示。

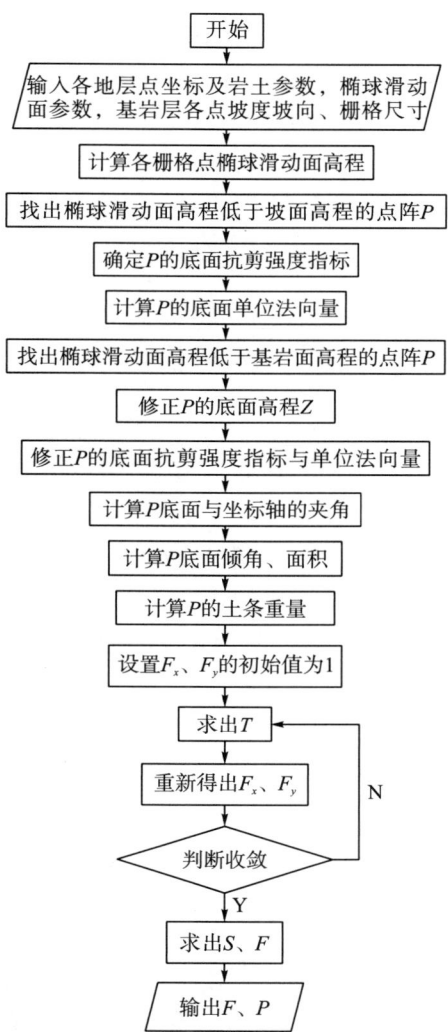

图 6.24　土质斜坡稳定性系数计算流程

2. 例题验证

本节选取 Zhang Xing 1988[8]年发表的论文中的一个三维边坡算例，此算例曾被其他文献多次引用。如图 6.25 所示，一各向同性均质边坡，坡率为 1：2，滑动面为三维椭球面，滑动面下方存在一水平的软弱层，边坡土体指标参数为：$c=28.7\text{kPa}, \varphi=20°, \gamma=18.8\text{kN/m}^3$。土岩分界处软弱层的参数为：$c=0\text{kPa}, \varphi=10°$。在图 6.25 中的坐标系下，椭球滑动面表达式为：

$$\frac{(x-18.3)^2}{24.4^2}+\frac{y^2}{96.5^2}+\frac{(z-21.3)^2}{24.4^2}=1 \tag{6.21}$$

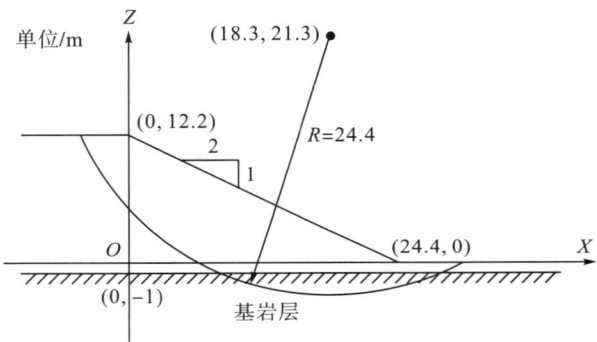

图 6.25 算例边坡剖面

首先选取 1m×1m 的栅格尺寸，以数据点的形式构建斜坡模型，并寻找到所有被椭球滑动面切到的土条共 3625 个，如图 6.26 所示。最终利用三维简化 Janbu 法计算出稳定性系数为 1.5543，与 Zhang Xing[8]的计算结果 1.553 相差无几，表明此算法的正确性。

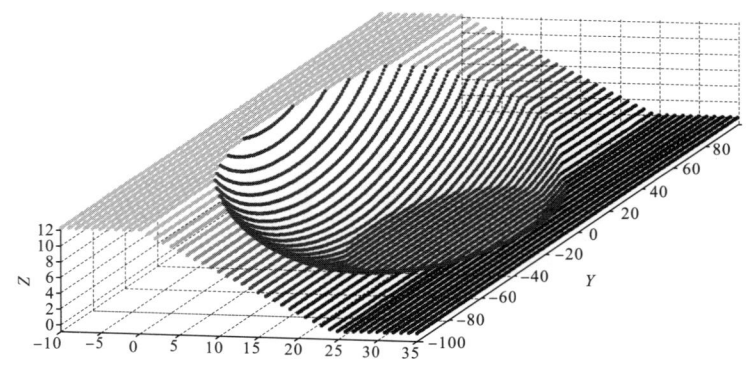

图 6.26 边坡模型

F_x、F_y 的迭代过程如表 6.2 所示,由于算例中斜坡为对称斜坡,滑动方向均为 x 轴正方向,因此 y 方向上的稳定性系数 F_y 趋于无穷大,无法收敛,而 x 方向上的稳定性系数 F_x 即为边坡整体的稳定性系数,经过 6 次迭代收敛至 1.5543。

表6.2 稳定性系数迭代计算表

项目	迭代次数			
	0	1	2	3
F_x	1	2.7365	1.6514	1.5665
F_y	1	75.1042	5.2275×10^4	2.4398×10^7

项目	迭代次数			
	4	5	6	7
F_x	1.5559	1.5545	1.5543	1.5543
F_y	1.0949×10^{10}	4.8890×10^{12}	2.2011×10^{15}	6.7918×10^{18}

三、基于斜坡单元数据集的三维临界滑动面搜索方法

1. 坐标变换

这里假定土体中的三维滑动面为旋转椭球面,这符合实际中大量斜坡破坏面所反映出的形态规律,且椭球体的对称面应与斜坡的主坡向平行,这使得与二维斜坡滑动面假定保持一致[9],即斜坡横断面中的滑动面都为圆弧滑动面。

由于斜坡单元数据集来源于 GIS 中的栅格图层,因此所有斜坡均处于同一指定的坐标系下(如 1980 西安坐标系),如图 6.27(a)所示。然而在这样统一的坐标系下搜索每一个斜坡的椭球滑动面是很不方便的。为了便于滑动面的搜索,首先需要对斜坡进行坐标系的转换,为每个斜坡建立局部坐标系 $x'y'z'$,使得水平的 x' 轴位于斜坡中部且与斜坡主坡向同向,水平的 y' 轴位于斜坡侧边界且与 x' 轴垂直,垂直的 z' 轴位于斜坡底边界且与 $x'y'$ 轴符合右手法则,如图 6.27(b)所示。

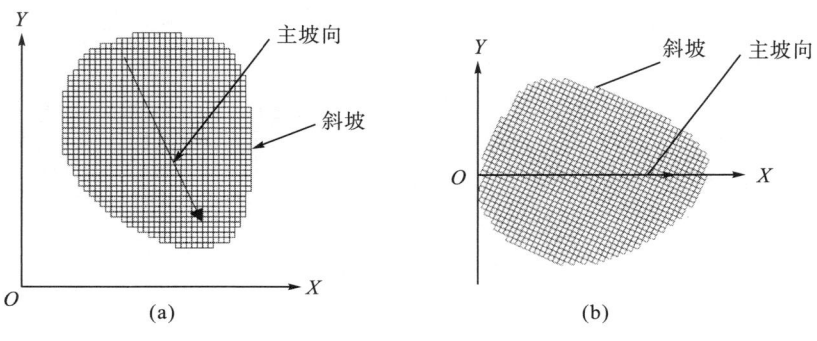

图 6.27 边坡坐标系转换

如图 6.28 所示，由于考虑坐标系的 3 个旋转参数 ε_X、ε_Y、ε_Z 及 3 个平移参数 Δx、Δy、Δz，原直角坐标系为 XYZ，经变换后的直角坐标系为 xyz，其三维转换模型为[10]

$$\begin{bmatrix} X \\ Y \\ Z \end{bmatrix} = \boldsymbol{R} \cdot \begin{bmatrix} x \\ y \\ z \end{bmatrix} + \begin{bmatrix} \Delta x \\ \Delta y \\ \Delta z \end{bmatrix} \tag{6.22}$$

式中，$\boldsymbol{R}$ 为旋转矩阵：

$$\begin{bmatrix} \cos\varepsilon_Y \cdot \cos\varepsilon_Z & \cos\varepsilon_X \cdot \sin\varepsilon_Z + \sin\varepsilon_X \cdot \sin\varepsilon_Y \cdot \cos\varepsilon_Z & \sin\varepsilon_X \cdot \sin\varepsilon_Z - \cos\varepsilon_X \cdot \sin\varepsilon_Y \cdot \cos\varepsilon_Z \\ -\cos\varepsilon_Y \cdot \sin\varepsilon_Z & \cos\varepsilon_X \cdot \cos\varepsilon_Z - \sin\varepsilon_X \cdot \sin\varepsilon_Y \cdot \sin\varepsilon_Z & \sin\varepsilon_X \cdot \cos\varepsilon_Z + \cos\varepsilon_X \cdot \sin\varepsilon_Y \cdot \sin\varepsilon_Z \\ \sin\varepsilon_Y & -\sin\varepsilon_X \cdot \cos\varepsilon_Y & \cos\varepsilon_X \cdot \cos\varepsilon_Y \end{bmatrix}$$

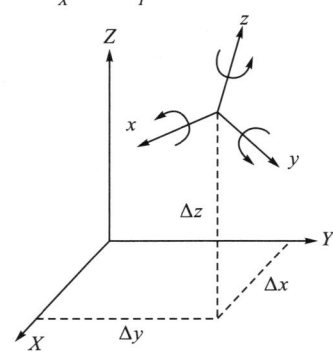

图 6.28　坐标系旋转与平移

本章需要先得到斜坡的主坡向，可以取斜坡中各点坡向的最频值，但需要注意以下两点。

(1)不能取坡向的平均值，因为坡向被定义为与 Y 轴正向的夹角，如果令一个坡向为 360°的点和一个坡向为 0°的点取平均值，则会得出平均坡向为 180°的错误结论，因为这两个坡均是正北朝向，然而平均后却成为正南朝向。

(2)一个坡中可能会存在一些坡向为-1 的点，即存在一些平地，如果在计算最频值时不将这些点去掉，可能会得出整个坡为平地的错误结论。

得到斜坡的主坡向 δ 后，即可将原坐标系 xyz 按式(6.23)绕 z 轴逆时针旋转 $90°-\delta$，得到坐标系 $x'y'z'$，再将坐标系 $x'y'z'$ 按式(6.24)进行平移，最终得到需要的局部坐标系 $x''y''z''$。

$$\begin{bmatrix} x' \\ y' \\ z' \end{bmatrix} = \begin{bmatrix} \sin\delta & \cos\delta & 0 \\ -\cos\delta & \sin\delta & 0 \\ 0 & 0 & 1 \end{bmatrix} \begin{bmatrix} x \\ y \\ z \end{bmatrix} \tag{6.23}$$

$$\begin{bmatrix} x'' \\ y'' \\ z'' \end{bmatrix} = \begin{bmatrix} x' \\ y' \\ z' \end{bmatrix} - \begin{bmatrix} x'_{\min} \\ y'_{\text{mean}} \\ z'_{\min} \end{bmatrix} \tag{6.24}$$

2. 椭球滑动面搜索

建立局部坐标系后，椭球滑动面的搜索均在局部坐标系下进行。一个椭球体有 9 个自由度，若对 9 个自由度均进行搜索，则计算量过大难以实现。因此假定为旋转椭球面，即有两个轴长相等，并且令旋转椭球体的 3 个轴分别平行于 3 个局部坐标轴，从而限制住旋转椭球体在 3 个方向上的倾角，因此自由度从 9 个减少到 5 个，大大减少了搜索工作量。

基于斜坡单元数据集，在局部坐标系下搜索椭球滑动面，可以分为以下 3 个步骤。

(1) 确定中心点 y'_O 值。可以认为旋转椭球体中心点在 $y' = 0$ 上一定范围内取值。

(2) 确定中心点 x'_O、z'_O 及轴长 R。确定了旋转椭球体中心点 y'_O 值，即可得到中心点处斜坡纵剖面，从而再确定旋转椭球体中心点 x'_O、z'_O 及圆形截面半径 R 的问题，就可以归结为二维平面 $x'O'z'$ 内的圆弧滑动面搜索问题。

本节选用了一种李同录教授[11]提出的二维斜坡圆弧滑动面严格搜索方法。如图 6.29 所示，首先确定圆弧滑动面与斜坡坡面的两个交点 A 与 B，在 x' 轴上选取一个 C 点，即可确定一个圆弧，此圆弧经过 A、B 两点且与 AC 相切。由于圆弧滑动面在实际情况中不可能凹进铅垂线 $AC_{\min}$ 的左侧，因此 $C_{\min}$ 为 C 点的下界，并且圆弧滑动面不可能向上凸起，因此 C 点不能超出 AB 与 x' 轴的交点 $C_{\max}$，即 $C_{\max}$ 为 C 点的上界。C 点在其上下界间移动时，还应保证圆弧滑动面不与坡面相交，如果相交，则说明连续的圆弧滑动面已无法形成，且会导致后续的计算出现错误。

由此可以看出，A、B、C 3 个点控制了整个圆弧滑动面的大小及位置，只要给定 A、B、C 的坐标值即可计算出圆弧滑动面中心点 x'_O、z'_O 及轴长 R，其计算方法如下。

AB 中垂线方程为

$$z'' = \frac{x''_b - x''_a}{z''_a - z''_b} \cdot \left(x'' - \frac{x''_a + x''_b}{2} \right) + \frac{z''_a + z''_b}{2} \tag{6.25}$$

过 A 点的 AC 垂线方程为

$$z'' = \frac{x''_c - x''_a}{z''_a} \cdot (x'' - x''_a) + z''_a \tag{6.26}$$

联立求交点得到圆心坐标为

$$x''_O = x''_a + \frac{1}{2} \cdot \frac{(x''_a - x''_b)^2 + (z''_a - z''_b)^2}{(x''_b - x''_a) + \frac{z''_a - z''_b}{z''_a} \cdot (x''_a - x''_c)} \tag{6.27}$$

$$z''_O = \frac{x''_c - x''_a}{z''_a} \cdot (x''_O - x''_a) + z''_a \tag{6.28}$$

圆弧半径为

$$R = \sqrt{(x''_a - x''_O)^2 + (z''_a - z''_O)^2} \tag{6.29}$$

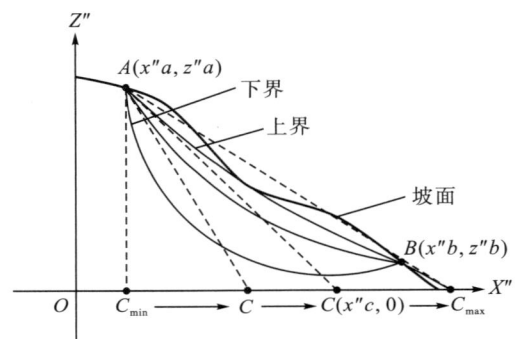

图 6.29　圆弧滑动面搜索

(3) y' 轴方向的轴长 L。确定旋转椭球体 y' 轴方向的轴长时需要有一定的范围限制，选择得过大可能导致滑动面超出整个斜坡范围，选择得过小可能导致滑体过小，只包含几个土柱，这些都会导致计算结果出现错误。然而，椭球滑动面在坡面上切出的滑体范围并非只与 L 的大小有关，我们无法直接通过 L 的值来判断椭球滑动面在坡面切出的范围是否过大或过小，从而无法直接给出 L 的限制范围。

如图 6.30 所示，旋转椭球体中心点为 O，其横向轴长为 L，A、B 为上一步中圆弧滑动面与坡面的两个交点，C 为 AB 的中点，经过 AB 两点且与 y' 轴平行的平面代表坡面（由于斜坡单元所划分出的斜坡较为规则平坦，因此这里可以粗略地看作一个平面），平面与椭球面相交得到椭圆形交线 ABD，CD 为椭圆形的轴长，其长度为 t，t 在某种程度上可以比 L 更好地反映出旋转椭球面在坡面上的切出情况，并且只要知道 t 的大小即可根据式 (6.30) 和式 (6.31) 计算出 L 的大小，从而可以等同地将 t 作为椭球滑动面的搜索参数，根据斜坡的尺寸较直观地规定 t 的范围。

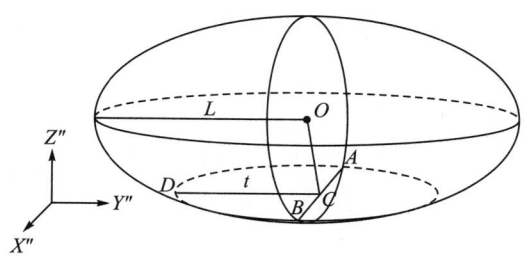

图 6.30 椭球轴长确定

D 点坐标为

$$\begin{cases} x_D'' = \dfrac{x_a'' + x_b''}{2} \\ z_D'' = \dfrac{z_a'' + z_b''}{2} \\ y_D'' = y_O'' - t \end{cases} \quad (6.30)$$

代入椭球方程求出：

$$L = \dfrac{t}{\sqrt{1 - \dfrac{(x_D'' - x_O'')^2}{R^2} - \dfrac{(z_D'' - z_O'')^2}{R^2}}} \quad (6.31)$$

整个基于斜坡单元数据集的旋转椭球体滑动面的搜索过程如下。

①导入斜坡单元数据集。

②根据式(6.12)～式(6.15)计算出地表坡向，去掉平地部分后求出最频值，即为斜坡主坡向。

③根据式(6.23)和式(6.24)进行坐标系旋转与平移。

④在一定范围内随机生成 y_O'，即找到旋转椭球体纵向对称面位置。y_O' 不超过斜坡边界即可，一般在斜坡中部进行搜索。

⑤找到椭球体纵向对称面剖切到的土柱，生成斜坡的剖面曲线，如图 6.31 所示。生成方法为找到 y'' 值在对称面 y_O'' 值上下一定阈值范围内的点，即找到与剖切线相交的栅格，利用这些点的 x''、z'' 值生成斜坡剖面曲线，其中阈值可根据几何计算按式(6.32)取值。

$$\max\left(\dfrac{d}{\sqrt{2}} \cdot \left|\cos(\delta - 45°)\right|, \dfrac{d}{\sqrt{2}} \cdot \left|\sin(\delta - 45°)\right|\right) \quad (6.32)$$

式中，d 为正方形栅格边长；δ 为坡向角。

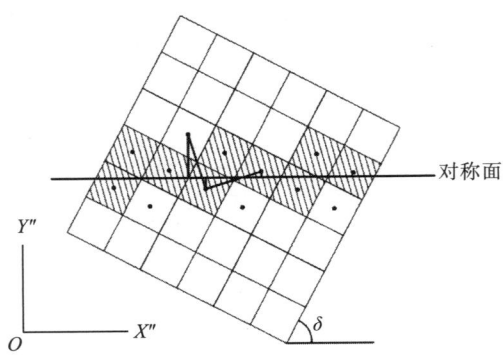

图 6.31 斜坡剖面曲线

⑥在剖面曲线上的点中，随机选定两个点，x'' 值较小的作为 A 点，x'' 值较大的作为 B 点。同时应注意，两点之间间距不能过近，如果过近，则可能导致切出的滑体体积过小，从而计算出不符合实际的结果。

⑦从下界限 C_{min} 逐步搜索 C 点至上界限 C_{max}，搜索过程中如果出现圆弧滑动面与坡面相交的情况则停止搜索。

⑧根据 A、B、C 3 个点的坐标值，代入式(6.27)~式(6.29)得到椭球体中心点坐标 X_O''、Z_O'' 及轴长 R。

⑨在一定范围内随机生成 t，此范围确定的原则：让滑动面切出的边界范围不超出斜坡边界且不能过小以至于切出的滑体体积过小而导致计算结果错误，然后根据已经得到的 A、B、O 点的坐标值，代入式(6.30)和式(6.31)得到椭球体 y'' 轴方向的轴长 L。

⑩确定旋转椭球滑动面方程为

$$z'' = z_O'' - R \cdot \sqrt{1 - \frac{(x'' - x_O'')^2}{R^2} - \frac{(y'' - y_O'')^2}{L^2}} \quad (6.33)$$

将局部坐标系下的椭球面方程转换为原始坐标系下的方程，即将式(6.34)代入椭球滑动面方程式(6.33)中即可。

$$\begin{cases} x'' = \sin\delta \cdot x + \cos\delta \cdot y - x'_{min} \\ y'' = -\cos\delta \cdot x + \sin\delta \cdot y - y'_{min} \\ z'' = z - z'_{min} \end{cases} \quad (6.34)$$

3. 滑动面搜索优化方法

在搜索滑动面时，即使减少了椭球体的 4 个自由度，大大缩小了搜索的工作量，在剩下的 5 个自由度中搜索滑动面仍然需要至少上万次的搜索，再加上整个研究区域需要对大量的斜坡进行批量分析，整个计算过程会花费大量的时间。因此，需要在搜索最危险滑动面时采用优化算法对其搜索过程进行优化，减少试算次数，从而缩短计算时间。

常见的优化算法有很多种，包括传统的枚举法、黄金分割法、二分法、牛顿法、单纯形法、DHP 法，以及随着计算机技术的发展而产生的智能算法，如模拟退火算法、遗传算法、神经网络算法、蚁群算法、粒子群算法等。每一种优化算法都有优缺点及不同的适用范围。

模拟退火算法由 Metropolis 首先提出，模拟了高温金属降温的热力学过程，固体由高温状态逐渐冷却，在每一个阶段能量都会达到某种平衡状态，使目标函数最小，并且可以概率性地跳脱出局部极值，从而最终得到全局最优解，然而收敛较慢，搜索时间较长。

遗传算法由 Holland 首先提出，模拟了生物进化的过程，将基因复制、基因交叉、基因变异、优胜劣汰等概念引入算法中，是一种具有较强全局搜索能力且不需要确定的搜索规则的概率化搜索算法。

神经网络算法模拟了生物的神经系统，由大量的人工神经元构成，神经元之间有特定的连接及权重，通过对神经网络进行训练改变神经节点的权重与阈值，从而使神经网络获得特定的输入-输出映射关系。它具有很强的记忆能力、非线性映射能力及自学习能力。

蚁群算法由 M. Dorigo 等首先提出，模拟了蚁群在觅食时体现出的搜索能力，能通过个体间的信息素传递使整个群体寻找到蚁穴与食物间的最优路径，是一种基于正反馈机制的搜索算法，在求解复杂问题上具有优势，然而搜索时间较长。

粒子群算法由 Eberhart 等最早提出，模拟了鸟类的群体行为。在 n 维搜索空间内设置多个粒子，每个粒子均对应一个目标函数决定的适应值，并且让每个粒子以一定的速度在空间内飞行，其飞行速度与方向由粒子个体及群体的经验动态决定，最终使得所有粒子抵达最优解所在区域。其算法简单，收敛速度很快，且可以通过调整参数避免陷入局部最小值，因此本节选用粒子群法对最危险滑动面搜索过程进行优化，从而达到大大缩短计算时间的目的，具体的粒子群算法步骤如下。

①确定要搜索的空间，以及适应度函数。这里为 y'_0 值，剖面上 A、B、C 点的位置，以及 t 值的五维空间，空间有边界，即 5 个值均有范围，且 y'_0 值的大小对 A、B、C 点位置及 t 值均有约束，A、B 点的位置又对 C 点位置存在约束。适应度即为斜坡稳定性系数，根据稳定性系数的大小衡量优劣。

②设定群体规模，一般选取 20 个以上的粒子即可满足计算要求。

③给每一个粒子一个初始位置与初始速度。

④判断粒子位置是否满足约束条件，即粒子是否处于限定空间内，并根据其位置计算出每个粒子的适应度值。

⑤对于每个粒子，比较当前适应值与该粒子最好位置的适应值，若更好，则

将当前位置作为粒子最好位置。

⑥对于每个粒子，比较当前适应值与全局最好位置的适应值，若更好，则将当前位置作为全局最好位置。

⑦根据式(6.35)更新粒子位置与速度，且为了减少粒子离开搜索空间的可能，通常需要给速度一定阈值。

⑧满足终止条件则停止计算；否则返回步骤④继续计算。

$$v^{ij}(t+1) = \omega \cdot v^{ij}(t) + c_1 \cdot r_1^{ij}(t) \cdot \left(x_{pbest}^{ij}(t) - x^{ij}(t)\right) + c_2 \cdot r_2^{ij}(t) \cdot \left(x_{gbest}^{j}(t) - x^{ij}(t)\right) \quad (6.35)$$

$$x^{ij}(t+1) = x^{ij}(t) + v^{ij}(t+1)$$

式中，i 为第 i 个粒子；j 为第 j 个维度；t 为更新次数；v 为粒子速度；x 为粒子位置；r_1、r_2 均为 0 到 1 均匀分布的随机数；x_{pbest} 为粒子自身最好位置；x_{gbest} 为全局最好位置。

Ω 为惯性权重，作用是控制前一速度对当前速度的影响，ω 较大则粒子群全局搜索能力强；ω 较小则局部搜索能力强。因此，为使得粒子群在开始时搜索较大区域，随后开始精细地局部搜索，可以令 ω 由大到小进行动态变化。

C_1、c_2 为学习因子，c_1 调节粒子飞向自身最好位置的步长，c_2 调节粒子飞向全局最好位置的步长。

4. 三维临界滑动面搜索流程

综上所述，整个基于斜坡单元数据集的三维椭球滑动面搜索方法及优化在 MATLAB 中实现的流程如图 6.32 所示，图中 pop 代表粒子位置，即椭球滑动面 5 个自由度值，popresult 代表全局最优位置，即最危险椭球滑动面参数，result 代表全局最优适应度值，即最小稳定性系数。

5. 计算实例

现选取研究区域内的一土质斜坡，斜坡编号为 3，其具体岩土参数如表 6.3 所示。在删除斜坡坡向为-1(平地)的部分后，生成斜坡坡向频数直方图(图 6.33)，并取坡向最频值作为该斜坡的主坡向，经统计计算其主坡向为 270°，平均坡度为 19.4°。之后对斜坡进行旋转和平移，使其主坡向与 x 轴平行，如图 6.34 所示，该图清晰地展示了旋转前后的斜坡位置对比情况。

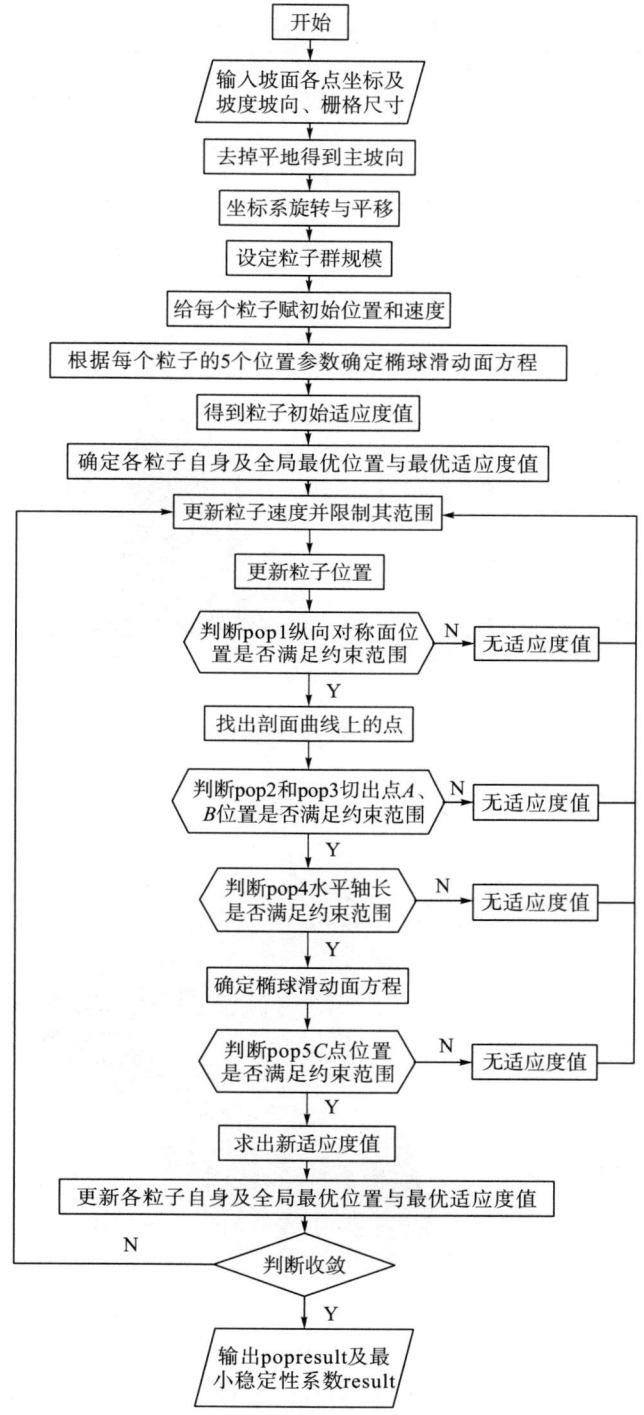

图 6.32　滑动面搜索方法及优化流程

表 6.3 岩土参数取值表

项目	土层厚度/m	土层重度/(kN/m³)	土层 c/kPa	土层 φ/(°)	土岩分界面 c/kPa	土岩分界面 φ/(°)
平均值	3	20.6	35.8	17.1	24.1	13.1
标准差	2	1.1	18.6	5.4	10.8	4.6

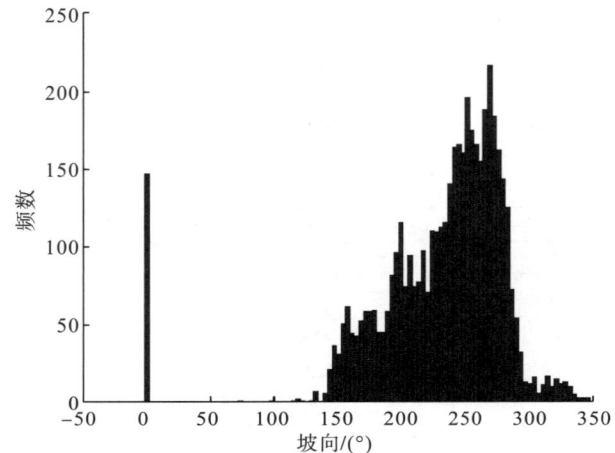

图 6.33 坡向频数直方图

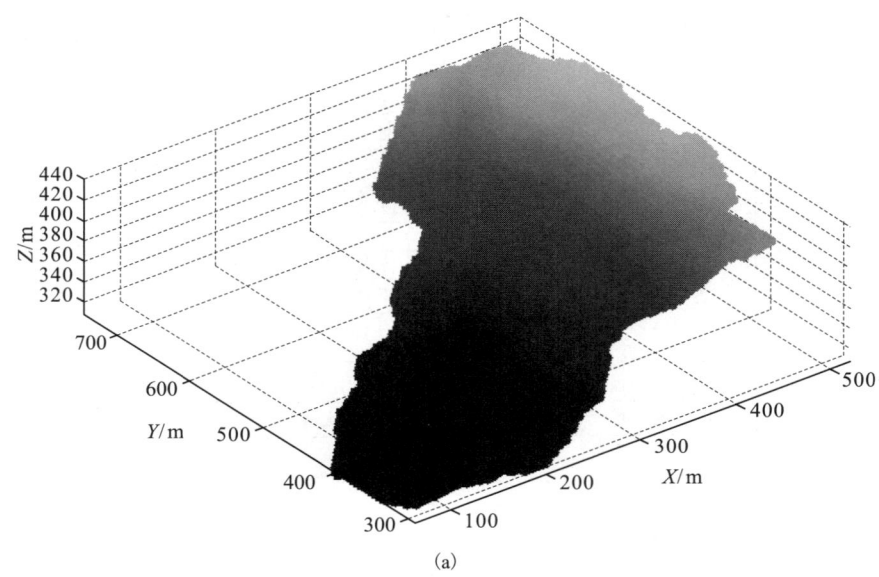

(a)

图 6.34 斜坡坐标系旋转平移

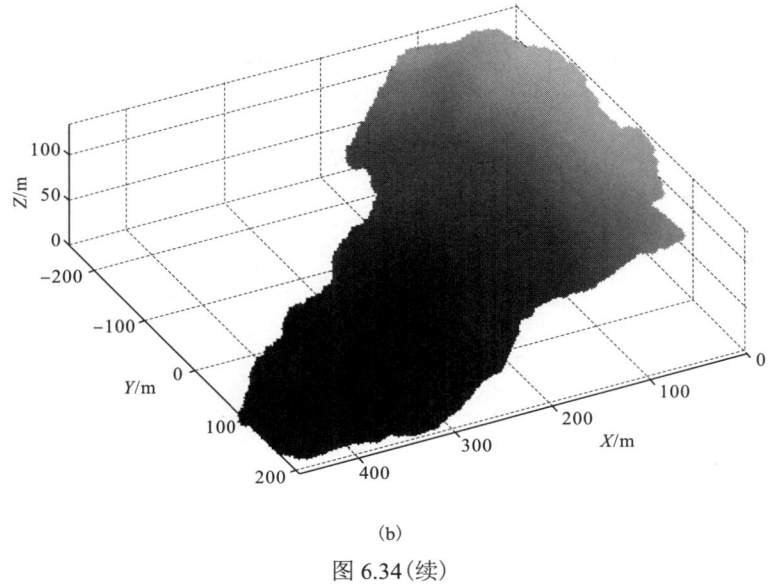

(b)

图 6.34(续)

随后进行椭球滑动面搜索,首先随机确定椭球滑动面中心点 y_O 值,过中心点作平行于 x 轴的剖切线(图 6.35),从而得到斜坡纵剖面线(图 6.36),在剖面线上先后确定上下两个切出点及沿 x 轴移动的一动点,根据 3 个点确定圆弧滑动面的圆心点坐标 x_O、z_O 及半径 R,从而可以绘制出纵剖面上的圆弧滑动面,并与基岩层面组合,共同形成组合滑动面(图 6.36)。然后根据坡面范围确定椭球体水平轴长 L,最终确定整个椭球滑动面方程,并在坡面形成滑体范围,如图 6.37 所示的中央椭圆形区域。

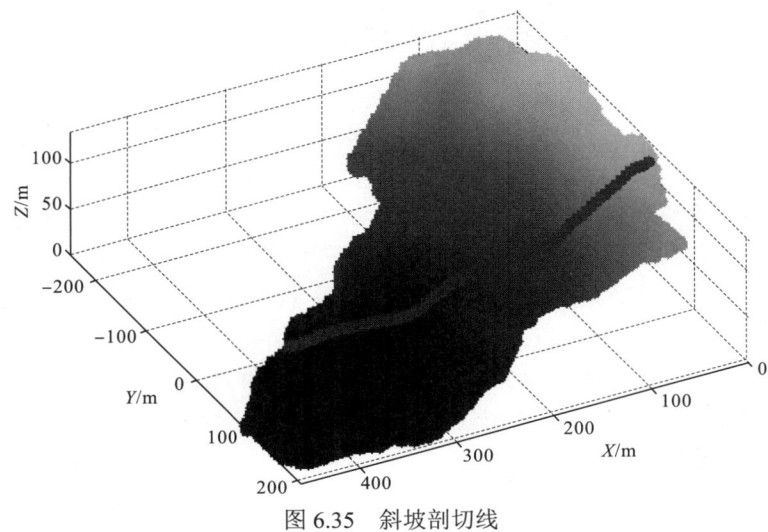

图 6.35 斜坡剖切线

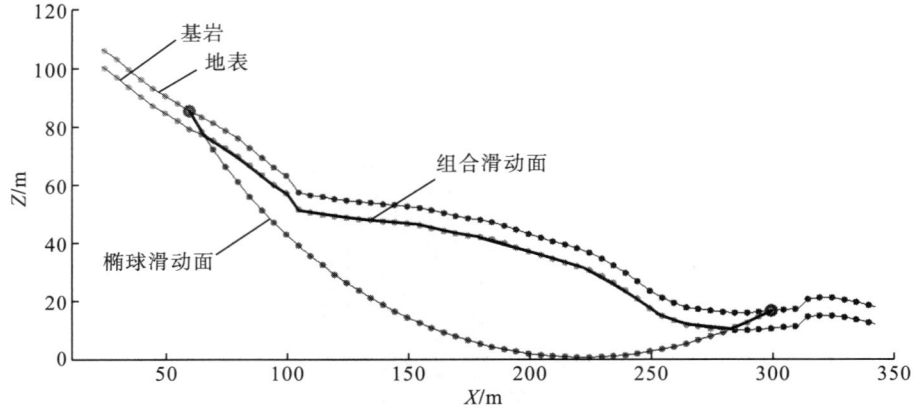

图 6.36　斜坡纵剖面线

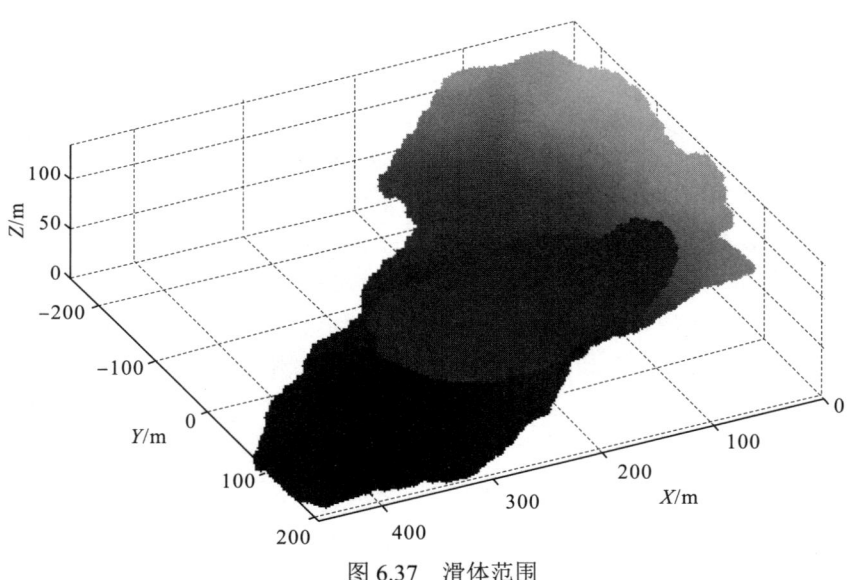

图 6.37　滑体范围

按上述流程反复生成多组随机椭球滑动面(图 6.38),即可从中寻找到斜坡的最小稳定性系数及最危险滑动面范围。这里采用穷举法及粒子群优化算法进行比较,首先选用穷举法对最危险滑动面进行搜索,在经历 16 万次试算后,斜坡稳定性系数最终收敛至 1.3 左右(图 6.39)。而在同样情况下运用粒子群优化算法对斜坡进行最危险滑动面搜索,设定粒子群规模为 30,在达到同样精度的要求下,只进行了 5000 次左右的试算,稳定性系数即达到收敛(图 6.40),计算量为穷举法的 1/30,优化效果显著。

第六章 基于三维斜坡失效概率的建设用地适宜性评价

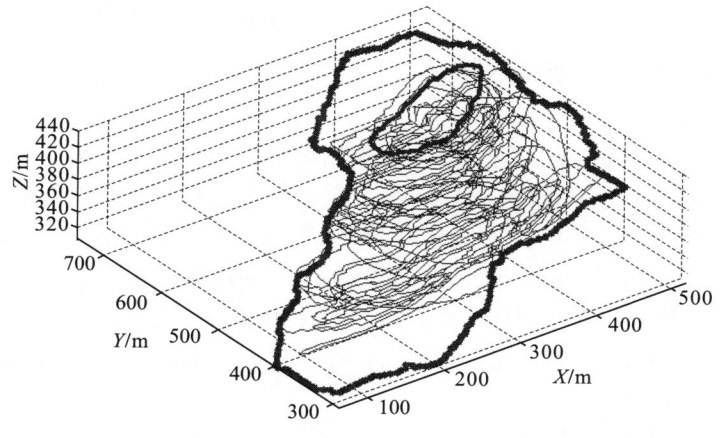

图 6.38 滑动面搜索

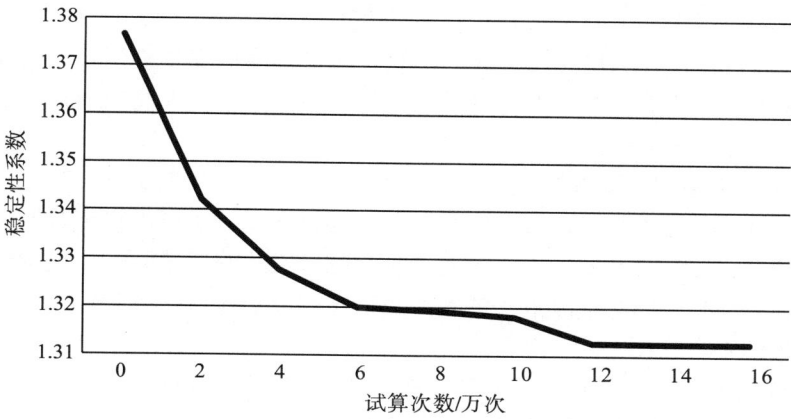

图 6.39 穷举法稳定性系数收敛速度

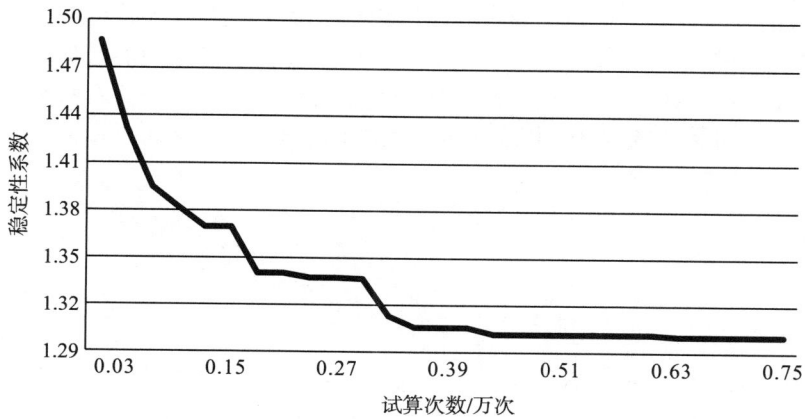

图 6.40 粒子群法稳定性系数收敛速度

四、三维土质斜坡可靠度评价

在基于斜坡单元数据集进行三维土质斜坡稳定性分析时,由于岩土体是空间不均匀、各向异性的,试验中存在误差、信息缺失,以及计算模型是经过简化、做了大量假设的,因此整个分析计算过程中都存在着大量的不确定性因素,所计算出的稳定性系数并不能全面反映出斜坡的真实情况。

因此可以利用可靠度原理,将计算过程中涉及的参数作为符合某种分布特征的随机变量,通过给定的斜坡极限状态方程,计算出斜坡的可靠指标及失效概率。

1. 概率模型建立

无论用到哪种可靠度分析方法,首先都要将包含不确定性因素的各个参数用合适的概率模型表示出来,这就需要在掌握大量统计数据的基础上,寻找到各个参数的分布规律,并求出相应的统计参数,只有为随机变量构建出与实际情况接近的概率模型,才能获得精确的可靠度分析结果。整个概率模型的构建过程可以分为模型选择、参数估计、分布检验3步。

(1) 常见的概率分布模型包括平均分布、正态分布、指数分布、对数正态分布等,首先通过经验和所拥有的数据假定一种分布模型,如可以将所获取到的数据以直方图的形式绘制出来,从主观上判断数据所服从的概率分布。根据已有的文献研究结果,本章将内摩擦角、黏聚力、结构面产状等参数视为符合正态分布规律的随机变量。

(2) 随机变量的分布特征是由其分布参数所决定的,因此要拟合出随机变量的统计模型,就需要根据大量的样本观测值估计总体的分布参数。参数估计一般分为点估计与区间估计。其中,点估计所给出的结果是一个确定的参数值;而区间估计则给出了参数的取值范围及在此范围内的概率,即置信区间与置信度。

在对岩土参数的概率模型进行参数估计时,如果实验或观测数据充足,则一般用点估计中的矩估计法并通过构造统计量来直接估计总体的分布参数,如样本$x_1, x_2, \cdots, x_n$,可构造式(6.36)和式(6.37)所给出的统计量,从而可以估计出总体分布的均值与方差。

$$\bar{X} = \frac{1}{n}\sum_{i=1}^{n}x_i \approx \mu_x \tag{6.36}$$

$$S^2 = \frac{1}{n-1}\sum_{i=1}^{n}(x_i - \bar{X})^2 \approx \sigma^2 \tag{6.37}$$

但当数据有限甚至只有一个参数范围时,就无法运用矩估计法得到总体的分布参数。此时对于正态分布的岩土参数,可以利用一种经验方法"3σ法则"来估计方差,因为有99.7%的数据落于$(\mu-3\sigma, \mu+3\sigma)$,所以只要知道此正态分布参数的最大可能值及最小可能值，即参数的分布范围，那么就可以确定其分布参数。

（3）由于概率分布模型是主观假定的，因此很多情况下需要对其进行假设检验。常用的检验方法有 χ^2 法及 K-S 法。

χ^2 法是将样本值在多个区间或多个值上的频数与假设分布模型的理论频数进行比较，其构造的统计量用式(6.38)表示，当样本数量足够大时，该统计量近似服从自由度为 $k-1-r$ 的 χ^2 分布，其中 r 为估计的参数个数。也就是说，当统计量计算出小于 χ^2 分布的 $(1-\alpha)$ 分位值时，就可以认为假设的概率模型在 $(1-\alpha)$ 的置信度下是被接受的。

$$\chi^2 = \sum_{i=1}^{k} \frac{(m_i - np_i)^2}{np_i} \tag{6.38}$$

式中，m_i 为第 i 个值或区间上的样本频数；p_i 为第 i 个值或区间上的理论频率。

K-S 法是将样本的累积频率 $F_n(x)$ 与假设模型的理论概率分布函数 $F(x)$ 进行比较，构造统计量用式(6.39)，对于显著水平 α 可查表得临界值 D_n^α，当统计量计算出小于此临界值时，就无法拒绝假设的概率模型。

$$D_n = \max\left(\left|F(x) - F_n(x)\right|\right) \tag{6.39}$$

2. 验算点法

当随机变量为任意分布时，要既简便又保证一定精度地近似计算出可靠指标 β，就需要用到一种改进的一次二阶矩方法——验算点法。该方法是国际安全度联合委员会(JCSS)所推荐采用的，因此又称为 JC 法[12]。

多个相互独立的随机变量的极限状态方程为

$$Z = g(X_1, X_2, \cdots, X_n) = 0 \tag{6.40}$$

它表示 n 维空间内的一个曲面，其一侧为安全区域；另一侧为失效区域。

将正态分布随机变量标准化后得到的新标准正态坐标系下的极限平衡方程为

$$Z = g\left(\overline{X_1} \cdot \sigma_1 + \mu_1, \overline{X_2} \cdot \sigma_2 + \mu_2, \cdots, \overline{X_n} \cdot \sigma_n + \mu_n\right) = 0 \tag{6.41}$$

此时新坐标系下，坐标原点到极限状态曲面的最短距离即为 β，而曲面上到坐标系原点距离最近的点即为"设计验算点" P^*，如图 6.41 所示。

$\overline{OP^*}$ 必定为曲面在 P^* 点的法线，因此需要首先计算出曲面在设计验算点 P^* 处的法线余弦。

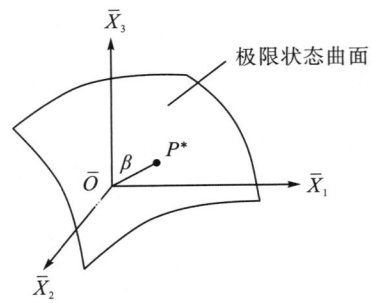

图 6.41　设计验算点示意图

$$\cos\theta_i = \frac{-\left.\dfrac{\partial g}{\partial X_i}\right|_{P^*}\cdot\sigma_i}{\left[\sum\limits_{i=1}^{n}\left(\left.\dfrac{\partial g}{\partial X_i}\right|_{P^*}\cdot\sigma_i\right)^2\right]^{\frac{1}{2}}} \quad (6.42)$$

从而得出 P^* 点的坐标为

$$x_i^* = \overline{x_i^*}\cdot\sigma_i + \mu_i = \beta\cdot\cos\theta_i\cdot\sigma_i + \mu_i \quad (6.43)$$

由于 P^* 是极限状态曲面上的一点，因此还满足：

$$g(x_1^*, x_2^*, \cdots, x_n^*) = 0 \quad (6.44)$$

将以上公式联立即可求得可靠指标 β。

上述算法只适用于随机变量符合正态分布的情况，然而岩土参数中会有一些并不符合正态分布的随机变量，因此只有将这些非正态随机变量当量化为正态随机变量后才能计算可靠指标。

当量正态化要满足两个条件：一是要求在验算点处当量正态变量与原随机变量分布函数值相等；二是要求在验算点处当量正态变量与原随机变量密度函数值相等。从而可以按照式(6.45)和式(6.46)替换原随机变量的均值与方差，按正态随机变量进行计算。

$$\mu_{x_i^*} = x_i^* - \Phi^{-1}\left[F_{x_i}(x_i^*)\right]\cdot\sigma_{x_i^*} \quad (6.45)$$

$$\sigma_{x_i^*} = \frac{\varphi\left\{\Phi^{-1}\left[F_{x_i}(x_i^*)\right]\right\}}{f_{x_i}(x_i^*)} \quad (6.46)$$

式中，x_i^* 为验算点；F_{x_i} 为原随机变量分布函数；f_{x_i} 为原随机变量密度函数；Φ 为标准正态分布函数；φ 为标准正态分布密度函数。

3. 响应面法

由于本章计算稳定性系数的极限状态方程十分复杂，且为隐式方程，需要多次迭代试算，因此一般的可靠度计算方法根本无法适用。蒙特卡罗方法可以解决上述难题，然而由于需要大量的样本数据，因此效率低下。而响应面法则通过对复杂或隐式的极限状态方程进行拟合，解决可靠度计算问题，既简单高效，又能保证很好的精度[13]。

响应面法首先采用形式较为简单的多项式函数拟合真实的极限状态曲面（图 6.42），一般考虑到拟合精度及计算量问题，通常选取的是二次多项式作为响应面函数。本节选取较为简单的不含混合项的形式：

$$f(x) = a + \sum_{i=1}^{n} b_i \cdot x_i + \sum_{i=1}^{n} c_i \cdot x_i^2 \tag{6.47}$$

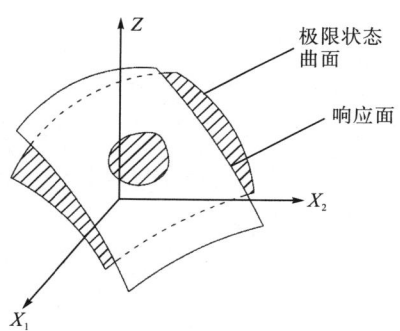

图 6.42 响应面

要确定整个响应面就需要求出二次多项式的所有系数，对于选取的不含混合项的二次多项式，其中包含 $2n+1$ 个待定系数（n 为随机变量个数），因此需要在 n 维坐标系内选取 $2n+1$ 个样本点，通过每个样本点的位置及其真实函数值来求解出响应面函数中的待定系数，从而不断迭代使响应面沿着坐标轴不断逼近极限状态曲面。最常用的选取试验点的方法是选取 1 个中心点和 $2n$ 个坐标轴上的点，一般第一次以均值点作为中心点，如图 6.43 所示。

4. 可靠度评价

本节利用 JC 法和响应面法求解三维土质斜坡的失效概率，从而对其稳定性作出评价，具体步骤如下。

(1) 假定初始样本中心点 $X = (x_1, x_2, \cdots, x_n)$，一般取各随机变量均值。

(2) 选取 $2n$ 个轴点 $(x_1, x_2, \cdots, x_i \pm p\sigma_i, \cdots, x_n)$，其中，$i = 1 \sim n$，$p$ 初次取 2，之后迭代中取 1。

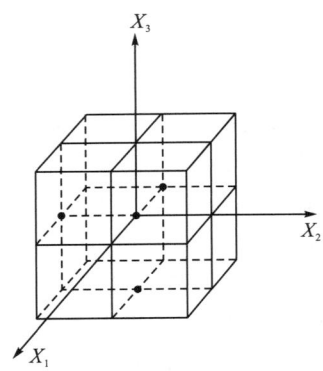

图 6.43 样本点选取

(3) 计算出所有样本点的真实响应值，即计算出对应参数下斜坡的稳定性系数。

(4) 代入样本点得到二次多项式待定系数，确定响应面函数，从而确定极限状态方程。

(5) 用 JC 法得到响应面的验算点 X_k^* 和可靠度指标 β_k，k 为迭代次数。

①假定初始验算点 $P^* = \left(x_1^*, x_2^*, \cdots, x_n^*\right)$，一般取均值。

②根据式 (6.42) 计算出极限状态曲面在 P^* 点法向量的方向余弦。

③通过式 (6.43) 和式 (6.44) 解出 β。

④β 若满足收敛精度，则结束迭代；否则按式 (6.48) 插值生成新的样本中心点并返回步骤 (2)。

$$X_{k+1} = X_k + \left(X_k^* - X_k\right) \cdot \frac{g(X_k)}{g(X_k) - g(X_k^*)} \tag{6.48}$$

(6) 计算失效概率，得出评价结果。

综上所述，整个利用响应面法计算可靠度的流程如图 6.44 所示。

5. 计算实例

现同样选取研究区域 3 号土质斜坡作为研究对象，由前面的计算结果可知，在没有考虑其参数不确定性的情况下计算出该斜坡的稳定性系数为 $F=1.3119$。现将土体的 c、γ、φ 3 个参数作为符合正态分布的随机变量考虑其不确定性，分别依据变异系数为 44.8%、35.1%、5.3%，利用蒙特卡罗法，在计算 10000 个样本值后，得出斜坡的失效概率为 20.12%，各样本稳定性系数分布直方图如图 6.45 所示，其近似服从正态分布规律。随后在同样的情况下，利用响应面法计算出斜坡的失效概率为 20.23%，详细计算过程如表 6.4 所示。可见，响应面法求解可靠指标精度较高，与蒙特卡罗法仅有 0.5% 的误差，并且计算效率很高，响应面拟合只用了 3 次迭代即收敛，每次的验算点迭代也不超过 4 次。

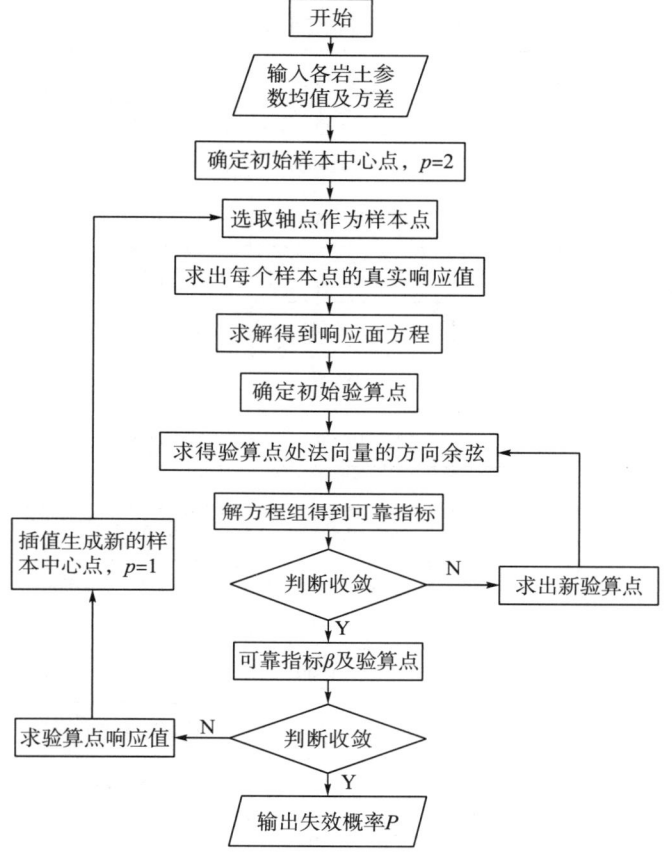

图 6.44 响应面法计算可靠度流程

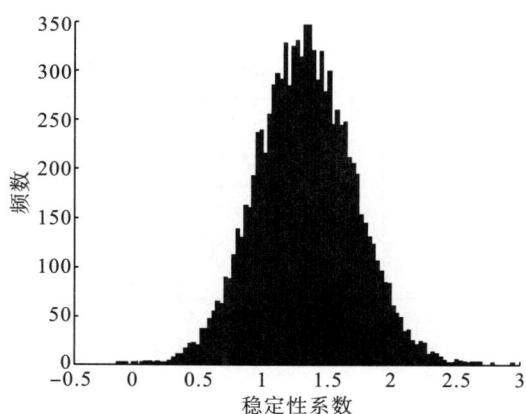

图 6.45 蒙特卡罗法稳定性系数分布直方图

表 6.4　响应面法计算过程

			$x_1 = 24.1\ (c)$	$x_2 = 20.6\ (\gamma)$	$x_3 = 13.1\ (\varphi)$
第 1 次迭代	样本中心点		$x_1 = 24.1\ (c)$	$x_2 = 20.6\ (\gamma)$	$x_3 = 13.1\ (\varphi)$
	响应面函数		\multicolumn{3}{c}{$f(x) = 0.8082 + 0.0164x_1 - 0.0582x_2 + 0.0654x_3 + 0.0000x_1^2 + 0.0009x_2^2 + 0.0003x_3^2 - 1$}
	验算点	初始点	$x_1^* = 24.1000$	$x_2^* = 20.6000$	$x_3^* = 13.1000$
		迭代 1	$x_1^* = 19.9470$	$x_2^* = 20.6510$	$x_3^* = 9.7378$
		迭代 2	$x_1^* = 19.8561$	$x_2^* = 20.6518$	$x_3^* = 9.7590$
		迭代 3	$x_1^* = 19.8566$	$x_2^* = 20.6518$	$x_3^* = 9.7588$
		迭代 4	$x_1^* = 19.8566$	$x_2^* = 20.6518$	$x_3^* = 9.7588$
	可靠指标		\multicolumn{3}{c}{0.8271}
第 2 次迭代	样本中心点		$x_1 = 19.8251$	$x_2 = 20.6522$	$x_3 = 9.7340$
	响应面函数		\multicolumn{3}{c}{$f(x) = 0.6554 + 0.0164x_1 - 0.0472x_2 + 0.0668x_3 + 0.0000x_1^2 + 0.0008x_2^2 + 0.0002x_3^2 - 1$}
	验算点	初始点	$x_1^* = 24.1000$	$x_2^* = 20.6000$	$x_3^* = 13.1000$
		迭代 1	$x_1^* = 19.8856$	$x_2^* = 20.6423$	$x_3^* = 9.7176$
		迭代 2	$x_1^* = 19.8194$	$x_2^* = 20.6428$	$x_3^* = 9.7330$
		迭代 3	$x_1^* = 19.8197$	$x_2^* = 20.6428$	$x_3^* = 9.7329$
		迭代 4	$x_1^* = 19.8197$	$x_2^* = 20.6428$	$x_3^* = 9.7329$
	可靠指标		\multicolumn{3}{c}{0.8333}
第 3 次迭代	样本中心点		$x_1 = 19.8198$	$x_2 = 20.6429$	$x_3 = 9.7329$
	响应面函数		\multicolumn{3}{c}{$f(x) = 0.6555 + 0.0164x_1 - 0.0473x_2 + 0.0668x_3 + 0.0000x_1^2 + 0.0008x_2^2 + 0.0002x_3^2 - 1$}
	验算点	初始点	$x_1^* = 24.1000$	$x_2^* = 20.6000$	$x_3^* = 13.1000$
		迭代 1	$x_1^* = 19.8841$	$x_2^* = 20.6423$	$x_3^* = 9.7179$
		迭代 2	$x_1^* = 19.8180$	$x_2^* = 20.6428$	$x_3^* = 9.7333$
		迭代 3	$x_1^* = 19.8183$	$x_2^* = 20.6428$	$x_3^* = 9.7332$
		迭代 4	$x_1^* = 19.8183$	$x_2^* = 20.6428$	$x_3^* = 9.7332$
	可靠指标		\multicolumn{3}{c}{0.8333}

在计算中发现,上述确定最危险滑动面后计算出的失效概率并不是最大的失效概率,还发现了失效概率为 21.75% 的滑动面,如图 6.46 所示,稳定性系数最小的滑动面和失效概率最大的滑动面并不一致。然而两者的失效概率 20.23% 与 21.75% 相差很小。对于区域性评价工作而言,该误差完全处于可接受范围内,加之如果对每个滑动面均求出失效概率,再寻找失效概率的最大值,工作量将会大大增加。因此本节斜坡失效概率取为由最小稳定性系数确定的最危险滑动面所对应的失效概率。

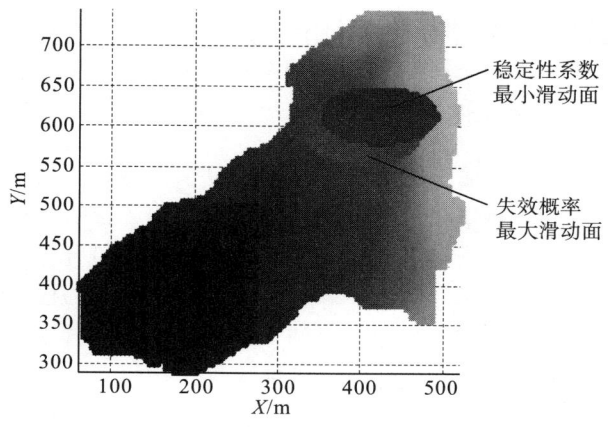

图 6.46 最大失效概率滑动面

在考虑岩土体力学参数不确定性的同时,斜坡单元数据集中各地层的高程值也具有很大的不确定性。因为通过有限个钻孔点数据插值生成地层高程数据的过程中,钻孔点密度越小,地层高程值的不确定性就越大,而实际上往往无法获得足够密度的钻孔点,因此生成的地层高程数据中的不确定性是不容忽视的。此时可以在较为稀疏的钻孔点之间设置一些虚拟钻孔点,这些钻孔点并没有实测值,然而却可以通过经验、统计或其他手段获取各地层高程的估测值,并将其作为一个随机变量加入计算中,使得我们可以尽可能多地考虑到地层高程数据中的不确定性。

第三节 基于斜坡单元数据集的三维岩质斜坡稳定性评价

事实上,在山地地区中,大多数天然斜坡并非松散的土质斜坡,而是具有很强结构性的岩质斜坡。在实地调查中,我们发现大量斜坡基岩裸露或覆土很少,它们都应被划分为岩质斜坡。

分析评价这些岩质斜坡的稳定性时，只有在风化破碎为散体结构的情况下才能采用类似土质斜坡的稳定性分析方法，其他大部分接近整体结构的岩质斜坡，由于其变形破坏主要是受其中大量的断层、节理、裂隙等结构面所控制，因此第五章所述的土质斜坡稳定性计算方法并不再适用。

本节即在研究三维岩质斜坡稳定性分析方法及可靠度分析原理的基础上，实现在 GIS 数据下的批量处理，最终得出研究区域内各个岩质斜坡的稳定性评价结果。

一、三维岩质斜坡极限平衡法基础理论

1. 岩质斜坡基本破坏模式

与土质斜坡比较，岩质斜坡的破坏模式要复杂得多，这是由其复杂的结构、构造及岩性所决定的。岩体结构大体可分为块状结构、层状结构、碎裂结构和散体结构四大类[14]，而斜坡的破坏模式与其结构类型密不可分，不同结构的岩质斜坡发生变形的破坏形式是不一样的。一种分类方式是将破坏模式大致分为崩塌、滑动、倾倒、溃屈、侧向扩张拉裂、流动、复合 7 种[15]，其中滑动破坏又分为平面滑动破坏、弧面滑动破坏和楔体滑动破坏 3 种。

本节主要考虑了山区工程实际中最常见且计算模型较为简单成熟的两种破坏模式——平面滑动破坏和楔体滑动破坏，如图 6.47 所示。

(a) 平面滑动破坏　　　　　　　　(b) 楔体滑动破坏

图 6.47　常见的破坏模式

在获取基础地质资料后，分析岩质斜坡稳定性的首要工作就是确定其破坏模式，因为每种破坏模式所对应的力学模型不同，所以稳定性系数的计算方法不同。

在判断一个岩质斜坡是否会发生平面滑动破坏时，可检查其是否满足以下 4 个基本条件[16]。

(1) 结构面走向与坡面走向平行或接近平行(±20°范围内)。

(2) 结构面要在坡面露出，即结构面在坡面倾向上的视倾角 β' 必须小于坡面倾角 α。

(3) 结构面倾角 β 必须大于结构面的内摩擦角 φ (有黏聚力时用等效内摩擦角)。

(4) 侧面约束必须解除，软岩中需要结构面倾角远大于内摩擦角且存在薄弱的分离面以确定侧边界，硬岩中需要结构面横切出坡面。

在判断一个岩质斜坡是否会发生楔体滑动破坏时，可检查其是否满足以下两个基本条件。

(1) 两组结构面交线在坡面露出，即两组结构面交线在坡面倾向上的视倾角 β' 必须小于坡面倾角 α。

(2) 两组结构面交线的倾角 β 必须大于结构面的内摩擦角 φ (有黏聚力时用等效内摩擦角)。

平面滑动破坏和楔体滑动破坏条件如图 6.48 所示。

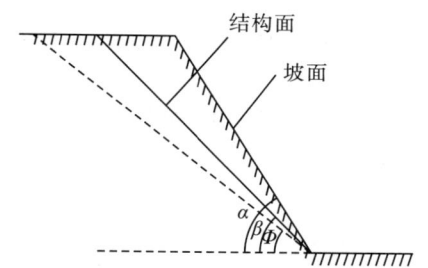

图 6.48　平面滑动破坏和楔体滑动破坏条件

2. 岩质斜坡稳定性系数计算

平面滑动破坏模型较为简单，其计算简图如图 6.49 所示。一部分岩块在重力 W 作用下沿着结构面做整体的刚体运动，并考虑滑动面间水所产生的垂直于滑动面方向的水压力 U，滑体还受到结构面的法向支持力 N 及抗滑力 S。其稳定性系数 K 的计算公式为

$$K = \frac{cA + (W \cdot \cos\beta - U) \cdot \tan\varphi}{W \cdot \sin\beta} \tag{6.49}$$

式中，c 为结构面黏聚力；β 为结构面倾角；φ 为结构面内摩擦角。

岩体破坏多为两组或两组以上结构面发育产生，因此楔体滑动破坏比平面滑动破坏更为常见，其计算模型如图 6.50 所示，计算简图如图 6.51 所示。被两个相交结构面切割出的楔形滑块在这两个结构面上沿着交线发生滑动，首先假设楔形滑块所受到的两结构面上的剪力平行于交线，并受到重力作用 W，两平面上的法向力 N_1 和 N_2，以及两平面所受的水压力 U_1 和 U_2。

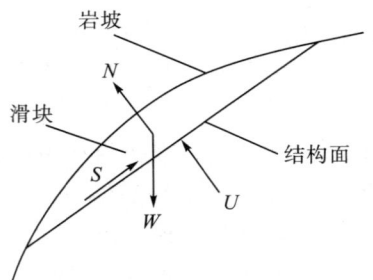

图 6.49 平面滑动破坏计算简图

N. 法向支持力；W. 岩块重力；U. 滑动面垂直水压力；S. 滑动面摩擦阻力

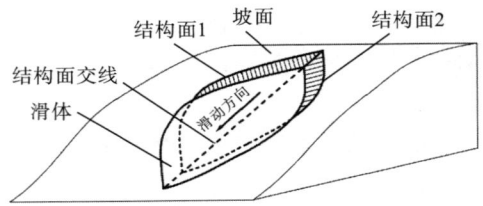

图 6.50 楔体滑动破坏计算模型

构建局部坐标系 $x'y'z'$，令 x' 轴垂直于两结构面交线且平行于水平面，令 z' 轴垂直于两结构面交线且平行于铅垂面，如图 6.51 所示。

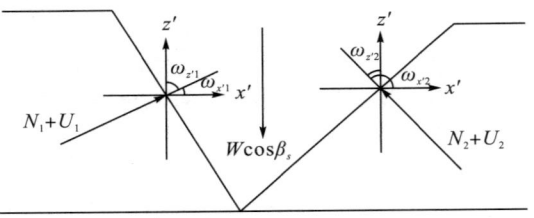

图 6.51 楔体滑动破坏计算简图

根据 x' 与 z' 两个方向上的平衡条件可得

$$\begin{cases}(N_1+U_1)\cdot\cos\omega_{z'1}+(N_2+U_2)\cdot\cos\omega_{z'2}=W\cdot\cos\beta_s\\(N_1+U_1)\cdot\cos\omega_{x'1}+(N_2+U_2)\cdot\cos\omega_{x'2}=0\end{cases} \quad (6.50)$$

从而解得两结构面上的法向力为

$$\begin{cases}N_1=\dfrac{W\cdot\cos\beta_s\cdot\cos\omega_{x'2}}{\cos\omega_{x'2}\cdot\cos\omega_{z'1}-\cos\omega_{x'1}\cdot\cos\omega_{z'2}}-U_1\\N_2=\dfrac{W\cdot\cos\beta_s\cdot\cos\omega_{x'1}}{\cos\omega_{x'1}\cdot\cos\omega_{z'2}-\cos\omega_{x'2}\cdot\cos\omega_{z'1}}-U_2\end{cases} \quad (6.51)$$

稳定性系数为

$$K = \frac{N_1 \cdot \tan\varphi_1 + N_2 \cdot \tan\varphi_2 + c_1 \cdot A_1 + c_2 \cdot A_2}{W \cdot \sin\beta_s} \quad (6.52)$$

式中，φ_1、φ_2 分别为两个滑动面的内摩擦角；c_1、c_2 分别为两个滑动面上的黏聚力；β_s 为两滑动面交线的倾角；$\omega_{z'1}$、$\omega_{z'2}$ 分别为两滑动面法向量与局部坐标轴 z' 的夹角；$\omega_{x'1}$、$\omega_{x'2}$ 分别为两滑动面法向量与局部坐标轴 x' 的夹角；A_1、A_2 分别为两滑动面面积。

根据式(6.51)得到的 N_1、N_2 值可以判断，楔形滑块的滑动模式分为以下 4 种情况[87]。

(1) 当 $N_1 \geqslant 0$、$N_2 \geqslant 0$ 时，楔形滑块与结构面 1 和结构面 2 均保持接触，滑体沿两结构面交线发生滑动，如图 6.52(a)所示。

(2) 当 $N_1 \geqslant 0$、$N_2 < 0$ 时，楔形滑块仅与结构面 1 保持接触，滑体沿结构面 1 发生平面滑动，如图 6.52(b)所示。

(3) 当 $N_1 < 0$、$N_2 \geqslant 0$ 时，楔形滑块仅与结构面 2 保持接触，滑体沿结构面 2 发生平面滑动，如图 6.52(c)所示。

(4) 当 $N_1 < 0$、$N_2 < 0$ 时，楔形滑块与结构面 1 和结构面 2 均失去接触，滑体脱离岩体或沿单一滑面滑动，如图 6.52(d)所示。

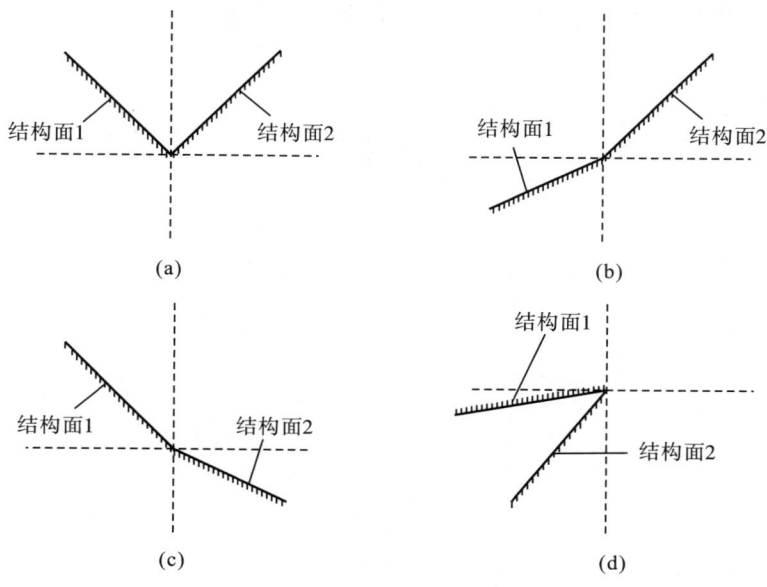

图 6.52 4 种楔体滑动破坏模式

由此可知，因为结构面通常都不受拉力，所以当有任何一个滑动面上的法向力计算结果为负时，说明楔形滑块将脱开该滑面沿另一滑面发生平面运动，此时需按平面滑动计算方法重新复核楔体的稳定性系数。

二、基于斜坡单元数据集的三维岩质斜坡极限平衡法实现

为了实现在 GIS 数据下对整个研究区域的大规模岩质斜坡逐一进行稳定性分析，计算出每个岩质斜坡的稳定性系数从而对其稳定性进行定量的评价，为后续土地综合评价及土地规划工作提供可靠的依据，本节提供一种可以在 MATLAB 中实现的算法，并最终可以自动将计算结果返回 ArcGIS 中生成整个研究区域的岩质斜坡稳定性评价图。

1. 总体思路

整个实现方法的计算流程如图 6.53 所示。首先将通过斜坡单元划分好的岩质斜坡 DEM 数据及结构面数据（倾角、倾向、间距、内摩擦角、黏聚力等）调入 MATLAB，同时偏安全地认为结构面连通率均为 100%，即贯通整个斜坡。然后找出被单一结构面或两个相交结构面组合完整切出的结构面组合岩块，之后对每个结构面组合岩块按照式(6.1)～式(6.4)计算出稳定性系数，最终取所有岩块稳定性系数中的最小值作为整个斜坡的稳定性系数。对研究区域内每一个岩质斜坡经过上述计算后得到其稳定性系数，从而最终获得整个研究区域的斜坡稳定性评价结果。

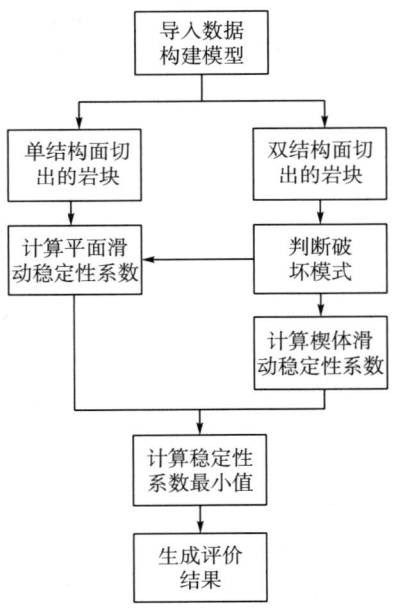

图 6.53　三维岩质斜坡稳定性计算流程

2. 计算步骤

具体的计算步骤如下。

(1) 在 MATLAB 中读入斜坡单元数据集中的岩坡高程数据。

(2) 输入坡内所有结构面的倾角、倾向、间距、内摩擦角、黏聚力等数据。

(3) 构建出每个结构面的空间表达式为

$$\sin\alpha_i \cdot \sin\beta_i \cdot x + \cos\alpha_i \cdot \sin\beta_i \cdot y + \cos\beta_i \cdot z = D_i \tag{6.53}$$

式中，α_i 为结构面 i 的倾向；β_i 为结构面 i 的倾角；D_i 为结构面 i 距离原点的距离。

(4) 找出整个斜坡中所有的斜坡单元边界点，如图 6.54 所示。

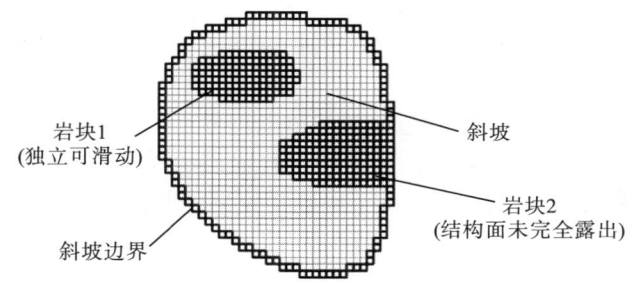

图 6.54　斜坡岩块类型

(5) 对于每单个结构面 i，找出所有坡面高程 z 大于结构面 i 高程 z_i 的点，如图 6.54 所示。

(6) 将步骤(5)中找出的所有点进行聚类，得到结构面切出的多个结构面组合岩块，如图 6.54 所示。

(7) 判断每个岩块是否包含斜坡单元边界点，若包含，则表示岩块未被结构面完全切出；若不包含，则说明岩块独立，为危岩块体，如图 6.54 所示。

(8) 对于每个危岩块体，计算每个点所对应岩条的重量(计算岩条重量时可考虑上覆土层重量)及底面积，并求和得到整个岩块的重量 W 与底面积 A。

$$W = \sum_{1}^{n} (z - z_i) \cdot \gamma \cdot s \tag{6.54}$$

$$A = n \cdot \frac{s}{\cos\beta_i} \tag{6.55}$$

式中，γ 为岩块重量；n 为岩块内岩条数量；s 为栅格面积；β_i 为结构面 i 的倾角。

(9) 根据式(6.49)计算每个危岩块体的稳定性系数。

(10) 对于每两个不同组结构面 i 和 j 的组合，求出其交线向量 $\bar{n}_{ij}$ 及交线倾角 β_{ij}。

(11) 找到两个结构面切出的四部分岩块，如图 6.55 所示。

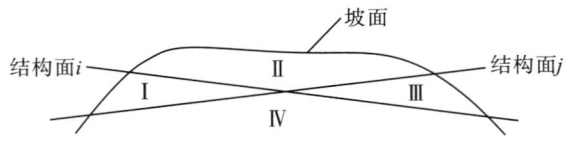

图 6.55　两个结构面切出的岩块

在图 6.55 中，第 I 部分，$\min(z_i, z) \geqslant z_j$；第 II 部分，$\max(z_i, z_j) \leqslant z$；第 III 部分，$\min(z_j, z) \geqslant z_i$；第 IV 部分，实际中不存在，不予考虑。

(12) 对于每部分切出的点进行聚类，得到多个结构面组合岩块。

(13) 对于步骤(12) 中得到的岩块，需要排除由单个结构面切出的岩块，留下由两个结构面切出的楔形岩块。

(14) 判断每个楔形岩块是否包含斜坡单元边界点，若包含，则表示楔形岩块未被结构面完全切出；若不包含，则说明楔形岩块独立，为危岩块体。

(15) 对于每个危岩块体，求出两个滑动面法向量与其局部坐标轴 z'_{ij} 和 x'_{ij} 的夹角余弦。

① 求出两个滑动面交线向量在铅垂平面内的垂向量 $\vec{z}_{ij}$（方向向上），即局部坐标 z'_{ij} 轴正方向，如图 6.56 所示。

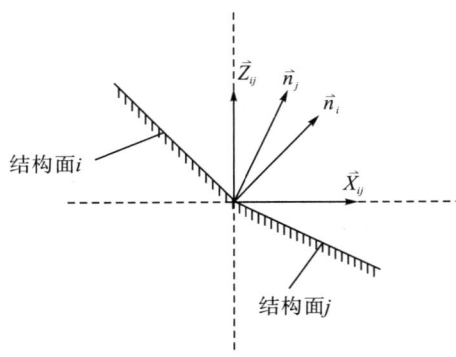

图 6.56　两个结构面的位置关系

② 求出两个滑动面交线向量在水平面内的垂向量 $\vec{x}_{ij}$（方向不限），即局部坐标 x'_{ij} 轴正方向，如图 6.56 所示。

③ 求出两个滑动面法向量 $\vec{n}_i$ 和 $\vec{n}_j$，方向均由滑面指向滑体，如图 6.57 所示。其中，第 I 部分滑体 i 滑面法向量指向 z 轴负方向，j 滑面法向量指向 z 轴正方向；

第Ⅱ部分滑体 i 滑面法向量指向 z 轴正方向，j 滑面法向量指向 z 轴正方向；第Ⅲ部分滑体 i 滑面法向量指向 z 轴正方向，j 滑面法向量指向 z 轴负方向。

④分别求出 $\bar{n}_i$、$\bar{n}_j$ 与 $\bar{z}_{ij}$ 的夹角余弦，以及 $\bar{n}_i$、$\bar{n}_j$ 与 $\bar{x}_{ij}$ 的夹角余弦。

(16)对于每个危岩块体，根据其所处的不同位置，计算每个点所对应岩条的重量及底面积，并求和得出整个滑体的重量 W 及与结构面的接触面积 A_i、A_j，如图 6.57 所示。

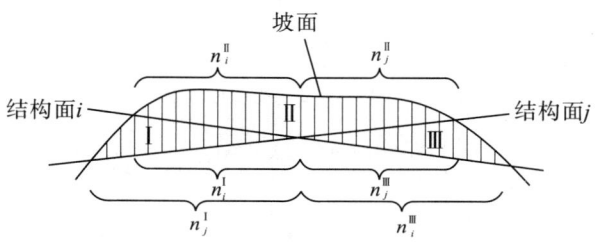

图 6.57　滑体与结构面接触面积

$$W = \begin{cases} \sum_{1}^{n}\left[\min(z,z_i)-z_j\right]\cdot\gamma\cdot s & \text{（第 I 部分）} \\ \sum_{1}^{n}\left[z-\max(z_j,z_i)\right]\cdot\gamma\cdot s & \text{（第 II 部分）} \\ \sum_{1}^{n}\left[\min(z,z_j)-z_i\right]\cdot\gamma\cdot s & \text{（第 III 部分）} \end{cases} \tag{6.56}$$

$$A_i = \frac{s}{\cos\beta_i}\cdot n_i \tag{6.57}$$

$$A_j = \frac{s}{\cos\beta_j}\cdot n_j \tag{6.58}$$

式中，n_i 为滑块内被结构面 i 切到的岩条数量；n_j 为滑块内被结构面 j 切到的岩条数量。

(17)根据式(6.51)计算出两结构面上的法向力 N_i 和 N_j，从而判断出危岩块体的滑动模式。

(18)若危岩块体沿单滑面滑动，则根据式(6.49)计算稳定性系数，若危岩块体沿双滑面滑动，则根据式(6.52)计算稳定性系数。

(19)比较所有危岩块体的稳定性系数，其中的最小值即为整个岩质斜坡的稳定性系数。

(20)重复计算得到所有斜坡的稳定性系数，将斜坡的稳定性系数作为新字段添加到对应编号的渔网点数据中，在 GIS 中将渔网点中的稳定性系数值转化为栅格数据并按一定的分类标准进行重分类，从而得到整个区域的岩质斜坡稳定性评价图。

综上所述，整个基于斜坡单元数据集计算岩质斜坡稳定性系数的 MATLAB 实现流程如图 6.58 所示。

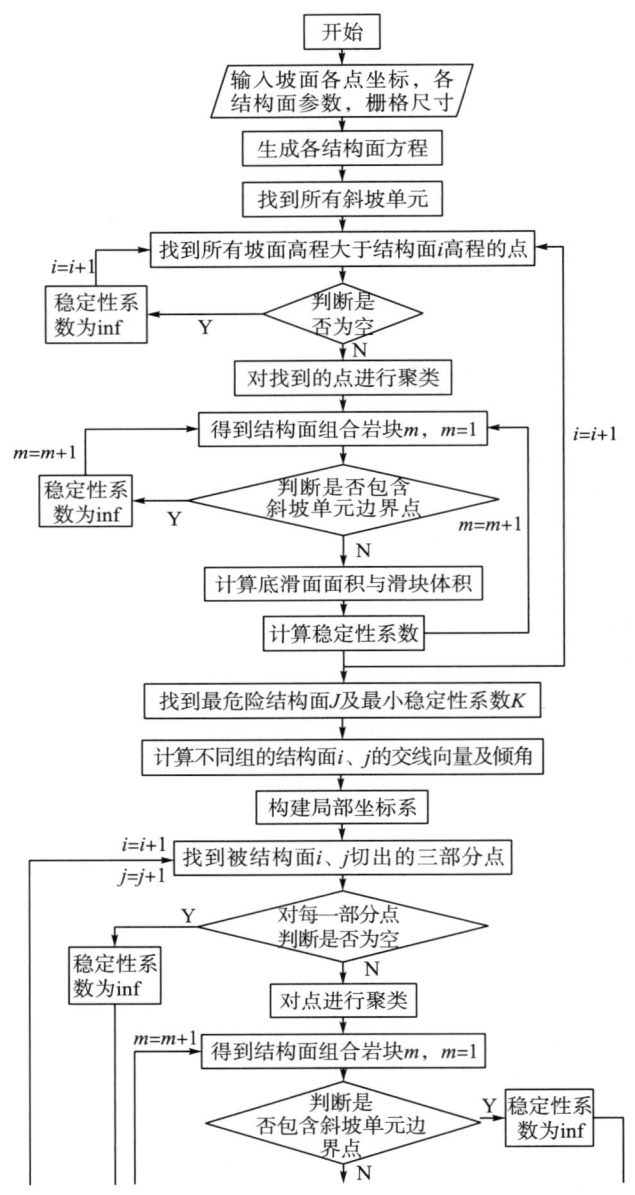

第六章　基于三维斜坡失效概率的建设用地适宜性评价

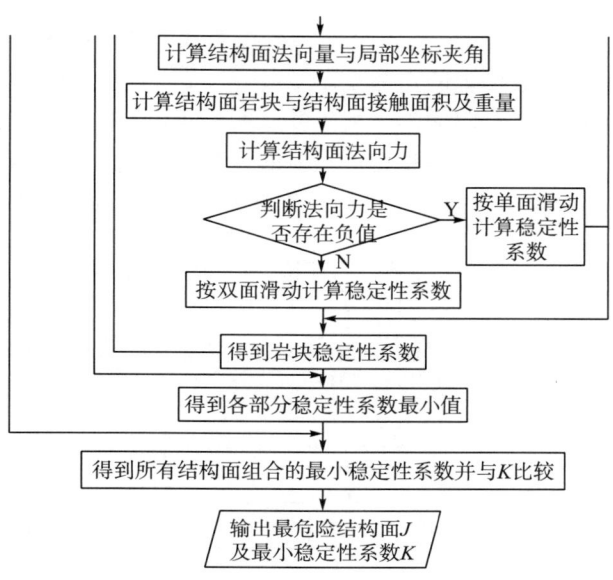

图 6.58　岩质斜坡稳定性系数计算流程

3. 聚类算法

在上述计算步骤中，需要对结构面切割出的点(栅格)进行聚类，判断哪些点能够构成一个结构面组合岩块，处于同一类中的点说明相互连接形成一个整体，不在同一类中的点说明相互分离为多个岩块，从而才能进行下一步对每个岩块的分析。本节所用到的聚类算法如图 6.59 所示。

(1) 输入所有需要聚类的点的平面坐标。
(2) 将第一个点标记为 1。
(3) 从第一个点出发，将其相邻点标记为 2。

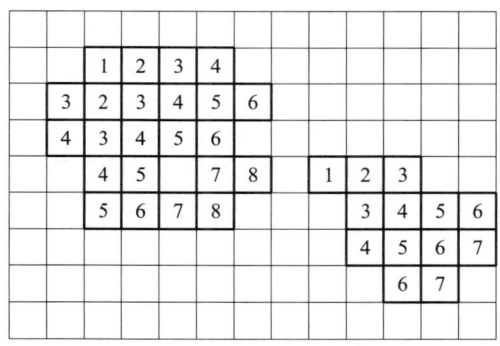

图 6.59　聚类算法

(4) 对于每一个新标记的点 n, 继续将其相邻且未被标记的点标记为 $n+1$。
(5) 直到没有新的被标记的点为止。
(6) 将所有被标记的点归类为一组，并从所有点中删除。
(7) 在剩下的点中，重复步骤(2)～(6)的计算，直到所有点都被归类为止。

综上所述，整个聚类算法在 MATLAB 下的实现流程如图 6.60 所示。

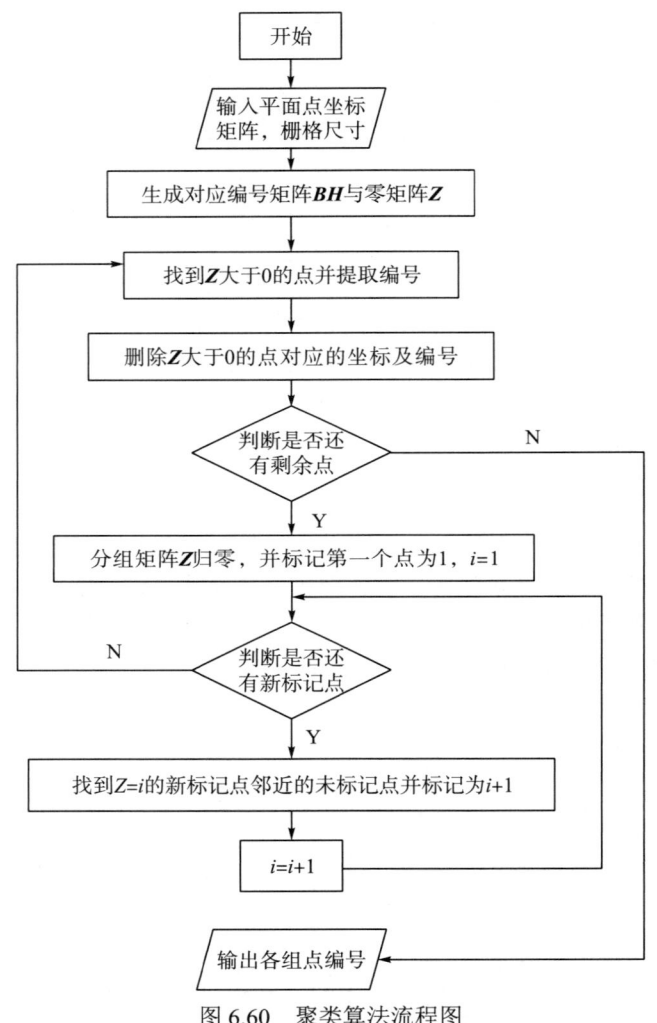

图 6.60 聚类算法流程图

4. 例题验证

本节选取记载于 Hoek 与 Bray 编写的教科书 *Rock Slope Engineering*[17]中的一个典型算例。算例中一斜坡坡面倾角为 65°，倾向为 185°。坡顶面倾角为 12°，倾向为195°。斜坡内存在两个结构面，其参数如表6.5所示。楔形体净高为40m，岩石比重为25kN/m³。

表6.5 结构面参数

结构面	倾角	倾向	岩性
A	45°	105°	$\varphi_A = 20°$, $c_A = 24$kPa
B	70°	235°	$\varphi_B = 30°$, $c_B = 48$kPa

本节利用前面的算法，首先构建出栅格尺寸为1m×1m的斜坡模型，找到分别由结构面 A、B 切出的两个岩块(图6.61)，并判断出它们均包含斜坡单元边界点从而无法发生滑动。之后又找到两个结构面共同切出的3个岩块(图6.62)，发现其中只有一个岩块可能发生滑动，从而针对此潜在滑体计算出左滑面法向力为129862kN，右滑面法向力为79727kN，判断出此滑体将沿两结构面交线运动，计算出滑体重力为162763kN，最终得到其稳定性系数为1.8507，即为整个斜坡的稳定性系数。

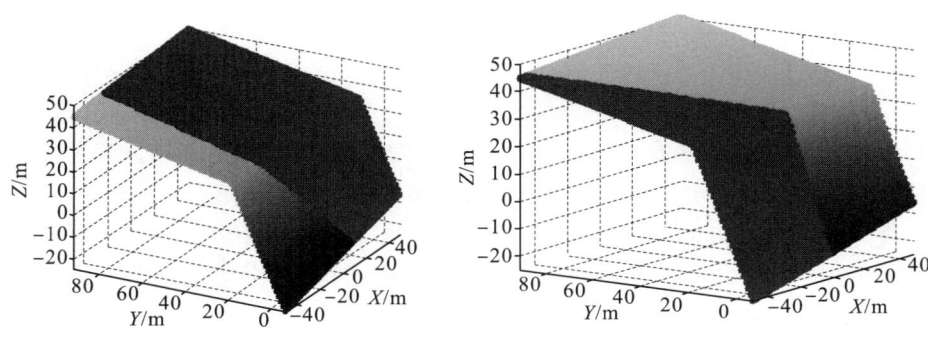

图6.61 单一滑面岩块

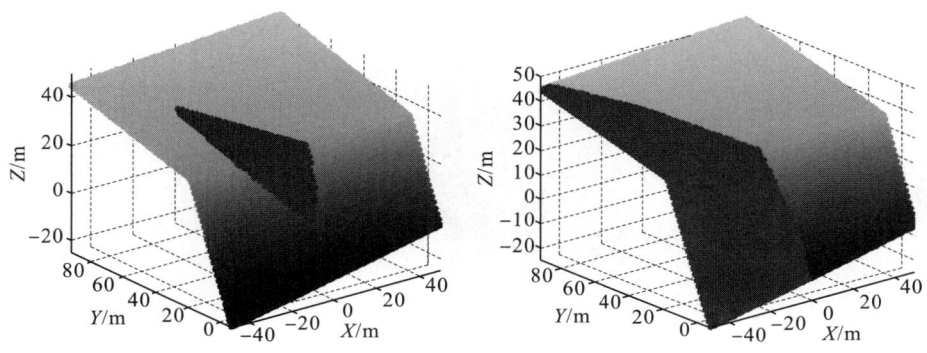

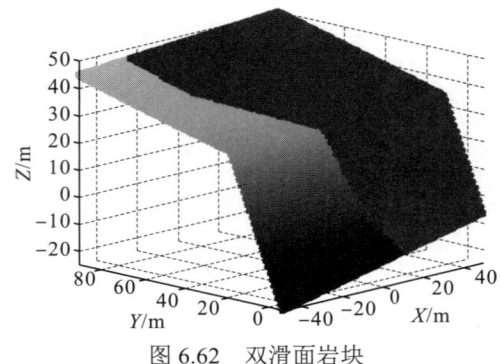

图 6.62 双滑面岩块

对比发现计算结果与 Hoek 的结果有微小的差异(表 6.6),这是由于本节将滑体离散为 1m×1m 的岩条所造成的,倘若岩条尺寸趋于无限小,则两个结果将趋于一致。

表 6.6 计算结果对比

	楔形滑体重/kN	结构面 A 法向力/kN	结构面 B 法向力/kN	稳定性系数
Hoek	163641	130559	80157	1.8500
本节	162763	129862	79727	1.8507

5. 计算实例

现选取研究区域内的 45 号岩质斜坡作为研究对象(图 6.63),其主坡向为 45°,平均坡度为 16.4°,结构面参数如表 6.7 所示。

首先将所有坡面点代入一组结构面方程,得到各坡面点在该组结构面法线方向上距坐标原点的距离范围,在这个范围内根据结构面间距可以计算出所需构造的该组结构面个数。本实例共构造 257 个结构面,其中第一组结构面 127 个,第二组结构面 109 个,以及岩层面 21 个。图 6.64 所示为两组结构面及一组岩层面的空间位置模型。

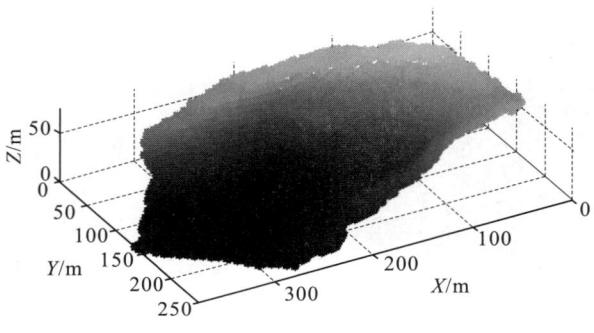

图 6.63 斜坡形态

表 6.7 结构面参数取值表

项目	结构面 1 倾向/(°)	结构面 1 倾角/(°)	结构面 2 倾向/(°)	结构面 2 倾角/(°)	结构面间距/m	结构面 φ/(°)	结构面 c/kPa
平均值	306	68	35	73	2.5	31	120
标准差	6	3	6	3	0.5	3	20
项目	岩层面倾向/(°)	岩层面倾角/(°)	岩层面间距/m	岩层面 φ/(°)	岩层面 c/kPa		
平均值	16	9	2.5	31	120		
标准差	6	4	0.5	3	20		

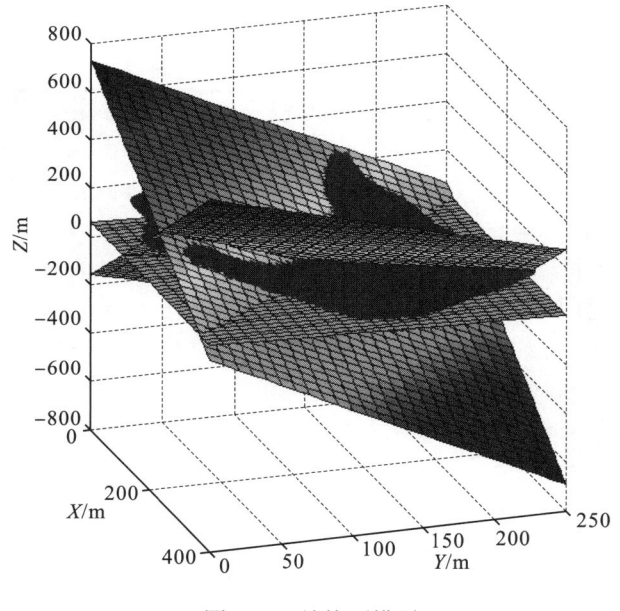

图 6.64 结构面模型

首先通过计算得出斜坡的单元边界点(图 6.65),然后通过对所有结构面及结构面组合进行逐一搜索,对结构面或结构面组合切出的岩柱进行聚类形成结构面组合岩块,并根据岩块与斜坡边界的关系判断岩块是否会发生滑动,对于可能发生滑动的危岩块体计算出其质量、与结构面接触面积、结构面法向力等,最终得到稳定性系数。表 6.8 所示为该岩质斜坡所有结构面组合岩块的稳定性系数,包括滑体重量、滑体与结构面接触面积、结构面法向力、破坏模式及稳定性系数等,最终判断出 9 号岩块为最危险滑体(图 6.66),即第二组结构面与岩层面为最危险结构面组合,其稳定性系数 12.8253 即为整个岩质斜坡的稳定性系数。

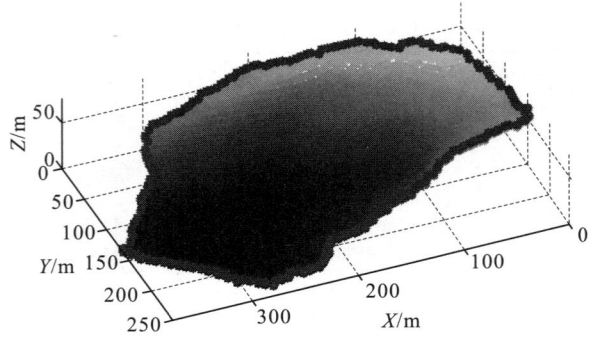

图 6.65 斜坡边界

表 6.8 危岩块体稳定性系数计算表

编号	切出的结构面组及组内结构面编号		破坏模式	稳定性系数
1	结构面 2—15	岩层面—13	单面滑动	36.6134
2	结构面 2—32	岩层面—7	单面滑动	16.8223
3	结构面 2—31	岩层面—8	单面滑动	21.3051
4	结构面 2—27	岩层面—9	单面滑动	25.9670
5	结构面 2—28	岩层面—9	单面滑动	32.7170
6	结构面 2—29	岩层面—9	单面滑动	37.8015
7	结构面 2—25	岩层面—10	单面滑动	21.5923
8	结构面 2—8	岩层面—15	单面滑动	29.7882
9	结构面 2—7	岩层面—18	单面滑动	12.8253
10	结构面 2—30	岩层面—8	单面滑动	19.0214

编号	N_i/kN	N_j/kN	W/kN	A_i/m²	A_j/m²
1	−962	6257	5916	85	253
2	−1939	12610	11922	256	202
3	−1442	9381	8870	171	202
4	−3133	20376	19265	171	556
5	−1856	12070	11412	85	430
6	−928	6038	5709	85	253
7	−1952	12642	12000	85	278
8	1701	11060	10457	85	354
9	−2797	18190	17199	342	202
10	−3111	20229	19126	171	379

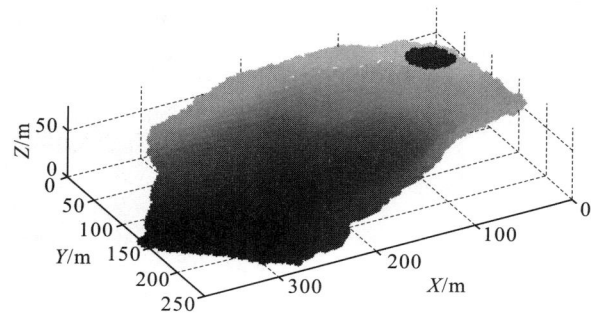

图 6.66　危岩块体

三、三维岩质斜坡可靠度评价

在分析岩质斜坡稳定性时，本节用到的结构面产状及结构面的力学参数实际都不是一个定值，而是具有一定不确定性的随机变量。即便是同一组的结构面，其产状也会有差异，力学参数也会分布不均匀，再加上测量上的较大误差，因此利用可靠度原理考虑这些参数的不确定性是十分有必要的。

1. 结构面参数确定

优势结构面是岩体中对岩体稳定性起到控制作用的结构面，本节的岩质斜坡稳定性分析方法，即是基于优势结构面模型建立起来的，结构面参数也是取值于优势结构面。一般确定优势结构面采用优势指标法，从时间、性质、数量、规模等多个方面进行综合判断[18]。

本章则从统计学的角度，找到结构面数量较为集中的某一产状范围，并将此范围内的所有结构面划分为同一优势结构面组，从而确定优势结构面参数，构建优势结构面模型。

首先将现场测得的结构面数据利用赤平投影原理以极点的形式绘制在赤平投影面上，形成结构面极点散点图，并统计出任意一点处的极点密度，再根据密度值绘制出等密度图，如图 6.67 所示。从等密度图上可以清晰地看出结构面集中分布的区域，从而将集中区域内的点划分为同一组优势结构面，并统计这一组结构面的各类参数，取其平均值作为本组优势结构面参数[15]。

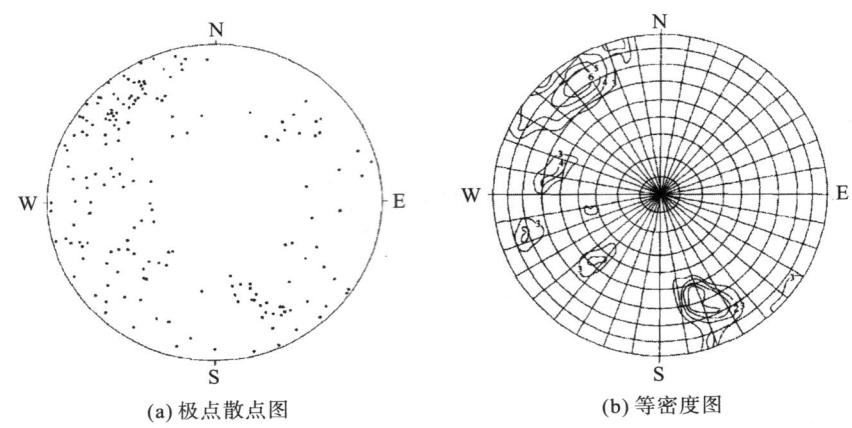

(a) 极点散点图　　　　(b) 等密度图

图 6.67　优势结构面统计图

从上述优势结构面的统计过程可以看出，这里用于分析岩质斜坡稳定性的优势结构面并不是一组形状位置固定且一致的结构面，即便是同一组的结构面其产状也会有一定差异，体现在赤平投影面上是较为集中的一个区域而不是重合的一个点。因此这里用一个平均的确定值表示整组内所有结构面的形状和位置是不符合实际的，利用一些统计参数来考虑每一组结构面的不确定性是很有必要的。

2. 蒙特卡罗法

蒙特卡罗法即随机抽样方法，它的优势在于可以解决一些极其复杂甚至根本没有解析解的问题，无须对问题进行分析推导，不受随机变量维数及极限状态方程复杂程度的限制，只需构造出一系列符合要求的随机样本进行模拟试验，简单有效，精度较高。并且随着计算机技术的发展，其优势愈发明显。

在分析岩质斜坡可靠度的过程中，由于存在大量结构面及结构面的组合，且有多个随机变量，每一个结构面的产状和力学参数都各不相同，是一个十分复杂的问题，因此本节选择蒙特卡罗法进行随机模拟计算，其具体计算原理如下[19]。

经过 n 次随机试验得到斜坡的 n 个稳定性系数样本值 $K_1, K_2, \cdots, K_n$，构造随机变量 M 为

$$M = M_1 + M_2 + \cdots + M_n \tag{6.59}$$

$$M_i = \begin{cases} 1 & (K_i \leqslant 1) \\ 0 & (K_i > 1) \end{cases} \tag{6.60}$$

从而可以得到斜坡失效概率为

$$\hat{p} = \frac{M}{n} \tag{6.61}$$

当试验次数足够多时，还可以拟合出稳定性系数的分布函数，并可以估计出均值和标准差为

$$\mu = \frac{\sum_{i=1}^{n} K_i}{n} \tag{6.62}$$

$$\sigma = \sqrt[2]{\frac{\sum_{i=1}^{n}(K_i - \mu)^2}{n-1}} \tag{6.63}$$

从而可以根据中心极限定理得出失效概率为

$$p = \frac{1}{\sqrt{2\pi}\sigma}\int_0^1 e^{-\frac{(x-\mu)^2}{2\sigma^2}}dx \tag{6.64}$$

然而蒙特卡罗法有其固有的缺点，即计算量较大。可以计算出 $1-\alpha$ 置信水平下的抽样误差为

$$\varepsilon = \frac{|\hat{p}-p|}{\hat{p}} \leqslant K_{\frac{\alpha}{2}} \cdot \sqrt{\frac{\hat{p}(1-\hat{p})}{N}} \cdot \frac{1}{\hat{p}} \approx \frac{K_{\frac{\alpha}{2}}}{\sqrt{\hat{p}\cdot N}} \tag{6.65}$$

从而可得抽样数量为

$$N \geqslant \left(\frac{K_{\frac{\alpha}{2}}}{\varepsilon}\right)^2 \cdot \frac{1}{\hat{p}} \tag{6.66}$$

从式(6.66)可以看出，抽样数量与所计算出的失效概率估计值互成反比。且于失效概率一般都是一个很小的值，因此抽样数量需要达到足够大才能获得正确的估计。例如，当要达到 95% 的置信度且误差率小于 0.2 时，就需要保证 $\frac{100}{\hat{p}}$ 次的试算。

3. 可靠度评价

根据结构面各随机变量的分布参数，随机建立一个岩体结构面空间模型，在此空间模型中利用前面的计算方法搜索出最危险岩块体，并判断是否会发生滑动破坏，重复构建并计算足够数量的空间模型，利用蒙特卡罗法即可计算出岩质斜坡的失效概率。

然而，每一种空间模型都需要试算所有结构面及结构面的组合，再加上随机变量较多需要构建大量的空间模型，这样的计算量是巨大的，甚至无法实现。因此为了减少计算量，仿照三维土质斜坡可靠度计算思路，仅针对最危险的滑体构建简化空间模型并计算失效概率，步骤如下。

(1)根据最小稳定性系数寻找到构成最危险滑体的一组或两组结构面。

(2) 根据结构面的倾角、倾向、间距、内摩擦角、黏聚力,在最危险岩块附近一定范围内随机生成一组(或两组)随机结构面,如图 6.68 所示。

(3) 计算此简化模型下整个岩质斜坡的最小稳定性系数,判断斜坡是否会发生破坏。

(4) 重复生成多个随机结构面模型,计算每个简化模型的稳定性系数,并判断每个模型是否会发生破坏。

(5) 利用蒙特卡罗法计算岩质斜坡的失效概率。

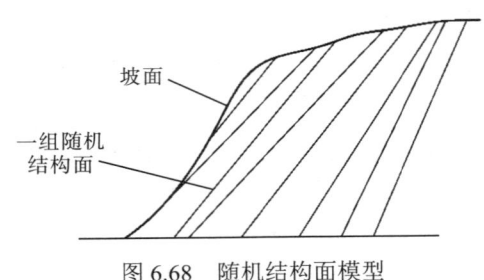

图 6.68 随机结构面模型

4. 计算实例

同样选取研究区域内的 45 号岩质斜坡,根据前面的计算结果发现,第二组结构面与岩层面的组合为该岩质斜坡最危险结构面组合,且计算得到的该斜坡稳定性系数为 12.8253。

现将结构面 2 及岩层面的倾角、倾向、内摩擦角、黏聚力与间距作为服从正态分布的随机变量,在最危险岩块附近生成简化的随机结构面模型(图 6.69),每

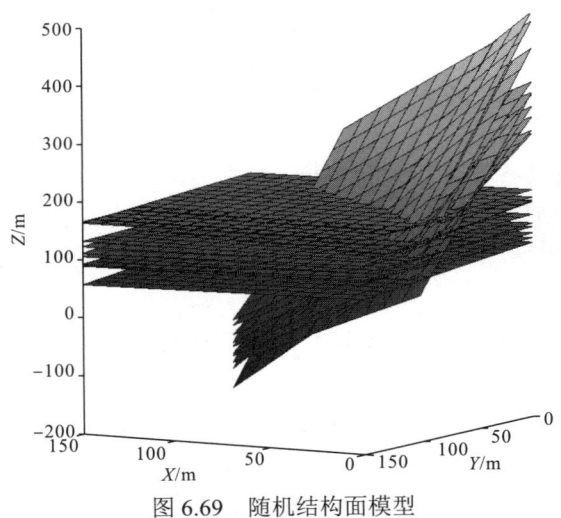

图 6.69 随机结构面模型

个模型中包含两组最危险结构面，每组包含 10 个随机结构面，并计算出此模型下斜坡的最小稳定性系数，如表 6.9 所示。由于本节要求的失效概率精度为 1%～2%，$100/\hat{p}$ 为 5000～10000，因此一共构造了 5000 个随机结构面模型，其中有 417 个模型没有切出可以自由滑动的结构面组合岩块，视为不可滑动，剩下的所有模型计算得到的稳定性系数分布直方图如图 6.70 所示，近似服从对数正态分布规律，根据式(6.11)～式(6.13)或对数正态分布的密度函数可以计算得到该岩质斜坡的失效概率近似为 0。

表 6.9 随机结构面参数表

	项目		1	2	3	4	5	6	7	8	9	10	稳定性系数
1	结构面二组	倾角/(°)	73.61	70.56	74.80	72.88	70.40	69.16	67.14	70.80	66.57	66.66	12.8530
		倾向/(°)	30.06	34.64	39.66	26.67	32.55	32.03	37.93	24.39	35.46	29.68	
		c/kPa	114.50	107.60	126.70	101.70	116.3	110.80	124.90	122.60	133.10	74.81	
		φ/(°)	32.26	33.06	28.42	28.51	25.43	29.38	29.48	30.77	34.15	29.38	
		间距/m	0	2.39	2.73	2.72	2.34	3.68	3.19	3.64	3.00	2.56	
	岩层面	倾角/(°)	12.68	7.86	13.95	8.00	2.49	15.96	5.99	5.01	6.94	9.91	
		倾向/(°)	3.23	19.24	17.93	18.88	16.83	8.58	13.71	11.15	10.83	3.43	
		c/kPa	84.97	155.2	158.90	126.30	119.80	176.00	100.30	136.80	91.39	83.37	
		φ/°	32.88	27.85	31.90	26.49	27.07	31.21	30.92	30.17	33.31	32.65	
		间距/m	0	2.04	2.77	1.88	2.15	2.70	3.23	2.80	3.01	2.37	
2	结构面二组	倾角/(°)	74.69	72.97	73.05	67.53	71.63	69.96	72.89	71.42	74.31	73.86	13.6247
		倾向/(°)	25.23	46.18	41.46	33.62	49.30	47.08	29.44	30.19	32.68	33.71	
		c/kPa	94.52	122.60	102.70	164.30	101.10	95.49	105.50	149.70	130.10	167.40	
		φ/(°)	31.12	32.45	29.14	31.87	26.85	30.18	27.72	32.34	33.34	33.71	
		间距/m	0	3.04	2.48	1.86	2.39	2.55	2.92	2.69	2.74	1.47	
	岩层面	倾角/(°)	4.56	4.72	4.23	6.22	11.63	11.20	7.14	10.40	14.07	9.59	
		倾向/(°)	9.21	13.87	21.27	18.60	9.04	14.90	21.88	23.62	18.16	18.46	
		c/kPa	136.90	117.30	135.20	132.40	115.90	117.30	114.20	133.80	151.00	138.00	
		φ/(°)	34.26	32.46	26.26	26.63	31.98	36.57	29.46	31.40	27.41	37.39	
		间距/m	0	2.78	1.94	3.72	2.48	2.29	1.98	2.70	2.61	1.49	
3	结构面二组	倾角/(°)	75.47	69.97	69.82	73.90	73.71	76.69	72.91	70.92	71.96	71.73	14.8984
		倾向/(°)	24.00	36.82	34.29	29.54	48.57	24.32	31.99	29.60	27.01	29.76	

续表

	项目		1	2	3	4	5	6	7	8	9	10	稳定性系数
4		c/kPa	132.40	118.30	123.20	121.10	82.12	112.10	116.60	117.90	146.60	125.90	15.9041
		φ/(°)	29.07	28.70	28.28	24.46	25.76	28.75	26.93	31.46	37.75	31.70	
		间距/m	0	2.59	2.90	2.12	2.84	2.16	2.09	1.83	2.71	2.43	
	岩层面	倾角/(°)	6.90	5.77	10.96	5.65	10.91	3.10	−5.98	4.41	3.71	7.82	
		倾向/(°)	24.18	10.48	10.86	9.29	10.98	9.63	9.00	27.98	26.82	3.97	
		c/kPa	134.20	72.03	107.50	99.88	141.80	140.30	99.25	107.10	100.80	109.30	
		φ/(°)	31.36	34.10	28.67	33.56	34.16	36.91	28.29	30.19	30.51	25.20	
		间距/m	0	2.19	2.46	2.97	2.58	2.45	2.99	2.80	2.87	2.11	
	结构面二组	倾角/(°)	72.10	76.33	71.98	73.35	72.79	72.65	71.84	70.43	71.33	73.03	
		倾向/(°)	32.97	36.37	40.85	34.25	34.21	25.03	41.75	35.10	33.05	31.50	
		c/kPa	90.31	97.47	100.50	110.60	131.40	114.40	156.50	90.03	100.60	126.10	
		φ/(°)	28.07	30.82	29.29	31.57	26.80	27.10	32.30	26.15	26.82	28.32	
		间距/m	0	2.62	2.79	2.26	2.82	3.15	1.46	2.14	2.18	3.72	
	岩层面	倾角/(°)	11.33	7.94	7.47	12.35	2.51	7.17	6.19	13.72	9.48	15.91	
		倾向/(°)	10.40	15.67	6.41	19.69	4.56	28.19	12.68	24.90	28.34	5.20	
		c/kPa	126.70	108.60	172.90	134.70	120.00	122.90	101.60	147.90	106.20	131.60	
		φ/(°)	29.56	29.88	32.33	32.09	31.75	28.77	29.71	33.16	37.80	37.17	
		间距/m	0	2.36	1.96	3.48	2.94	1.68	1.65	2.30	2.36	1.92	
5	结构面二组	倾角/(°)	72.56	71.13	76.57	73.60	74.88	75.61	69.94	73.63	72.55	68.33	9.4528
		倾向/(°)	31.76	41.80	36.43	42.00	25.55	31.71	40.21	35.01	26.34	34.37	
		c/kPa	138.00	102.80	109.60	122.10	126.30	132.20	140.40	107.40	140.30	140.20	
		φ/(°)	34.50	29.60	29.76	29.06	27.94	30.97	27.95	32.04	26.09	28.52	
		间距/m	0	1.97	2.05	2.40	2.02	2.72	2.38	3.41	2.84	2.27	
	岩层面	倾角/(°)	9.16	9.79	7.51	12.82	18.06	12.63	16.22	11.56	10.55	10.54	
		倾向/(°)	21.31	17.96	17.34	20.50	23.29	16.72	8.84	19.24	30.54	20.42	
		c/kPa	84.98	118.60	78.82	116.90	129.00	118.30	119.70	169.60	131.90	121.90	
		φ/(°)	34.25	28.43	31.08	36.51	29.10	29.04	30.47	36.54	33.52	34.19	
		间距/m	0	0.89	2.65	3.52	2.68	2.35	2.61	2.06	2.30	3.05	

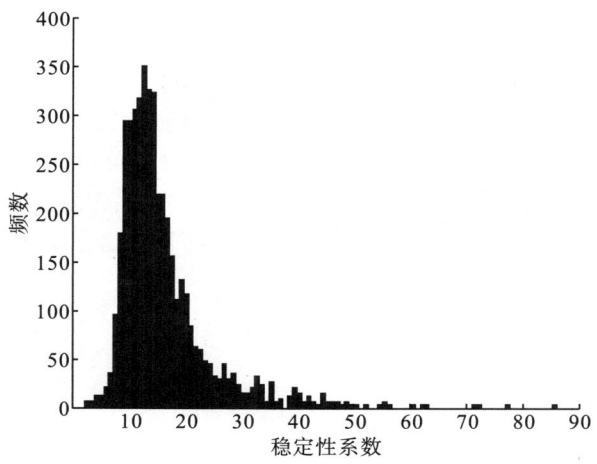

图 6.70　稳定性系数分布直方图

由于上述分析中为了减少计算量，仅针对两组最危险结构面建立了模型，并且每组仅包含最危险岩块（以确定性参数得到的稳定性系数最小的危险岩块）附近的 10 个结构面。为了验证该简化模型的合理性，本节在该实例的基础上，不仅仅针对最危险岩块，而是对每一组结构面在整个斜坡范围内建立随机结构面模型，搜索其中稳定性系数最小的滑体。由于计算量原因进行了 100 次试算，发现 100 次试算中除 4 次未出现结构面组合岩块外，其余 96 次最危险滑体均是由第二组结构面与岩层面的组合切出的，且 96 次中有 93 次构成最危险岩块的两个结构面与确定性参数下最危险滑体的两个结构面间隔不超过 10m。也就是说，100 个结果中有 93 个是与简化模型计算结果相同的，图 6.71 所示为确定性参数下的最危险

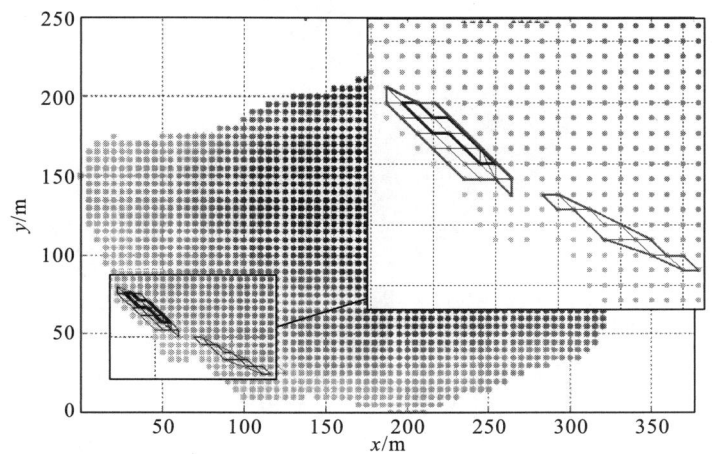

图 6.71　随机结构面模型最危险滑体范围（见彩插）

岩块范围(蓝色粗实线)及不确定性参数下多次试算出的最危险岩块范围(红色粗实线)对比情况。从图中可以看出,随机结构面模型中试算得到的最危险岩块红色粗实线范围基本均处于蓝色粗实线范围附近。

因此,考虑到该误差对于区域性评价工作而言完全处于可接受范围内,加之如果对成千上万个空间模型都去试算出其所有滑动面及滑动面组合的稳定性系数,工作量就会十分庞大,以至于无法实现。因此本节在确定性参数计算得出的最危险区域内构建简化随机结构面空间模型,从而计算得到失效概率。

第四节 应 用 实 例

本节选取"十二五"国家科技支撑计划课题项目"基于生态安全的村镇区域发展建设评价与整治技术集成研究"中 4 个示范区之一的重庆市涪陵区义和镇作为研究对象,应用前面总结出的山地地区三维斜坡稳定性定量评价方法,开展评价工作,从而可以根据评价结果为该区域建设用地规划选址提出意见和建议。

一、示范区概况

本节选取重庆市涪陵区义和镇东岳村、华东村周围 6km² 左右的正方形区域作为山区三维斜坡稳定性评价示范区,图 6.72 所示为整个义和镇的 DEM 图及研究区域所处位置,这里选用的 DEM 为 5m×5m 的栅格图层。

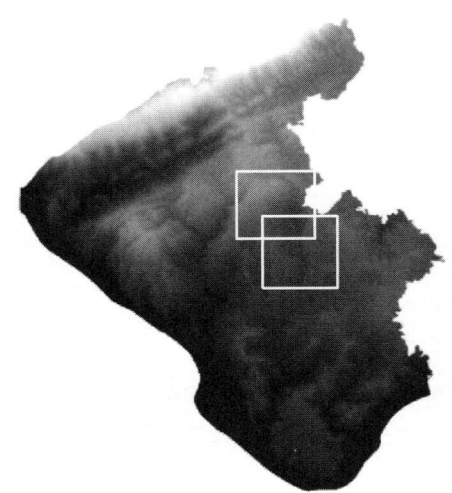

图 6.72 示范区位置

涪陵区地处重庆市中部,位于三峡库区腹地,境内地势以丘陵为主,东南高、西北低。义和镇位于涪陵区西北部与长寿区的交界处,面积为 107km², 下辖 12 个行政村,西南部与长江相邻,拥有长江水岸线 12km。研究区位于东经 107°10′17″~107°11′52″,北纬 29°43′37″~29°45′2″,处于义和镇中部,东部紧邻镇中心,区域内乡道密集,居民聚集点众多,有大量的天然斜坡,因此对此区域进行斜坡稳定性评价具有实际意义。

二、数据获取

1. 地质环境参数

根据中国建筑西南勘察设计研究院有限公司重庆分公司 2008 年年底的一份重庆市涪陵区义和镇地质灾害调查报告,可以总结出研究区域包括地形地貌、地质构造、岩土体性质、水文条件等地质环境特点,如表 6.10 所示。

表 6.10 示范区的地质环境特点

地形地貌		地质构造		岩性特征			水文及水文地质条件		破坏地质环境的人类活动	
地貌单元种类	地面坡角	断裂构造	岩土界面倾角	岩体结构类型	土层厚度/m	岩(土)性差异	地表水对岩土体的影响程度	地下水对岩土体的影响程度	土质边坡高度/m	岩质边坡高度/m
丘陵剥蚀地貌	一般为 50~260,局部为 480~700	无断层,发育有两组裂隙,间距为 2.0~3.0m	一般为 50~260	中~厚层状结构	0.5~6.0	岩土层分层简单,岩(土)性差异变化小	对本工程建设影响程度小,可不考虑	评估区地下水较贫乏,对本工程建设影响程度小,可不考虑	0.5~2.0	1.5~13.0

2. 结构面参数

根据上述勘察报告可知,该研究区域内地层由单斜岩层组成,岩层产状为 10°~21°∠5°~14°,且存在两组优势结构面。

J1:300°~312°∠65°~70°,裂面平直,延伸长度为 2~4m,局部张开,充填钙、泥质薄膜,间距为 2.0~3.0m。

J2:30°~41°∠70°~75°,延伸长度为 1~2m,多闭合,粗糙,无充填物,偶见黑色氧化物充填,间距为 2.0~3.0m,较发育。

裂隙面结合程度一般,多为密闭,无填充物,部分微张,钙、泥质薄膜或黑色氧化物充填,为硬性结构面。

参考国标《工程岩体分级标准》(GB 50218—2014)提供的岩体结构面抗剪峰

值强度分类表，以及国标《建筑边坡工程技术规范》(GB 50330—2013)提供的结构面抗剪强度标准值参照表，结合实际勘察报告取内摩擦角为 31°、黏聚力为 120kPa，如表 6.11 所示。

表 6.11 各标准结构面抗剪强度取值表

标准	岩石坚硬程度及结构面结合程度		内摩擦角 $\varphi/(°)$	黏聚力 c/MPa
《工程岩体分级标准》(GB50218—2014)	坚硬岩，结合好		>37	>0.22
	坚硬-较软岩，结合一般 较软岩，结合好		29～37	0.12～0.22
	坚硬-较坚硬岩，结合差 较软-软岩，结合一般		19～29	0.08～0.12
	较坚硬-较软岩，结合差-很差 软岩，结合差 软质岩的泥化面		13～19	0.05～0.08
	较坚硬岩及全部软质岩，结合很差 软质岩泥化层本身		<13	<0.05
《建筑边坡工程技术规范》(GB50330—2013)	硬性结构面	结合好	>35	>0.13
		结合一般	27～35	0.09～0.13
		结合差	18～27	0.05～0.09
	软弱结构面	结合很差	12～18	0.02～0.05
		结合极差(泥化层)	<12	<0.02

3. 岩土体参数

本节的岩土参数来源于长安大学徐平博士的学位论文[20]。涪陵地处三峡库区奉节西-重庆段，滑坡体由侏罗系砂岩碎块石夹杂紫红色粉质黏土及黏土所组成。表 6.12 中列出了一些实测的室内土工试验数据(实测值)及一些期刊和勘察报告中收集的岩土参数(专家值)。

表 6.12 示范区岩土参数表

项目			专家值				实测值			
			滑体	滑带	滑床		滑体	滑带	滑床	
					粉砂岩	泥岩			粉砂岩	泥岩
重度/(kN/m³)	天然	平均值	20.6*	20.1	25.2*	24.9	19.9	19.6	25.3	24.5
		标准差	1.1*	1.1	0.58*	0.76	0.8	0.9	0.6	0.21
	饱和	平均值	21.3	20.6	25.3	25.0	20.4	20.1	25.9	25.5
		标准差	1.4	1.0	0.59	0.88	0.4	0.6	—	0.34

续表

项目			专家值				实测值			
			滑体	滑带	滑床		滑体	滑带	滑床	
					粉砂岩	泥岩			粉砂岩	泥岩
c/kPa	天然	平均值	35.8*	24.1*	4000	1300	36.7	23.1	5900	2800
		标准差	18.6*	10.8*	2360	620	25.4	12.3	2130	1110
	饱和	平均值	28.6	17.9	—	—	25.0	15.8	—	—
		标准差	11.7	7.3	—	—	15.6	6.1	—	—
φ/(°)	天然	平均值	17.1*	13.1*	38.9	35.4	14.6	10.7	41.8	38.6
		标准差	5.4*	4.6*	4.39	2.22	7.3	3.2	1.52	1.15
	饱和	平均值	14.2	10.4	—	—	11.3	8.0	—	—
		标准差	4.0	4.2	—	—	6.0	2.2	—	—

注：抗剪强度实测值均为室内剪切试验残剪值；带*为本节取用值。

4. 土岩分界面

由于本地区土层较薄，且无地下水，因此只需获得基岩层高程数据即可生成所需的空间地质模型。然而，本研究区域缺乏地层钻孔资料，且实地钻孔难度较大，因此本节利用地质雷达探测技术，向地层发射高频电磁波，电磁波遇到不同电性介质分界面时发生反射，雷达接收到反射波后以反射波波形的形式生成雷达剖面图[21]，经过滤波、增强等处理与解析后，即可判断出大致的土岩界面。此方法无须钻孔，效率高、精度高、无损、方便，且费用低。

在示范区的一部分区域内，均匀选取 26 个测点，分别运用地质雷达测出各测点的土层厚度。图 6.73(a)所示为某个测点处的雷达剖面图。图中，深度 5m 左右处有一肉眼可识别的明显分界线，分界线以上波形振幅大，粗且杂乱，分界线以下波形均匀，无杂乱反射，结合图 6.73(b)中真实的地层露出情况，可以判断测点土层厚度约为 5m，地质雷达所探测出的土岩分界面与实际十分吻合。

本节最终所有数据的取值情况如表 6.13 所示，并假定所有参数均服从正态分布。

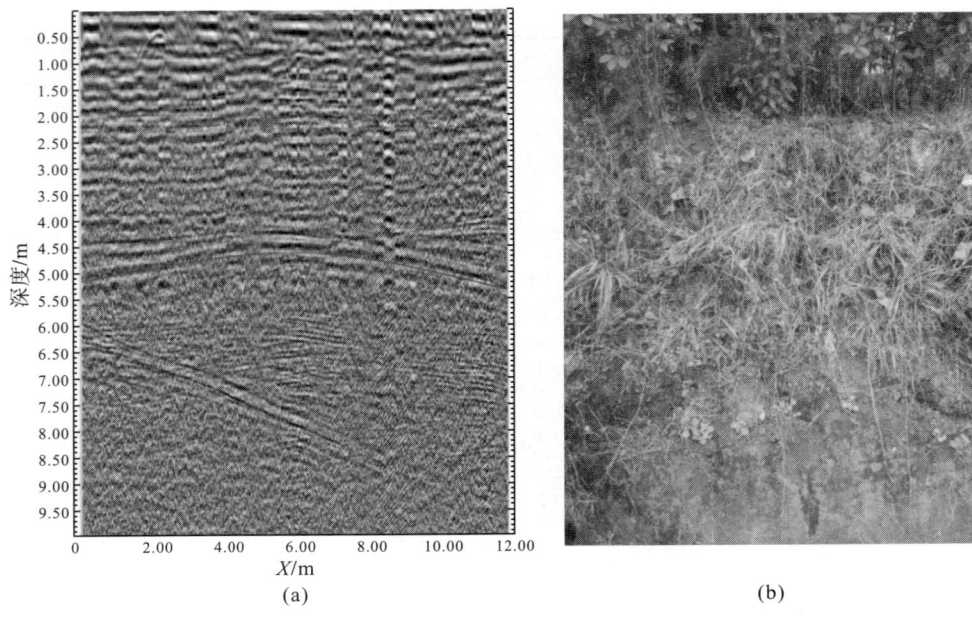

图 6.73 地质雷达探测岩层界面

表 6.13 参数取值表

项目	土层厚度/m	土层重度/(kN/m³)	岩层重度/(kN/m³)	土层 c/kPa	土层 φ/(°)	土岩分界面 c/kPa	土岩分界面 φ/(°)
平均值	3	20.6	25.20	35.8	17.1	24.1	13.1
标准差	2	1.1	0.58	18.6	5.4	10.8	4.6
项目	结构面1倾向/(°)	结构面1倾角/(°)	结构面2倾向/(°)	结构面2倾角/(°)	结构面间距/m	结构面 φ/(°)	结构面 c/kPa
平均值	306	68	35	73	2.5	31	120
标准差	6	3	6	3	0.5	3	20
项目	岩层面倾向/(°)	岩层面倾角/(°)	岩层面间距/m	岩层面 φ/(°)	岩层面 c/kPa		
平均值	16	9	2.5	31	120		
标准差	6	4	0.5	3	20		

三、评价结果

1. 斜坡单元划分

本节利用前文所述的斜坡单元划分技术,在评价区域地表 DEM 图层的基础上将整个区域划分为 130 个斜坡单元,包含 15 个岩质斜坡及 115 个土质斜坡,如

图 6.74 所示。在图中，灰色单元代表岩质斜坡，白色单元代表土质斜坡，数字代表斜坡的编号。

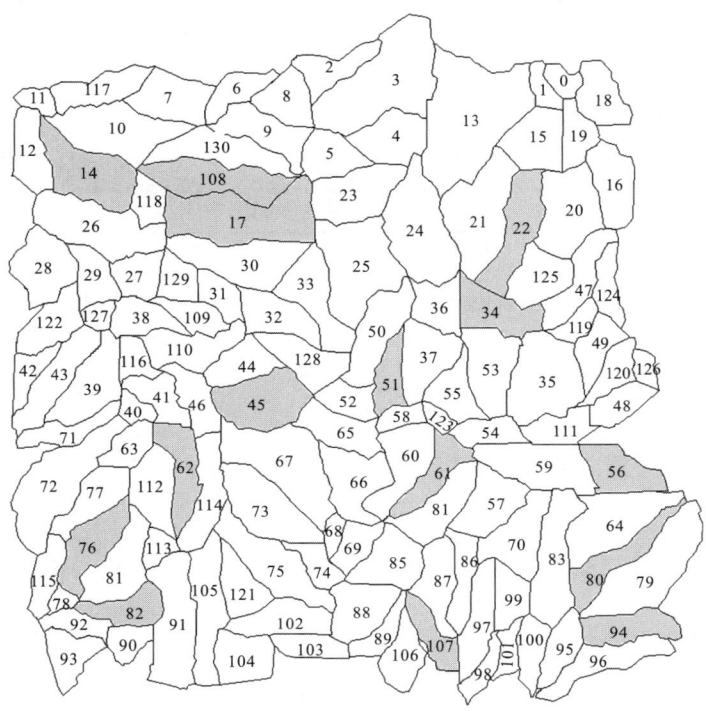

图 6.74　示范区斜坡单元划分

2. 斜坡单元数据集构建

本节在研究区域内一共获得 41 个测点数据，包括利用地质雷达探测到的 26 个测点，以及 15 个凭借经验或勘察报告在测点较为稀疏区域设置的虚拟测点，具体测点数据如表 6.14 所示。

表 6.14　测点数据表

项目	实测点编号								
	1	2	3	4	5	6	7	8	9
地表高程/m	324.40	290.60	289.10	298.30	296.50	296.80	308.40	317.60	309.00
土层厚度/m	5.11	3.14	4.08	2.79	2.89	3.99	5.53	3.23	4.37
基岩高程/m	319.29	287.46	285.02	295.51	293.61	292.81	302.87	314.37	304.63

续表

项目	实测点编号								
	10	11	12	13	14	15	16	17	18
地表高程/m	330.00	300.50	310.00	310.00	324.80	312.60	297.00	309.70	306.20
土层厚度/m	3.77	5.12	2.91	4.03	4.55	5.10	5.54	4.09	2.51
基岩高程/m	326.23	295.38	307.09	305.97	320.25	307.50	291.46	305.61	303.69

项目	实测点编号							
	19	20	21	22	23	24	25	26
地表高程/m	311.30	295.10	339.30	310.50	332.30	327.90	321.40	305.00
土层厚度/m	3.26	2.94	6.35	3.38	4.75	3.81	4.89	3.24
基岩高程/m	308.04	292.16	332.95	307.12	327.55	324.09	316.51	301.76

项目	虚拟测点编号								
	1	2	3	4	5	6	7	8	9
地表高程/m	305.00	324.80	301.20	303.10	303.30	312.20	299.10	296.50	315.50
土层厚度/m	2.60	2.58	4.49	3.82	3.80	5.42	4.29	4.20	5.59
基岩高程/m	302.40	322.22	296.71	299.28	299.50	306.78	294.81	292.30	309.91

项目	虚拟测点编号					
	10	11	12	13	14	15
地表高程/m	330.80	338.30	304.40	306.40	313.50	300.60
土层厚度/m	3.20	4.70	4.84	3.76	4.22	2.83
基岩高程/m	327.60	333.60	299.56	302.64	309.28	297.77

进而对这些测点进行克里金插值,图 6.75 所示为生成的半变异函数模型曲线。图中点代表各样本点对的半变异值,线代表拟合出的半变异函数模型。图 6.76 所示为交叉验证曲线,交叉验证的思想即移除某个测点后利用其余的测点数据进行插值,将得到的该点预测值与实际值比较,从而判断出插值模型的质量好坏。在图 6.76 中,x 轴代表真实值的大小,y 轴代表预测值的大小,虚线代表实测点的理论拟合线,实线代表插值点的拟合线,可以看出实线与虚线的整体吻合程度较好,说明内插的效果较好。

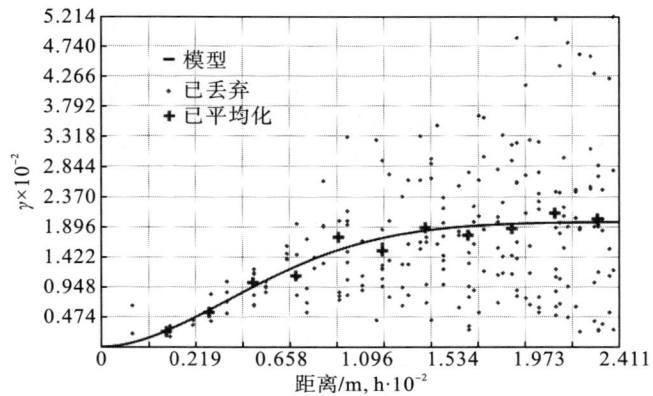

图 6.75　半变异函数模型曲线

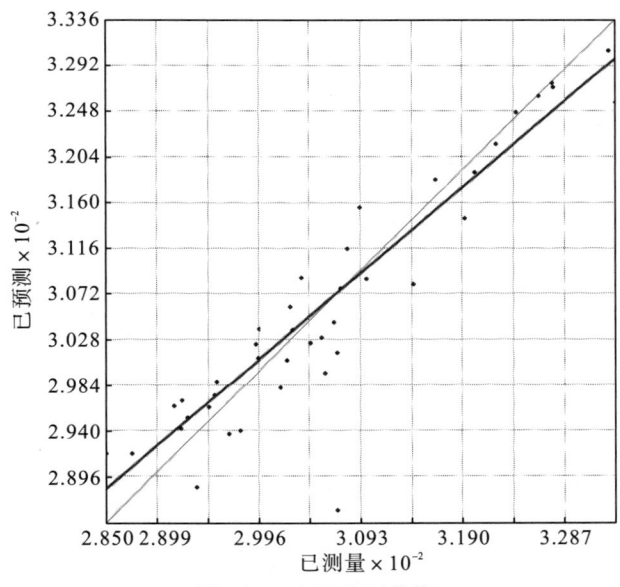

图 6.76　交叉验证曲线

建立起研究区域部分的空间地质模型，图 6.77 所示为经过垂直放大后的多层 DEM 空间地质模型。图中，上面一层为地面层 DEM，下面一层为基岩上表面 DEM，黑色点代表地质雷达测点。

根据模型情况及测量数据、勘察报告数据可以发现，本区域内土层较薄，而且土层分布较为均匀，因此剩下的由于工作量及测量难度等实际问题而没有测点的区域，则认为各斜坡土层均匀分布。从而就能生成整个区域的基岩层 DEM。结合上面所取的各计算参数，建立起整个研究区域的斜坡单元数据集。

图 6.77 多层 DEM 空间地质模型

3. 斜坡稳定性评价结果

在图 6.78 中，黄色单元为土质斜坡，灰色单元为岩质斜坡，红色区域为最危险滑动面范围，每个单元上的数值为稳定性系数，绿色圆点大小代表失效概率的大小。

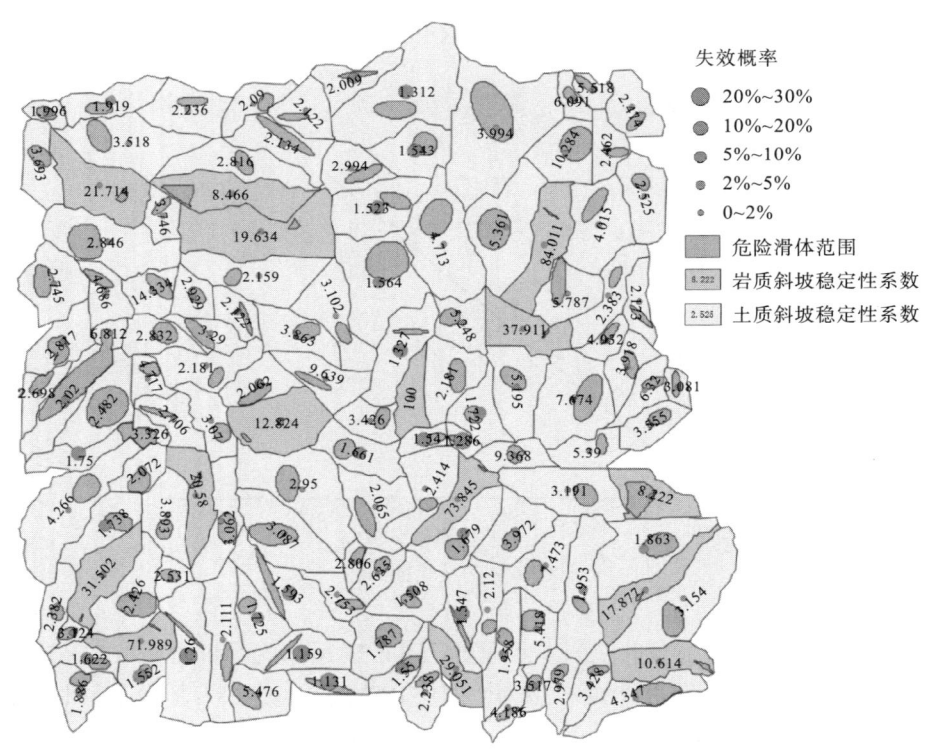

图 6.78 斜坡稳定性计算结果（见彩插）

从图 6.78 中可以看出，此研究区域的土质斜坡稳定性较好，没有出现稳定性系数小于 1 的土质斜坡，大多数土质斜坡稳定性系数均大于 1.30，失效概率小于 20%，与实际情况相符。

除 51 号岩质斜坡不存在被结构面完全切出的结构面组合岩块外，其他岩质斜坡中均存在可能发生滑动的结构面组合岩块，但大多数岩块体积较小。由于本区域两组结构面倾角远大于坡角，且岩层面倾角远小于结构面内摩擦角，因此岩质斜坡的稳定性系数均较高，失效概率均接近于 0，不存在发生滑动破坏的危险岩块。

取边坡工程安全等级为二级，参照《建筑边坡工程技术规范》(GB 50330—2013) 提供的边坡稳定性状态划分表，结合失效概率，本节将整个研究区域的斜坡划分为 4 个等级，具体分级情况如表 6.15 所示。

表 6.15　斜坡稳定性分级表

项目	斜坡稳定性状态			
	不(欠)稳定	较不稳定	较稳定	稳定
斜坡稳定性系数	$F_s<1.05$	$1.05\leqslant F_s<1.30$	$1.30\leqslant F_s<1.60$	$F_s\geqslant 1.60$

斜坡稳定性区划图如图 6.79 所示，其中，红色区域代表滑坡危险性大的区域，稳定性系数小于 1.05，滑坡发生的可能性很高，在建设用地规划选址时应避开此区域，本示范区内不存在红色区域；橙色区域为具有一定滑坡风险的区域，稳定性系数为 1.05~1.30，失效概率大于 20%，安全储备较小，在降雨、堆载等外界因素影响下可能会发生滑坡，在此区域开展建设活动前应对斜坡采取一定的防护措施；黄色区域代表滑坡风险较低的区域，稳定性系数为 1.30~1.60，失效概率为 10%~20%，可以直接在此区域开展工程建设活动；绿色区域边坡稳定性好，稳定性系数大于 1.60，失效概率小于 10%，适宜在此区域开展工程建设活动，进行建设用地规划选址时优先选择此区域。

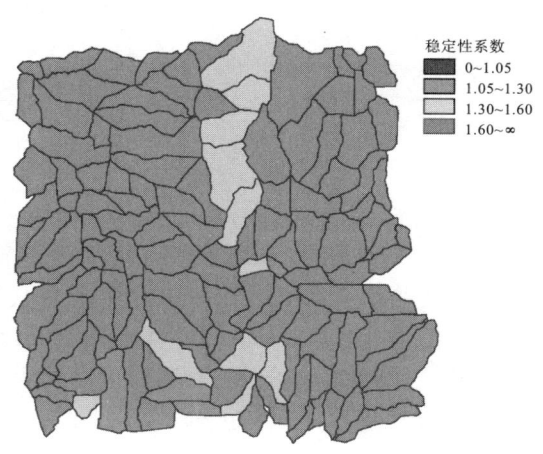

图 6.79　斜坡稳定性系数区划图(见彩插)

将评价结果与本研究区域的等高线分布图(图 6.80)做比较,橙色与黄色区域主要集中于整个示范区的西南部及中轴线附近,即等高线较为密集的区域,符合坡度对斜坡稳定性的影响规律。

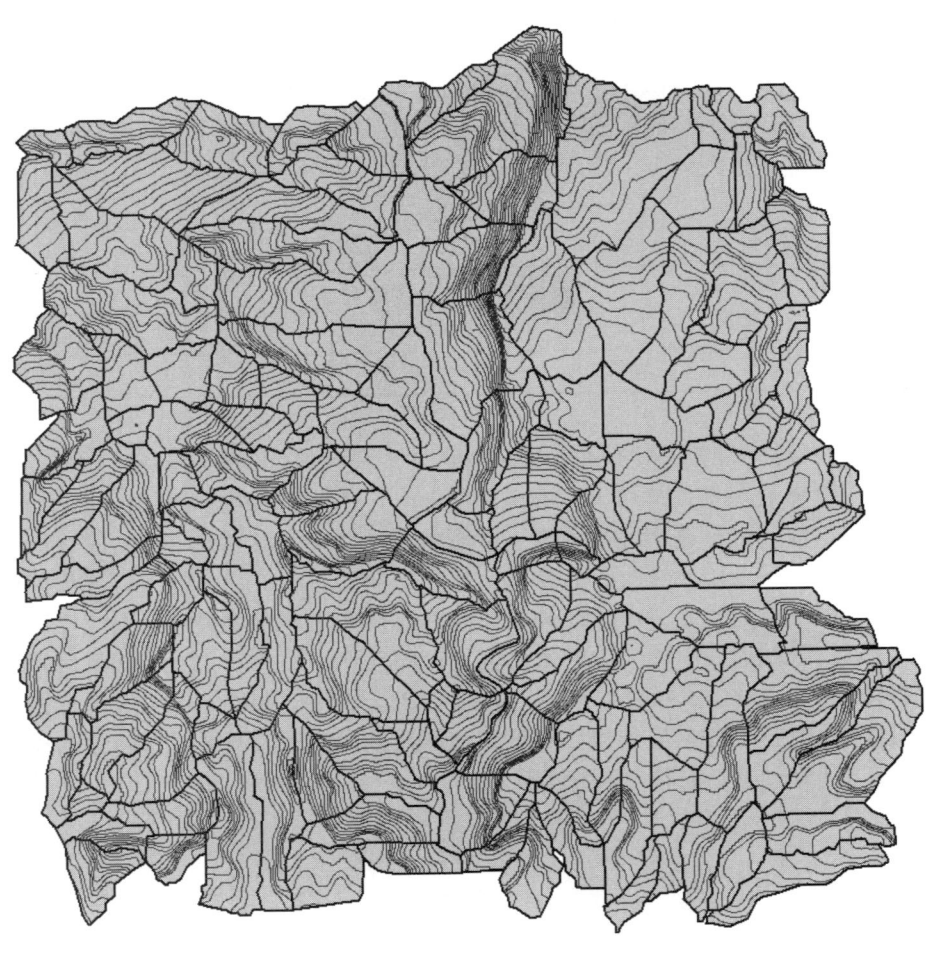

图 6.80　等高线分布图

图 6.81 所示为利用 ArcScene 的三维可视化功能,在三维场景中生成的斜坡稳定性计算结果,并且可以进行拉伸、旋转、添加光照条件甚至制作飞行动画等,使得结果更加直观形象,提供给观察者平面图中无法提供的信息。在图 6.81 中,每个斜坡单元上的小旗颜色代表稳定性区划等级,大小代表其稳定性系数的大小,稳定性系数越小,滑坡危险性越高,小旗越大。

图 6.81　斜坡稳定性计算结果三维展示图(见彩插)

第五节　本　章　小　结

为了在山地地区考虑滑坡灾害并进行科学合理的建设规划与选址,对山区的斜坡稳定性进行定量评价。本章针对目前研究现状中存在的不足,拟在 GIS 环境下结合斜坡单元划分技术构建斜坡单元数据集,并基于此数据集利用三维极限平衡法、三维滑动面搜索方法及可靠度分析原理,研究一套可以对大规模区域性土质斜坡及岩质斜坡进行稳定性评价的方法,主要内容包括以下几方面。

1. 建立斜坡单元数据集

在 GIS 水文分析模块的支持下,对区域进行斜坡单元划分,并为每一个斜坡单元建立包含斜坡三维空间地质信息及岩土力学性质信息的数据集,从而可以简单的数据点形式进行更为复杂的分析计算。

2. 基于斜坡单元数据集的土质斜坡稳定性评价

在斜坡单元数据集的基础上,结合三维极限平衡法、滑动面搜索技术及可靠度分析原理,实现对土质斜坡稳定性的批量分析,包括稳定性系数的计算、最危险滑动面的自动搜索及利用响应面法进行可靠度计算。最终根据稳定性系数及失效概率对区域土质斜坡稳定性进行评价与区划。

3. 基于斜坡单元数据集的岩质斜坡稳定性评价

在斜坡单元数据集的基础上,结合三维极限平衡法、可靠度分析原理及最危险结构面组合岩块搜索方法,实现对岩质斜坡稳定性的批量分析,包括搜索可能发生滑动的结构面组合岩块、判断岩块的破坏模式、计算滑体稳定性系数及利用蒙特卡罗法进行可靠度计算。最终根据稳定性系数及失效概率对区域岩质斜坡稳定性进行评价与区划。

4. 工程应用

选取重庆市涪陵区义和镇作为示范区，运用上述计算方法对整个区域进行斜坡稳定性评价，得出滑坡灾害危险性区划图，从而为义和镇的建设用地规划选址提出意见。

参 考 文 献

[1] 汤国安. ArcGIS 地理信息系统空间分析实验教程[M]. 北京：科学出版社, 2006: 478-511.

[2] 张均锋, 曹杰, 孟达, 等. 基于钻孔资料建立多层数字高程模型及其应用[J]. 力学与实践, 2009, 31(1): 75-79.

[3] 朱良峰, 吴信才, 刘修国, 等. 基于钻孔数据的三维地层模型的构建[J]. 地理与地理信息科学, 2004, 20(3): 29-33.

[4] 于向博. 基于地质钻孔数据的地层三维可视化研究[D]. 山东：山东科技大学, 2010.

[5] 陈组煜. 土质边坡稳定分析——原理·方法·程序[M]. 北京：中国水利水电出版社, 2003: 533-559.

[6] 张均锋, 丁桦. 边坡稳定性分析的三维极限平衡法及应用[J]. 岩石力学与工程学报, 2005, 24(3): 5-10.

[7] Huang CC, Tsai CC. New method for 3D and asymmetrical slope stability analysis[J]. Journal of Geotechnical and Geoenvironmental Engineering, 2000, 126(10): 917-927.

[8] Zhang X, Three dimensional stability analysis of concave slopes in plane veriw[J]. J of Geotechnical Engineering 1988, 114(6): 658-671

[9] 李同录, 王刘华, 张常亮, 等. 土质边坡空间临界滑动面搜索的优化算法[J]. 地球科学与环境学报, 2011, 33(3): 84-89.

[10] 游为, 范东明, 黄瑞金. 适用于任意旋转角的三维直角坐标转换方法[J]. 测绘科学, 2009, 34(5): 156-157.

[10] 李同录, 邓宏科, 李萍, 等. 搜索简单土坡潜在滑动面的一种新方法[J]. 长安大学学报(地球科学版), 2003, 25(3): 59-62.

[12] 赵国藩. 结构可靠度理论[M]. 北京：中国建筑工业出版社, 2000: 21-52.

[13] 苏永华, 赵明华, 蒋德松, 等. 响应面方法在边坡稳定可靠度分析中的应用[J]. 岩石力学与工程学报, 2006, 25(7): 125-132.

[14] 陈祖安. 中国水利发电工程 工程地质卷[M]. 北京：中国电力出版社, 2000: 183-274.

[15] 陈组煜. 岩质边坡稳定分析——原理·方法·程序[M]. 北京：中国水利水电出版社, 2005: 51-204.

[16] 张永兴. 边坡工程学[M]. 北京：中国建筑工业出版社, 2008: 12-65.

[17] Hoek e, Bray J W. Rock slope engineering[M]. 3rd ed. London,England: CRC Press, 1981: 337-351.

[18] 蒋建平, 章杨松, 罗国煜, 等. 优势结构面理论在岩土工程中的应用[J]. 水利学报, 2001, (8): 92-98.

[19] 李侃, 巨能攀. 基于蒙特卡洛方法的边坡可靠性评价[J]. 中国地质灾害与防治学报, 2014, 25(1): 29-33.

[20] 徐平. 三峡库区涉水滑坡体稳定性的可靠度研究[D]. 西安：长安大学, 2011.

[21] 徐凯军, 刘展, 吴国忱, 等. 地质雷达在镇巴地区露头地质调查中的应用[J]. 工程地球物理学报, 2009, 6(2): 50-53.

第七章 基于 GIS 平台的适宜性评价方法实现与系统开发

本章从开发技术角度，介绍二次开发技术发展过程，选择集成开发方式中的 GIS 组件技术进行系统开发；同时确定系统的开发平台、环境和语言。随后阐述山地村镇建设用地适宜性评价系统的总体设计，回答系统目标、需求分析、设计原则等关键问题。在它的指引下，利用 GIS 的二次开发技术将适宜性评价理论集成到系统中。最后详细介绍系统的总体框架及各功能的设计与实现，以便于土地规划部门和管理人员学会使用该系统，为他们以后的工作提供科学决策。

第一节 GIS 系统简介

地理信息系统(geographic information system，GIS)是将具有地理位置的空间数据进行采集、处理、分析、传输、存储、管理的空间信息系统[1]。第一个实用的 GIS——加拿大地理信息系统(CGIS)由加拿大测量学家汤姆林森于 20 世纪 60 年代建立，并用于自然资源的管理和规划。如今，GIS 已广泛应用于测量学、城市规划、海洋学、大气学、灾害预测等学科中，是多学科交叉的产物。地理信息系统数据包括空间数据和属性数据(也称文字数据、非空间数据)。前者是指空间事物的位置、坐标及拓扑关系等；后者又分为定性和定量两种，其中定性数据为土地利用现状类型、城市名称等，定量数据则以数字量化表示。

GIS 具有以下两个方面的特征。

(1)对空间地理信息数据进行采集、处理、分析和输出。

(2)平常难以完成或处理过程复杂的任务，在软件系统(通用的或专门的地理分析模型)和硬件系统的共同作用下，GIS 系统对数据进行处理。

GIS 根据其研究内容可分为应用型 GIS 和工具型 GIS[2]，应用型 GIS 又分为专题性应用型 GIS 和区域性应用型 GIS，因为只用于某一专业领域，所以就决定了其发展的局限性。工具型 GIS 是指工具软件系统(如 ArcGIS、MapGIS 等)，简单地说，是一种对任何具有空间信息的数据处理工具。近几十年来，它发展得越来越壮大。但是工具型 GIS 往往过于庞大，功能过于复杂，于是出现了仅仅针对用户某个需求的 GIS,这就是基于 GIS 的二次开发。它应满足以下两个要求。

(1) 外在要求:系统界面应方便、美观、丰富,在视觉上能够吸引用户使用。

(2) 内在要求:系统功能应满足用户需求,并最终运用于实际。

第二节　基于 GIS 平台的适宜性评价方法实现

前述各章节中的评价过程均可在 GIS 平台的支持下便捷地实现,实现过程涉及多环缓冲、要素赋值、栅格计算、重分类、坡度提取、坡向提取、曲率提取、渔网点等基本操作,如表 7.1 所示。

表 7.1　GIS 平台下的适宜性评价操作方法

评价目标	评价指标	操作方法
基于工程建设对生态安全影响程度的土地区划	河流	多环缓冲,要素赋值
	湖泊及水库等湿地区域	多环缓冲,要素赋值
	景观类型	要素赋值
	自然保护区、风景区	多环缓冲,要素赋值
山地农村土地安全格局评价指标	水源涵养区	多环缓冲,要素赋值
	坡度	坡度提取,重分类
	林地保护	要素赋值
	植被覆盖率	栅格计算,重分类
	自然风景区	多环缓冲,要素赋值
	土地利用现状类型	要素赋值
	洪水灾害	栅格计算,重分类
	滑坡泥石流	多环缓冲,要素赋值
基于生态安全的建设用地适宜性评价	坡向	坡向提取,重分类
	坡度	坡度提取,重分类
	相对高程	栅格计算,重分类
	地表曲率	剖面曲率,重分类
	坡位	斜坡单元,栅格计算,重分类
	断裂带	多环缓冲,要素赋值
	矿产资源	要素赋值
	表土类型	要素赋值
	洪水淹没	栅格计算,重分类
	滑坡	多环缓冲,要素赋值

续表

评价目标	评价指标	操作方法
	泥石流	多环缓冲，要素赋值
	地面塌陷	多环缓冲，要素赋值
	崩塌	多环缓冲，要素赋值
	镇建成区	多环缓冲，要素赋值
	镇中心村	多环缓冲，要素赋值
	公路	多环缓冲，要素赋值
	农村道路	多环缓冲，要素赋值
山地村镇建设场地适宜性评价	剖面曲率	剖面曲率，重分类
	平面曲率	平面曲率，重分类
	岩土均匀性	要素赋值
	地基承载力	要素赋值
	地基持力层埋深	栅格计算，重分类
	地下水埋深	栅格计算，重分类
	土、水腐蚀	要素赋值
	土、水污染	要素赋值
	崩塌	要素赋值
	滑坡	要素赋值
	地面塌陷	要素赋值
	泥石流	要素赋值
	地裂缝	要素赋值
	采空区	要素赋值
	地面沉降	要素赋值
	地震液化	要素赋值
	断裂带活动性	要素赋值

1. 多环缓冲

在工具箱中选择多环缓冲工具，输入待缓冲要素后添加各环缓冲距离，并可以选择距离、缓冲区单位、字段名称及各缓冲区是否重叠等(图 7.1)，多环缓冲操作示例如图 7.2 所示。

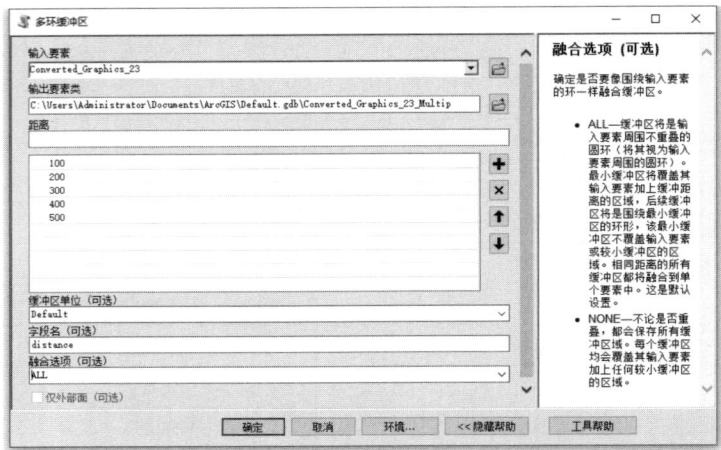

图 7.1 多环缓冲区

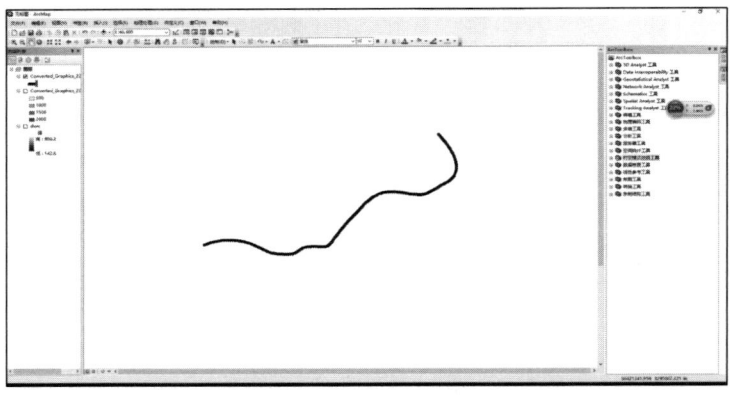

(a)

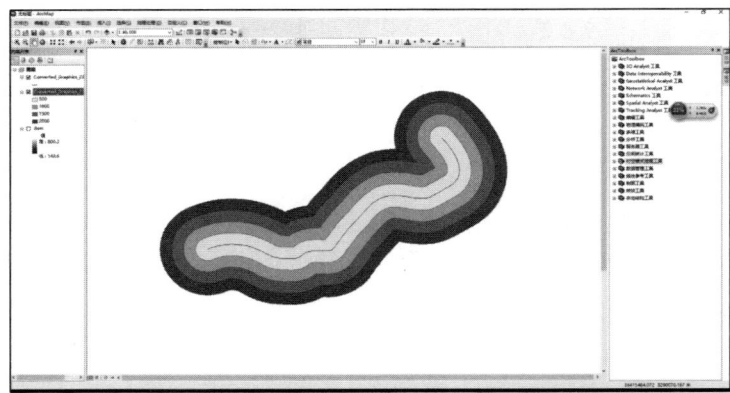

(b)

图 7.2 多环缓冲操作示例

2. 要素赋值

对于要素图层，在其属性表中添加一个字段，启用编辑器并对要素各个部分的新字段进行赋值，可以手动输入，也可以利用字段计算器批量赋值，如图 7.3 所示。赋值后利用要素转栅格工具对要素图层的新建字段进行转换，并可控制输出图层的栅格大小，如图 7.4 所示。要素赋值操作示例，如图 7.5 所示。

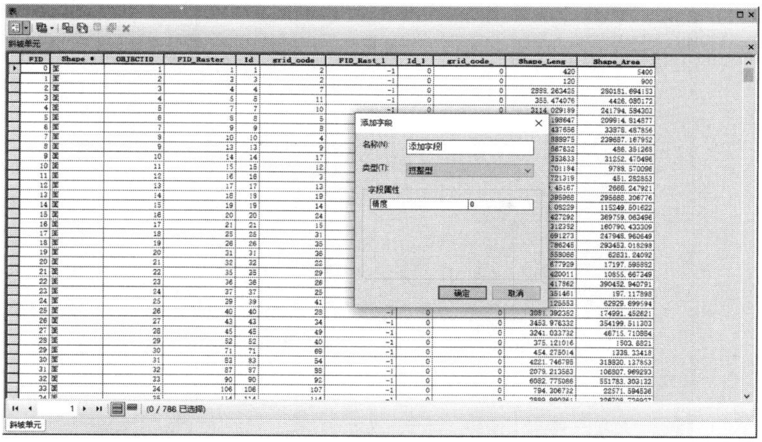

图 7.3　属性表

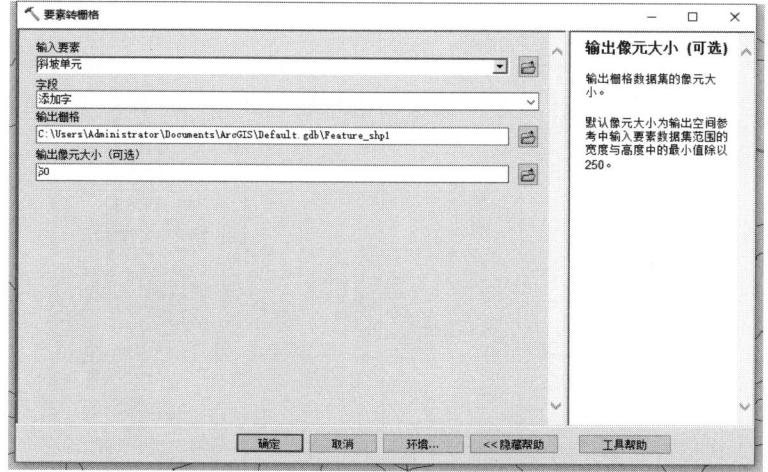

图 7.4　要素转栅格

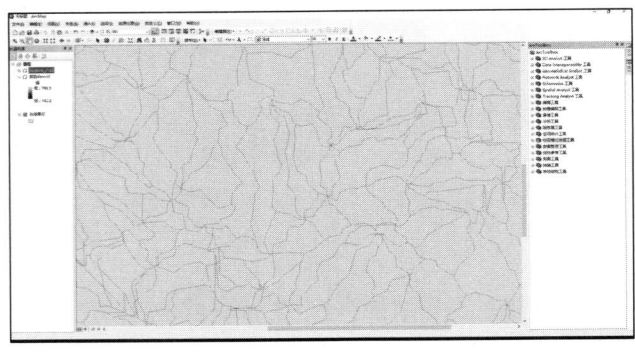

(a)

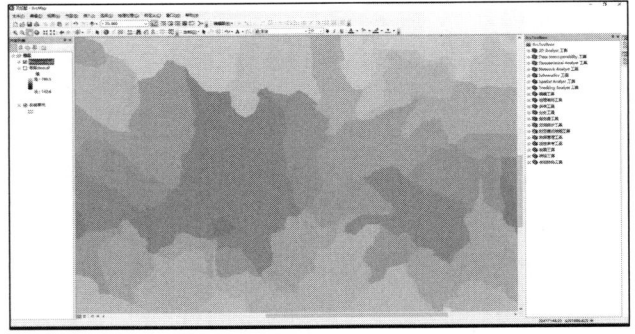

(b)

图 7.5 要素赋值操作示例

3. 栅格计算

在工具箱中选择栅格计算器,输入栅格与表达式即可,如图 7.6 所示。

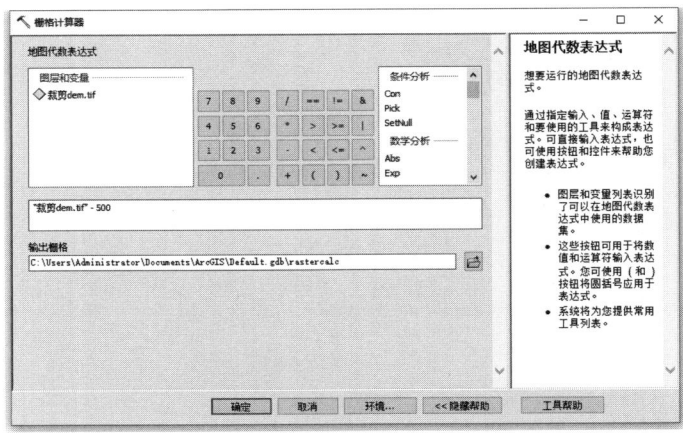

图 7.6 栅格计算器

4. 重分类

在工具箱中选择重分类工具,输入栅格及需要分类的字段,将旧值重新分类为新值,分类时可采用手动分类或利用系统提供的分类方法,如图 7.7 所示。重分类操作示例,如图 7.8 所示。

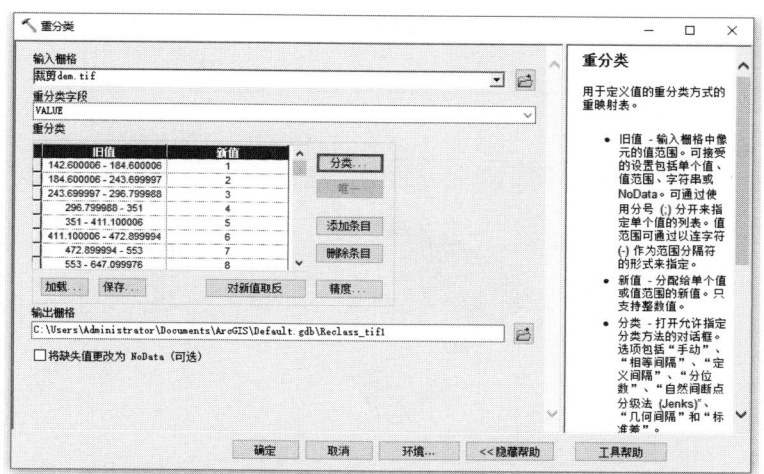

(a)

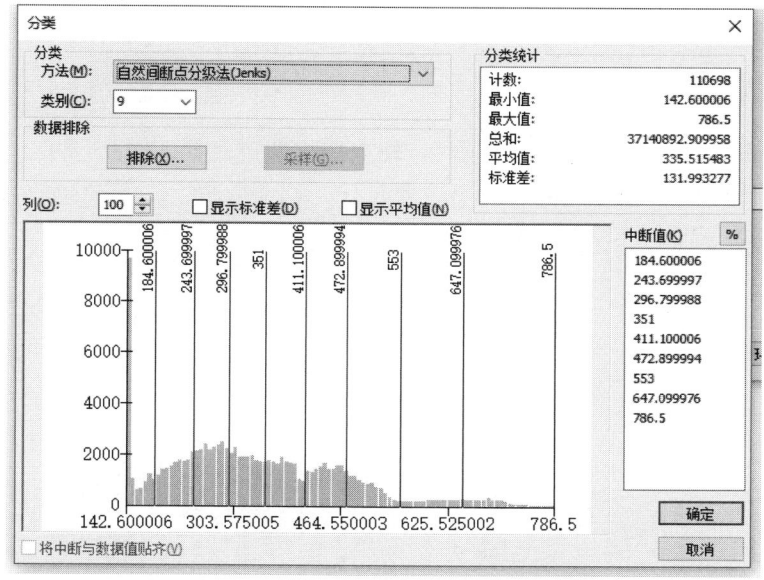

(b)

图 7.7 重分类

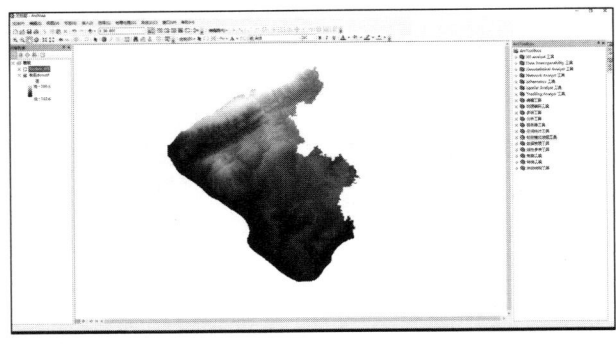

(a)

(b)

图 7.8　重分类操作示例

5. 坡向、坡度

在工具箱中选择坡向或坡度工具，输入栅格即可，如图 7.9 所示。坡向及坡度操作示例，如图 7.10 所示。

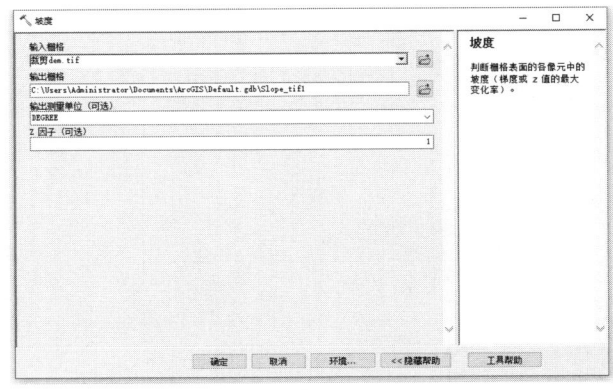

(a)

第七章 基于 GIS 平台的适宜性评价方法实现与系统开发

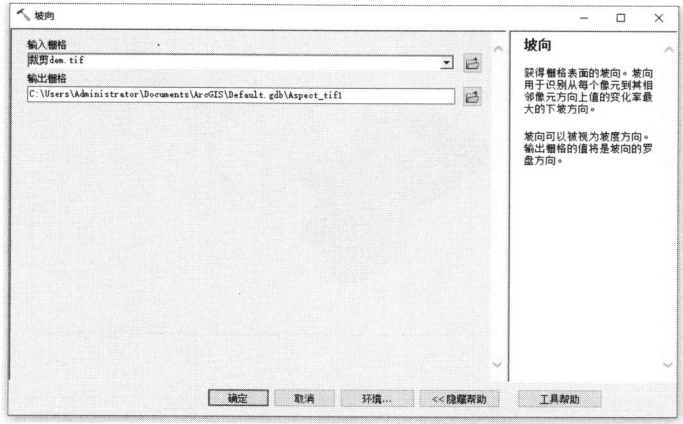

(b)

图 7.9 坡度及坡向

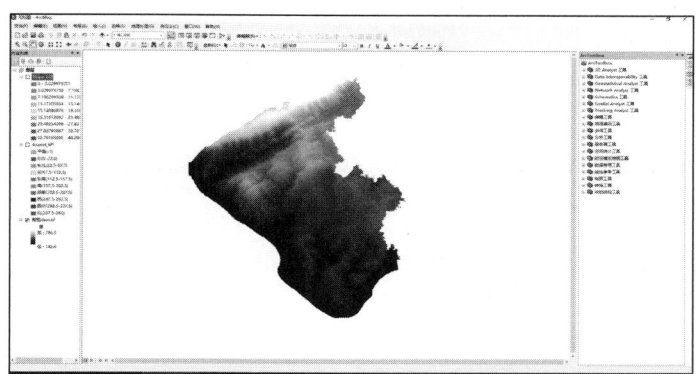

(a)

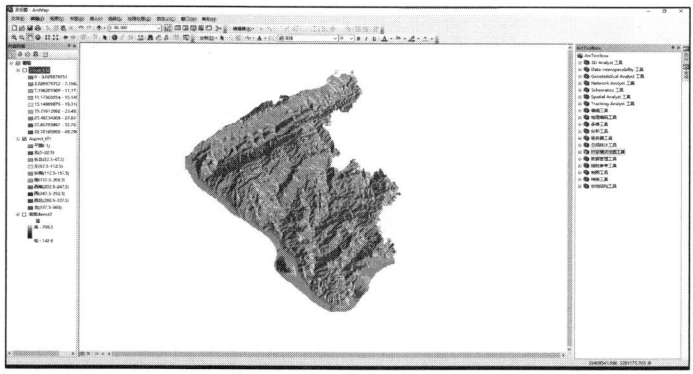

(b)

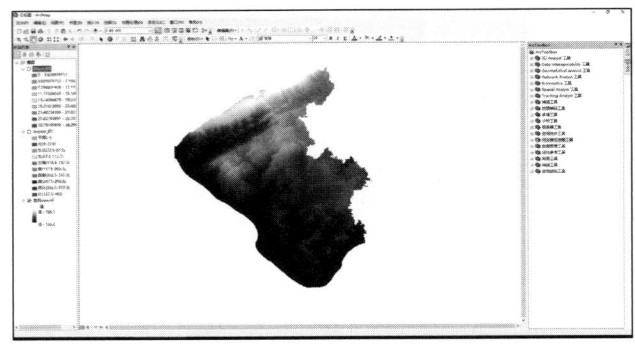

(c)

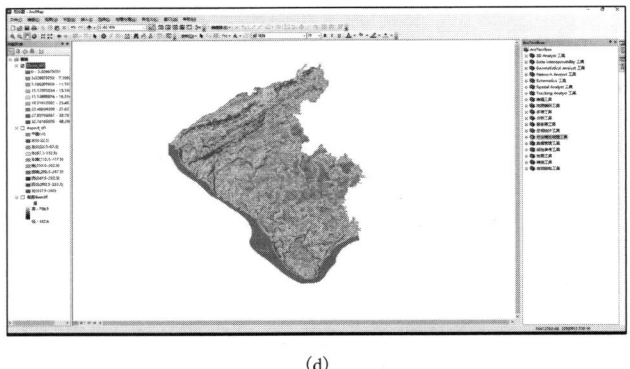

(d)

图 7.10　坡向及坡度操作示例

6. 平面曲率、剖面曲率

在工具箱中选择曲率工具，输入栅格即可，可选输出平面曲率或剖面曲率，如图 7.11 所示。曲率操作示例，如图 7.12 所示。

图 7.11　曲率

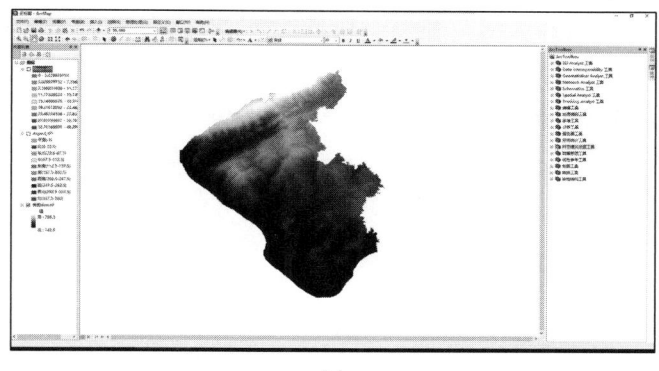

(a)

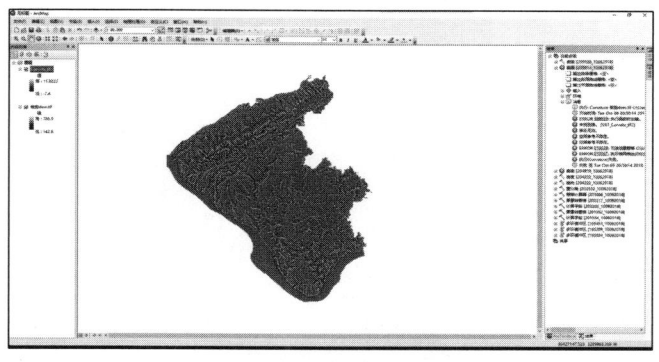

(b)

图 7.12 曲率操作示例

7. 渔网点

各指标因子量化后，使用加权叠加法计算综合评价结果时，为方便统一格式计算，往往借助渔网点进行操作。

首先，创建渔网点，要求输入创建范围及点间距，如图 7.13 所示。

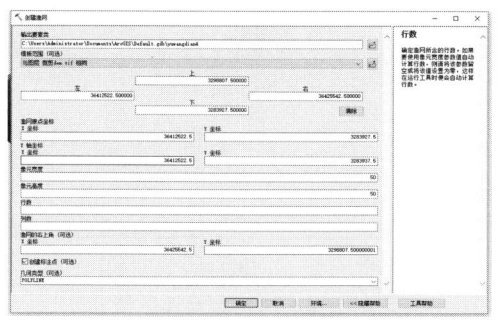

图 7.13 创建渔网点

然后，将各个指标的栅格数据利用"多值提取至点"工具提取到渔网点中（图 7.14），随后在渔网点的属性表内利用字段计算器直接进行加权求和等操作，得出结果后将其转换为栅格即可。渔网点操作示例，如图 7.15 所示。

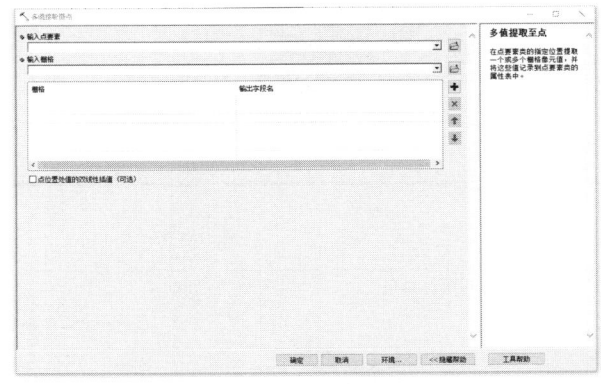

图 7.14　多值提取至点

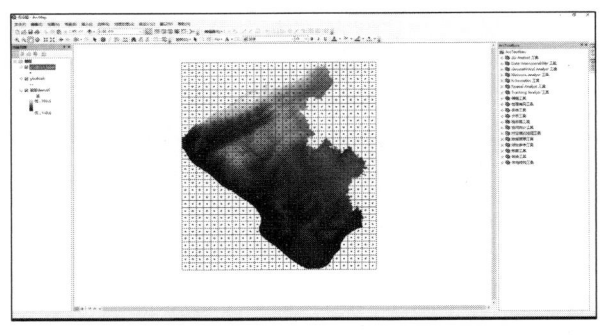

(a)

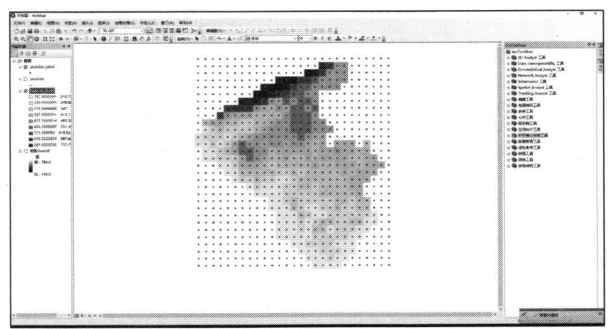

(b)

图 7.15　渔网点操作示例

第三节　二次开发技术简介

一、二次开发技术发展

经过多年计算机技术和空间信息技术理论的发展,二次开发已成为 GIS 的主要方向。回顾二次开发的发展过程,可以分为以下几种形式[3]。

(1) 独立开发:指开发者从底层工作开始做起,整个开发过程不依赖于任何 GIS 工具软件。开发过程用到的语言、开发平台、算法完全由开发者自己决定,掌握开发的主动权,可以根据用户专业需要开发适合自己的应用系统,这种模式往往需要开发者的计算机素质较高,而且花费的时间、物力、财力很多,到头来还不如购买商业化软件。对于普通 GIS 使用者来说,这种模式难度大,开发周期也长。即使开发成功,软件的功能性也不强,不利于 GIS 应用系统的发展。

(2) 特定开发:指基于特定 GIS 系统(如 ArcGIS、SuperMap、MapGIS 等)的二次开发。大多数 GIS 厂商在软件投入使用时,为用户提供了用于二次开发的脚本语言。这种方式与独立开发相比,其优点在于以原 GIS 系统为平台,很多基本功能可以直接引用,节省开发时间,简单易行;缺点是脚本语言功能极弱,开发者需要重新学习开发语言,增加开发难度和开发时间。它与独立开发一样,开发出的系统程序不能脱离原 GIS 软件平台单独运行。

(3) 集成开发:指将 GIS 系统和其他通用系统开发工具进行集成的二次开发。这种方式是在主流软件开发环境(如 Visual Studio、Delphi 等)下,利用可视化开发语言(如 VB、C/C++、C#等)和 GIS 工具软件,将 GIS 基本功能和专业应用功能嵌入开发的应用程序中,主要有以下两种。

①OLE/DDE 技术。它的过程是在前台运行专业模型,然后启动 GIS 在后台执行,最后将信息返回,实现应用程序中的 GIS 功能。其缺点与前面两种开发方式一样,应用程序不能脱离原 GIS 软件平台独立运行。

②GIS 组件(ComGIS)技术[4,5]。它是基于 OCX(OLE 控件)技术或 ActiveX 技术。GIS 厂商事先已经把 GIS 按功能划分成若干控件。在 Visual Basic 等可视化语言开发环境下,将包含 GIS 某种功能的若干控件嵌入用户应用程序中,实现 GIS 二次开发。这种技术的好处是应用程序运行时可以脱离原 GIS 软件,不仅不用学习专用的开发语言,缩短软件的开发时间,而且移植性好、维护方便。所以,本书所采用的开发方式就是这种方式。

以上 3 种二次开发方式的优缺点比较如表 7.2 所示。

表 7.2 3 种二次开发方式优缺点比较

开发方式	语言	移植性	是否脱离原 GIS 系统	难度
独立开发	自己决定	弱	否	大
特定开发	脚本语言	不强	否	较大
集成开发	可视化开发语言	强	否(OLE/DDE 技术)	不大
			是(GIS 组件)	

综上所述，独立开发难度大，而特定开发又受 GIS 工具提供的编程语言的限制，而且两者均不能脱离原 GIS 平台独立运行。因此，本系统开发方式选择集成开发方式中的 GIS 组件技术。

二、组件式技术

组件式 GIS (components objects model GIS，ComGIS)是把 GIS 的各大功能模块划分为具有标准接口、允许跨语言使用的控件。例如，对页面进行布局的 PageLayoutControl、加载地图的 MapControl、控制图层目录显示的 TOCControl 等[6]。常用的 GIS 控件如图 7.16 所示。

图 7.16 常用的 GIS 控件

组件式 GIS 的思想是把各种控件通过可视化的软件开发工具(如 Visual Studio 2010)集成起来，形成最终的基于 GIS 二次开发的系统。这些控件包括 GIS 控件和非 GIS 控件(如 Visual Studio 2010 中的 Button、Label、CheckBox 等及专业控件)两种。这种方式就像拼图一样，把卡片一片一片地拼接起来，直到形成一幅完整的图片[7]。

组件式 GIS 把 GIS 的功能抽象成各个控件，让开发者使用，有许多传统的二次开发无法比拟的优点[8]。

(1)无缝集成：可视化的通用开发语言(如 C#、VC)可以将组件式 GIS 本身的功能和其他的专业功能进行联系，实现了系统组件之间高效的无缝集成。

(2)跨语言使用：开发人员无须学习专门的二次开发语言和商用 GIS 系统内置的脚本语言，只需熟悉通用的集成开发语言及 GIS 系统的属性、方法和事件，就可以完成系统的开发。这样可以减轻开发人员的学习负担，缩短开发周期。

(3)功能强大：尽管 GIS 功能被分别分配给单个控件，但是它们之间及与非 GIS 控件之间可以进行自由组合，可以实现多种空间处理能力和丰富的空间查询与分析能力。

(4)易于推广：计算机的迅速发展和已实现工业标准化的控件技术，使得组件式技术大众化进程加快。

(5)使用灵活：传统的 GIS 往往很庞大，而且移植性差，不方便用户使用，而组件式技术克服了这个缺点。

三、ArcGIS Engine

1. ArcGIS Engine 简介

在所有的地理信息系统中，ArcGIS 是最为成熟和受众人群最多的产品。ArcGIS Engine 是 ESRI 公司专门用于应用程序的二次开发平台，利用组件式技术，为用户提供有针对性的 GIS 功能。最显著的是彻底脱离了 ArcGIS 桌面平台。尽管它是由一组核心 ArcObjects(简称 AO)包组成的，但是却没有 AO 那么复杂，而且可以实现 AO 的大部分功能。ArcObjects 能实现所有的 GIS 功能，但是非常复杂，而且是内嵌在 ArcGIS 桌面产品中的，最后开发的系统程序也不能脱离桌面 GIS 系统[9]。所以为了解决以上问题，就产生了 ArcGIS Engine[10]。

ArcGIS Engine 由两个产品组成：开发包(developer kit)和运行时(runtime)，其结构如图 7.17 所示。

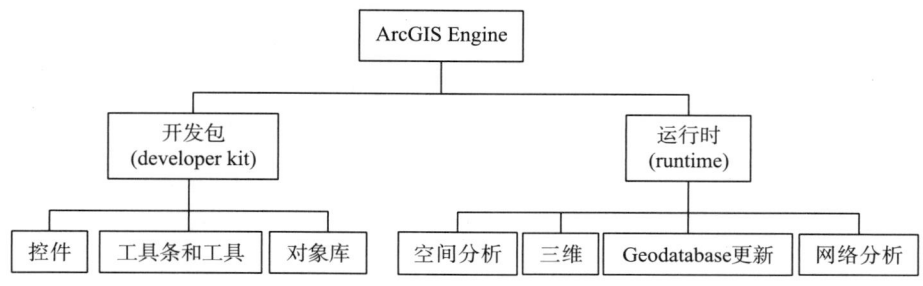

图 7.17　ArcGIS Engine 结构

开发包主要包括 3 个关键部分[11]。其中，控件(如前面提到的 PageLayout Control、MapControl 等)是 ArcGIS 用户界面的组成部分，可以嵌入开发的应用程序中。放大、缩小、平移等工具可以以工具条的方式在应用界面上展现。利用对象库开发人员可以在开发环境下开发出从低级到高级的各种定制的应用。

运行时是所有用 ArcGIS Engine 构建的系统所必须安装的。有了它,程序发布时客户的计算机就不需要必须安装 ArcGIS,仅安装一个运行库和相应的许可文件即可。安装它时会出现 4 种选项,即空间分析选项、三维选项、Geodatabase 更新选项和网络分析选项。

ArcGIS Engine 包含 ArcGIS 的大部分功能,而且简单易学,地图的显示速度和响应时间也会大大提升,实现地图的无缝显示,最后的系统也不需要依附于 ArcGIS 桌面产品。所以本书选用 ArcGIS Engine10.0 作为 GIS 二次开发平台。

2. 基于 ArcGIS Engine10.0 基本界面的构建

本系统采用 Visual Studio 2010 作为开发语言环境,C#为开发语言,ArcGIS Engine 10.0 作为开发平台。基本界面的构建主要使用的 GIS 控件有 LicenseControl、PageLayoutControl、MapControl、ToolbarControl 等。由于 ToolbarControl 控件已经封装放大、缩小、漫游等功能,直接调用即可,这样可以简化开发流程。非 GIS 控件有 MenuStrip、StatusStrip、ContextMenuStrip 等。这里只介绍基本界面的构建,其步骤如下。

(1) 打开 Visual Studio 2010 应用程序,单击"新建"按钮,选择 C#中的 Windows 窗体,命名为山地村镇建设用地适宜性评价系统,并指定存放位置。然后就会出现主界面窗口,最后添加 DevComponents.DotNetBar2 的引用。

(2) 窗体现在是没有任何控件的,可以从 Visual Studio 2010 窗体左边拉出工具箱,将需要的 GIS 控件和非 GIS 控件拖放或双击,控件即可出现在窗体容器中。这里最重要的是为所有的开发取得 ArcGIS 许可的 LicenseControl 控件。添加控件的窗体如图 7.18 所示(为节省篇幅,此处的菜单栏有所减少)。

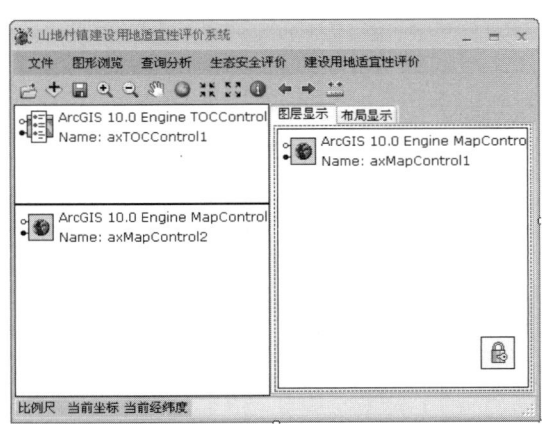

图 7.18　添加控件的窗体

（3）这时 TOCControl 控件和 ToolbarControl 控件还不能真正发挥作用。因为它们与 MapControl 控件未实现联动[12]。这里以 TOCControl 控件为例进行介绍。右击 ToCControl 控件，选择属性选项。然后弹出属性窗口，如图 7.19 所示。在 Buddy 下拉列表框中选择 axMapControl1 选项。这样做的目的是让它们实现联动。

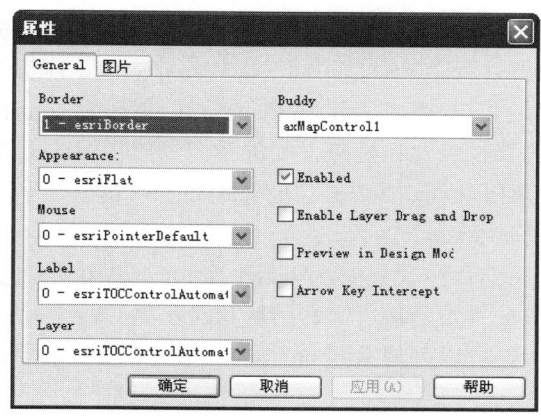

图 7.19 TOCControl 属性表

（4）接下来就是鹰眼功能、状态栏功能的实现，为主视图和鹰眼视图添加平移、单击等事件的代码。添加完成后，就可以实现其功能。

（5）单击工具栏的运行按钮，等待运行结果。如果未提示错误，主界面就会成功出现。系统基本界面如图 7.20 所示。其他复杂功能的实现就是在此界面基础上构建的。

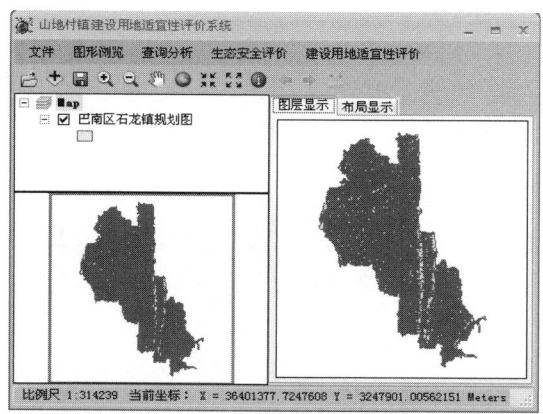

图 7.20 系统基本界面

四、Visual Studio 2010

1992 年，微软发布 Visual C++ 1.0，这是 Visual Studio 的最初原型。与现在的 Visual Studio 版本相比，那时的界面非常简陋和粗糙，功能也简单，但是它脱离了 DOS 界面，让用户第一次实现了可视化（visual）开发。而当初的 Visual C++（简称 VC）与 Visual Studio（简称 VS）是不同的。Visual Studio 其实是微软开发的一套工具集，由各种各样的工具组成，其中 Visual C++就是 Visual Studio 的一个重要组成部分。它们的关系是包含和被包含的关系。当然在 Visual Studio 下面，除了 VC 外，还有 Visual C#和 Visual Basic。它们分别与 C++语言、C#语言或 Visual Basic 对应。本系统使用的是 Visual C#。

在 Visual Studio 的众多版本中，Visual Studio 2010 是目前最流行和成熟的 Windows 平台应用程序开发环境[13]。它的新功能包括 C# 4.0 中的动态类型和动态编程、多显示器支持、可以创建 Ribbon 界面、支持的数据库种类多等。

五、C#语言

C#语言作为本系统的开发语言，是微软公司在 2000 年 7 月发布的一种全新且简单、安全、面向对象的程序设计语言[14]。它在结合 C 和 C++优点的同时，又去掉了一些它们的复杂特性。所以，C#语言具有强大的操作能力、优雅的语法风格、创新的语言特性和便捷的面向组件编程等特点，成为.Net 开发的首选语言[15]。

第四节　基于 GIS 平台的适宜性评价系统开发

一、二次开发的主要专业工具

1. Geoprocessing 介绍

开发本系统的主要操作首先是对空间信息的处理，然后以可视化的方式呈现在系统中，在处理过程中主要用到 ArcGIS 中 ArcToolbox 的工具。使用这些工具的方法就是用 Geoprocessing 来调用工具[16]。

Geoprocessing（GP）译为地理处理，是对地理数据进行操作，从而产生新的数据或信息。正是因为对数据操作或分析，操作者才能发现各种图纸中隐含的信息。而操作方式的不同就是使用的工具不同，从而产生的结果也是不同的[17]。例如，将矢量图层转换为栅格图层就要用到面转栅格工具，虽然工具是面转栅格工具，但结果是栅格图层；而将 CAD 图纸转换为矢量图层操作就与前面所使用的工具不一样，产生的结果也不一样。

在 ArcGIS 的操作中，GP 起着举足轻重的作用。它的特点如下。

(1) 分布面广：小到空间和属性数据的双向查询，大到对根据现实问题建立的模型的分析，都会涉及它，不同的是具体使用的操作不同。

(2) 受众人群多：无论是刚刚学会 ArcGIS 的新手，还是熟练掌握 GIS 的专业人员，GP 都会是他们经常用到的。

(3) 强大的衍生性：GP 不仅仅指 ArcToolbox 中的某个工具，而且可以是某些工具有序地组合在一起，产生一系列操作过程（即 ModelBuilder），可以自动执行，提高处理地理数据的效率。

(4) 易于共享：ArcToolbox 中的工具和产生的 ModelBuilder 会以工具箱(Toolbox)的形式存在，既可以以 .tbx 文件存储在磁盘上，也可以存储在 Geodatabase(ArcGIS 标准的数据库)中，供其他用户使用。

ArcGIS Desktop 中 GP 的框架使它以多种方式运行，如 ArcToolbox 中的工具、由多个工具有序组成的 ModelBuilder 模型、命令行及脚本[18]。而前面两个是 GP 日常工作的重要方面。

ArcToolbox 中的工具有 400 多个，它们分别隶属于 3D Analyst、编辑工具、Data Interoperability 等 18 个工具箱，并以浮动窗口的形式集成到 ArcMap 和 ArcCatalog 中，可以进行添加和删除[19]。ArcToolbox 工具箱如图 7.21 所示。

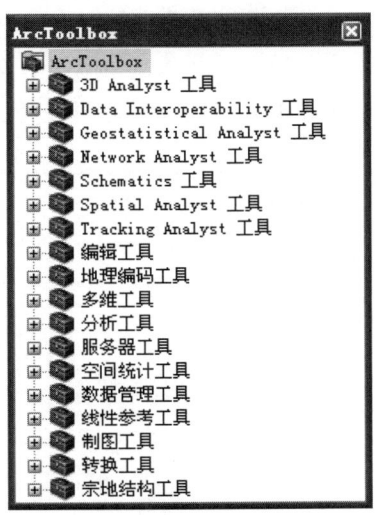

图 7.21　ArcToolbox 工具箱

在平常的 GIS 操作中不仅仅是单一和简单的操作，经常上一步操作的结果是下一步的输入数据，还有某些操作过程比较复杂，稍一疏忽就会忘掉其中某一过程[20]。解决方法就是把这些操作记录下来，形成模型(ModelBuilder)，以可视化的方式再次使用或共享[21]。ModelBuilder 模型如图 7.22 所示，其流程是先输入某个地区的 DEM 图，然后提取坡度，接着用自然断裂法重分类成 6 类。这个模型包括两个工具：提取坡度和重分类，把它们放在一个模型中依次处理，可以提高操作效率。

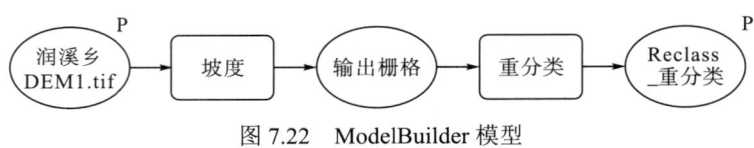

图 7.22　ModelBuilder 模型

2. 调用方法

3 个评价模型中主要用到 ArcToolbox 中的工具对图纸进行操作和处理，使用它们的方法就是用 GP 进行调用。实际上任何支持 COM 的语言(C#语言是其中一种)都可以调用它[22]。具体使用的是 GP 中 Geoprocessor 的一个对象。这里以 C#语言为例介绍 Geoprocessor 的两种调用方法[23]。

(1) 构造相应的工具类。第一种调用工具 Resample 的方法如图 7.23 所示：①创建 Geoprocesor 对象；②新建用到的工具即 Resample，并用 Resample 进行实例化，目的是让系统知道即将调用什么工具及存放的位置；③设置这个工具必需的 3 个参数，分别是输入数据、输出数据和像元大小；④运行工具；⑤运行结果返回。这里关键是参数的名称和输入格式，具体可参考 ArcGIS 帮助。

```
//① 初始化Geoprocessor对象
Geoprocessor GP = new Geoprocessor();
//② 创建Resample工具
ESRI.ArcGIS.DataManagementTools.Resample resample =
    new ESRI.ArcGIS.DataM                          ;
//③ 设置Resample工具必须的
resample.in_raster = @"D:\                        ";
resample.out_raster = @"D:\                       ";
resample.cell_size = "30";
//④ 交给Geoprocessor运行
IGeoProcessorResult pGeoProcessorResult =
    (IGeoProcessorResult)GP.Execute(resample, null);
//⑤ 运行结果返回
if (pGeoProcessorResult != null)
{
    MessageBox.Show("操作成功！", "提示信息");
    this.Close();
}
else
{
    MessageBox.Show("操作失败！", "提示信息");
}
```

图 7.23　第一种调用工具 Resample 的方法

(2) 通过工具的名称。第二种调用工具 Resample 的方法如图 7.24 所示，与第一种调用方法比较会发现，大部分步骤是一样的，不同的在第②～④步。创建完 Geeprocessor 对象以后，是创建 VarArrayClass 类，它其实是一个数组，用来存放 Resample 中的 3 个必需参数，最后执行工具，而这里是工具的名称及存放参数的数组 parameters。有两点与第一种方法有显著区别：一、parameters 中存放的参数是有顺序的，具体顺序参考 ArcGIS 帮助或 ArcGIS 中本工具的窗口，如果参数顺序错误，会报出对 COM 组件的调用 HRESULT E_FAIL 的错误，而第一种方法对顺序没有要求；二、关于工具的名称。在运行这一步时，输入的是工具的名称，还在后面加上了工具箱的名称，目的是避免冲突。因为有的工具位于两种不同的工具箱中，其功能是不同的。例如，用 Aspect 工具对 DEM 提取坡向的操作，它在三维分析工具箱和空间分析工具箱中都存在。

```
//① 初始化Geoprocessor对象
Geoprocessor GP = new Geoprocessor();
//② 创建VarArrayClass类
IVariantArray paramet               );
//③ 设置Resample工具
parameters.Add( @"D:\               ");
parameters.Add(@"D:\                ")
parameters.Add("30");
//④ 交给Geoprocessor运行
IGeoProcessorResult pGeoProcessorResult =
    (IGeoProcessorResult)GP.Execute
    ("resample_datamanagement", parameters, null);
//⑤ 运行结果返回
if (pGeoProcessorResult != null)
{
    MessageBox.Show("操作成功！", "提示信息");
    this.Close();
}
else
{
    MessageBox.Show("操作失败！", "提示信息");
}
```

图 7.24　第二种调用工具 Resample 的方法

3. 系统中用到的工具

在山地村镇建设用地适宜性评价系统中，包括 3 个评价分析模型，分别是生态安全评价模型、建设用地适宜性评价模型、工程建设场地适宜性评价模型。在进行评价时用到的工具并不全部相同，表 7.3 列出了 3 个评价模型分别用到的工具。调用方法采用的是构造相应的工具类，通过分析所有工具的共性和异性，可以分为以下 3 类。

(1) 使用该类工具时，只会对操作对象的属性表产生操作，如添加和删除字段及字段赋值。这类工具有字段计算器、属性表操作和镶嵌至新栅格等。

(2) 在 3 个评价分析模型中，往往需要从一个对象中提取需要的信息，然后将提取到的信息另存为一个新对象，如有多环缓冲、坡度、坡向、曲率和点转栅格等。

(3) 在前面两种分类中涉及的仅仅只有一个操作对象,而在这种分类中,涉及两种操作对象或更多操作对象,但结果只有一个对象,如有合并、裁剪和镶嵌至新栅格等。

表 7.3　3 个评价模型分别用到的工具

序号	模型名称	工具名称
1	生态安全评价模型	裁剪、多环缓冲、栅格计算器、操作属性表、面转栅格、重分类
2	建设用地适宜性评价模型	裁剪、多环缓冲、栅格计算器、操作属性表、面转栅格、重分类、坡度、坡向、曲率、合并、重采样、重分类、字段计算器、创建渔网点、多值提取至点、点转栅格、镶嵌至新栅格
3	工程建设场地适宜性评价模型	裁剪、多环缓冲、栅格计算器、操作属性表、面转栅格、重分类、剖面曲率、平面曲率、字段计算器

二、系统目标

山地村镇建设用地适宜性评价系统的目标是运用 GIS 技术和适宜性评价指标体系来提高工程建设场地适宜性评价的质量和生产率,也就是说,在给定成本和时间的前提下,开发出高质量和满足要求的系统,最终实现评价过程自动化。系统应达到的目标包括以下内容。

(1) 将评价所需的图层准确、清晰地加载到系统中,能够方便地查询、浏览、更新,使得图层管理快捷化和自动化,为评价模型提供数据支持,最终评价结果可以直观地显示在系统中,也可以将结果打印输出。

(2) 用计算机语言精准无误地表达评价模型的指标及其标准,为土地管理人员在实际工程建设场地适宜性评价中提供科学的决策支持。

(3) 系统应采用独立模块化设计,3 个理论模型彼此独立(但内容有所关联),避免因某个崩溃而全部不能使用。

(4) 系统包括适宜性评价所需的 ArcGIS 的多种工具,可以满足大部分用户因增加指标进行评价而所需的工具。

(5) 利用计算机处理复杂和程式化的适宜性评价流程,可以节省时间和人力,改变以往工程建设场地评价的局限性与枯燥性。

(6) 系统界面应该简洁明了,具有良好的人机交互,不会因为评价流程繁多而有遗漏。

三、系统需求分析

系统开发过程就是软件工程师首先进行需求分析,确定客户的需要,对需要进行详细分析,并提炼出来,然后进行架构设计,编写代码,初步测试,最后开发出实体的软件,如网页、桌面客户端。系统开发流程如图7.25所示[24]。从图中可以看出,需求分析是整个软件工程中首要且关键的一个环节,其任务是确定系统应达到的要求。假如在需求分析时软件工程师未能正确地分析客户的需要,那么结果可能不会完全贴合用户的需要,造成返工,耽误软件项目无法在规定的时间内完工。但是往往存在需求动态化,即客户在一开始也很难精确完整地确定系统的要求,尤其是对应用于实际生产的系统。所以只有反复修改才能满足系统要求[25]。

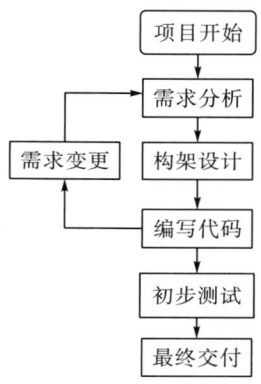

图7.25 系统开发流程

开发山地村镇建设用地适宜性评价系统是为土地管理部门或人员在进行工程建设场地选址时提供科学的依据和决策,让他们不再是仅仅依靠定性判断或用GIS软件进行繁多、复杂的点击式操作,而是用简单、快捷的方式去判断。因此,为了满足用户的实际需要,经过详细分析本系统最终实现了以下功能。

(1)评价模型涉及的地图数据包括空间信息和属性信息,所以系统实现了既可以加载、查询、浏览、输出空间信息等,即放大、缩小、全图显示等,又可以对属性信息查询、显示、添加字段、删除字段、批量修改等。

(2)系统用计算机语言实现了3个评价模型,即生态安全评价模型、建设用地适宜性评价模型、工程建设场地适宜性评价模型,操作过程简洁明了。

(3)系统不仅完成了所有的评价,而且还层次清晰地展示了评价的结果,对工程建设场地适宜性规划提供科学建议。

(4)系统增加了密码登录功能,有效地保护了数据资料的隐私,增加了系统安全性。

(5)主界面人机交互性好,易响应,操作采用菜单导航,减少对流程的遗漏。
系统功能结构如图7.26所示。

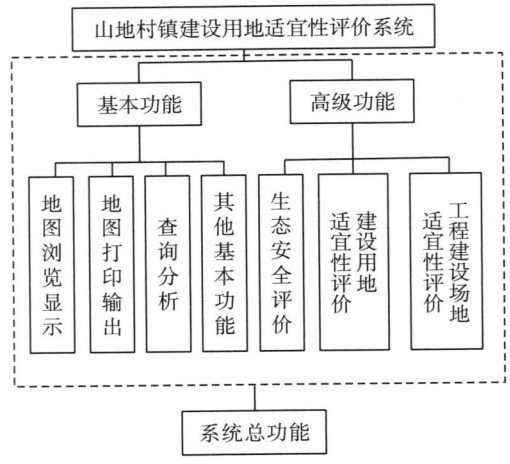

图 7.26 系统功能结构

四、系统设计

1. 设计原则

软件系统是连接需求分析、硬件系统(如计算机)及使得系统满足客户需要的桥梁,对软件的设计应了解软件设计原则。为确保系统建设成功与可持续发展,符合软件工程的设计思想,使山地村镇建设用地适宜性评价系统满足规范化、合理化、正常化的总体要求,在系统开发时应遵循以下原则。

(1)统一设计原则:系统应该从山地村镇建设用地适宜性评价系统的总体需求出发,从全局和长远的角度考虑,对软件进行定位,使软件系统切实可行。

(2)实用性:本系统是为山地村镇土地管理人员服务,实现真正的建设场地适宜性评价,所以设计应从实际出发。

(3)易操作性:由于系统受众人群掌握 ArcGIS 的水平不同,因此流程操作采用菜单导航模式,而且界面风格采用与 Windows 协调一致的风格,便于用户接受。

(4)全面性原则:本系统的功能既包括对 ArcGIS 中多种格式(如 MXD、Shapefile、栅格等)文件的显示、浏览、查询、输出等基本功能,还包括对属性—空间双向查询、属性表查看和 3 种评价模型中的高级功能。

(5)可扩充性:现有的 3 个评价模型已经包含许多进行评价所需的工具,所以用户可以根据自己的要求对指标进行扩展,而不仅仅限于所列的指标。

(6)时间经济性:软件的成功运行是该系统的重中之重,在保证该要求的前提下,应保证不能浪费过多时间。

2. 系统界面设计

对于山地村镇建设用地适宜性评价系统来说，用户界面（user interface）可以提高用户对整个系统的使用效率。虽然评价模型对评价系统起着至关重要的作用，但是良好的界面不仅可以让操作流程变得舒适、简洁、自由，而且能够清楚地表达功能分析结果，更有利于为用户提供正确决策。

在本系统中，开发平台使用的是 Microsoft Visual Studio 2010，这里为用户提供了现在主流桌面系统的各种控件，如 Button、ContextMenuStrip、DataGridView 等。常用的 Windows 控件如图 7.27 所示。

图 7.27　常用的 Windows 控件

用户使用时，只需将控件从工具箱中拉出来，并赋予其响应事件。这样使得开发时间短、可靠性高、过程简单，很适合中小型地理信息系统的二次开发。本书二次开发中用户界面就是各种控件有序组成的，下面介绍桌面系统的组成种类。

（1）菜单：系统的主要功能是通过菜单提供的，这样也符合用户以前的使用习惯。"公用工具"菜单如图 7.28 所示。

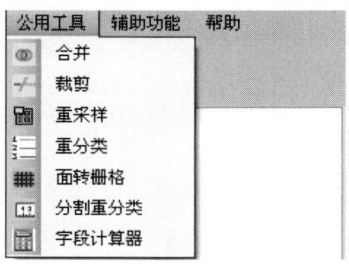

图 7.28　"公用工具"菜单

(2)对话框：对话框中只有关闭按钮，一般较简单。用户将对话框中的参数输入，计算机就会执行命令。某对话框如图 7.29 所示。

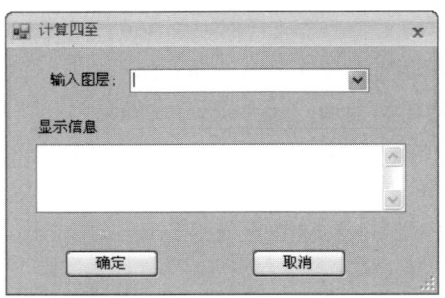

图 7.29　某对话框

(3)窗口：能编辑系统加载的图形信息和空间信息，3 个评价模型主要通过输入窗口参数进行评价。某窗口如图 7.30 所示。

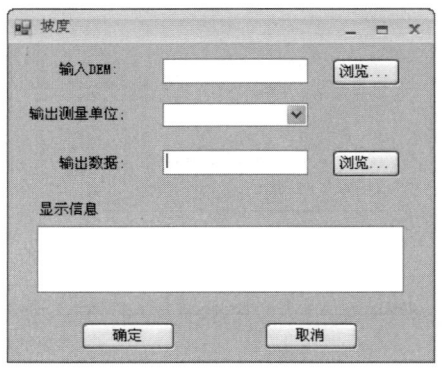

图 7.30　某窗口

(4)工具栏：主要包括打开和删除文件、添加数据(包括矢量、栅格、MXD 等格式)、另存为、放大、缩小、漫游、全图显示等浏览地图时常用的按钮，方便用户操作。还可以通过单击菜单中辅助功能的定义工具栏来自定义工具栏未加载的工具。工具栏如图 7.31 所示。

图 7.31　工具栏

3. 系统环境配置

本系统运行环境既包括硬件环境，也包括软件环境。硬件环境为系统运行提供必需的硬件支持，而软件环境则说明软件开发所使用的工具。硬件环境包括 CPU 为 3.06GHz、内存为 1GB、硬盘为 160GB 的主机，显示设备为 1024 像素×768 像素以上的分辨率；软件环境包括 Windows XP 操作系统，开发平台为 Microsoft Visual Studio 2010，开发语言为 C#，GIS 开发组件为 ArcGIS Engine 10.0。系统环境配置如图 7.32 所示。

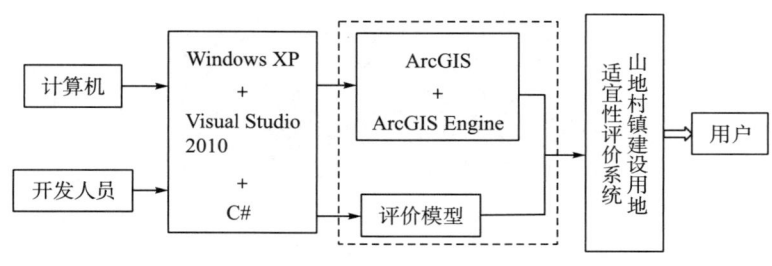

图 7.32　系统环境配置

五、系统实现

本系统活动流程如图 7.33 所示，系统用户双击评价系统快捷图标进入系统，然后弹出系统登录界面。若登录成功，则主界面打开；反之，则重新登录。主界面打开，用户则开始操作软件直到所要进行的评价结束，退出系统。下面是软件系统的具体说明。

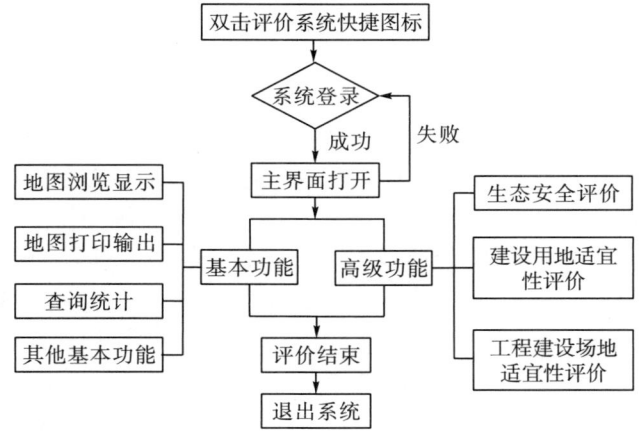

图 7.33　系统活动流程

1. 登录功能

为了保证系统软件安全使用和防止用户数据资料泄露,在使用系统前,用户必须进行登录。只有登录成功,才能进行下一步操作。通过双击桌面上的"山地村镇建设用地适宜性评价系统"快捷图标启动程序,即可打开系统登录窗口。登录成功以后,即可对软件进行使用。系统登录界面如图 7.34 所示。另外,系统提供了找回密码和用户注册功能。

图 7.34　系统登录界面

2. 主界面实现

系统设计采用主流的 Windows 风格,并安装 DevComponents 组建集,在开发的过程中使用类似 Office 2007 的菜单栏效果,使操作界面绚丽多彩,给用户更佳的视觉体验。该系统主界面如图 7.35 所示,包括菜单栏、工具栏、图层目录、主视图、鹰眼图、状态栏等。

主界面的上方是菜单栏,包括文件、图形浏览、查询分析、生态安全评价、建设用地适宜性评价、工程建设场地适宜性评价、公用工具、辅助功能、帮助等。

文件是对图层文件各种格式(MXD、Shapefile、栅格等)的新建,以及打开、保存、另存为、打印、打印预览、打印设置和退出系统等操作。

生态安全评价是对水环境严格控制区(河流、水库、湖泊、湿地等)、土地利用现状类型、自然风景区、植被覆盖度(NDVI)4 个指标的计算及评价,其最终的结果是建设用地适宜性评价模型中的生态安全指标。建设用地适宜性评价是对生态适宜度、地形适宜度、地质适宜度、灾害危险性 4 个一级指标下属的 14 个二级指标的计算及评价。工程建设场地适宜性评价是对地形地貌、岩土特征、地下水、不良地质、地震 5 个一级指标下属的 17 个二级指标的计算及评价。

第七章　基于 GIS 平台的适宜性评价方法实现与系统开发　　249

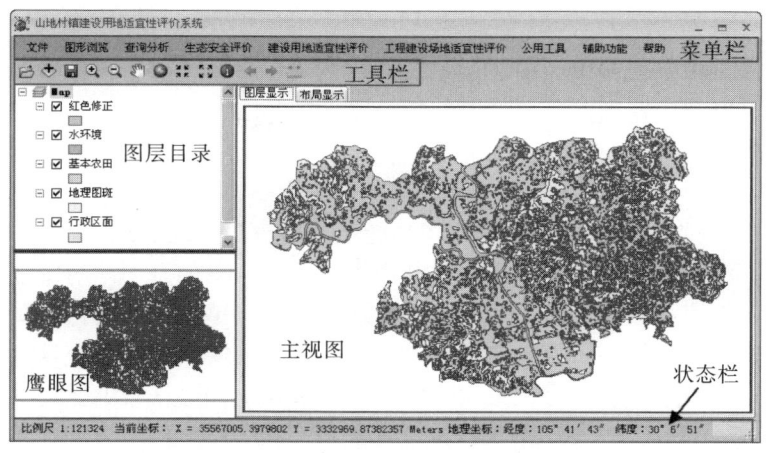

图 7.35　系统主界面

公用工具主要包括合并、裁剪、重采样、重分类等，它们在以上 3 个评价中都是常用到的工具。把它们单列出来的原因有两个方面：一是为了保持操作界面的简洁性；二是使系统减少占用的内存，提高软件执行效率。

辅助功能包括定制工具栏、管理图层、图层渲染及地图整饰。用户在使用本系统时所需要的工具并不是全部显示在工具栏中的，这时就可以单击定制工具栏添加自定义工具，极大地提高了工具栏的结构性和灵活性。管理图层实现对图层目录窗口进行添加、移动、删除及清空图层的功能。图层渲染包括矢量渲染和栅格渲染两种。其中，矢量渲染按照方式的不同，可分为简单、唯一值、分级和比例渲染 4 种，栅格渲染包括拉伸和分级渲染两种。地图整饰包括图名、比例尺、图例、指北针 4 种地图整饰元素。

帮助包括使用帮助、关于系统和账号登录功能。使用帮助可以使用户更好地使用该系统。关于系统则包含软件的版本信息及运行环境。用户单击账号登录后，重新返回登录界面。

工具栏主要包括打开和删除文件、添加数据（包括矢量、栅格、MXD 等格式）、另存为、放大、缩小、漫游、全图显示等浏览地图时常用的按钮，方便用户操作。

工具栏的左下侧是图层目录窗口，这里显示当前所有加载到系统中的所有图层名称，通过对某图层的右击，可以实现对其打开、关闭、打开属性表、删除等操作。还可通过鼠标的拖放来改变该图层在图层目录窗口上下的位置。

图层目录窗口的右侧是主视图窗口，通过切换图层显示和布局显示两个按钮，使地图在图层和布局两种看图模式间切换。图层模式用于显示系统中多个空间图层叠加后的地图；布局模式用于地图的排版与输出地图前的调整等。

图层目录窗口的正下方是鹰眼图窗口，利用它可以像从空中俯视一样查看地图框中所显示的地图在整个图中的位置，也可通过鼠标移动红色矩形框选择显示主视图的内容。

状态栏显示主视图中当前显示地图的比例尺、鼠标当前所在位置的坐标、地图的坐标单位及鼠标当前所在位置的经纬度。

3. 系统功能实现

(1) 系统基本功能。本系统的基本功能主要是对图层的加载、输出、打印、放大、缩小、漫游、全图显示等操作，其作用是让用户更加方便地对图层进行浏览和分析，为使用高级功能做好铺垫。其实现是通过菜单栏中的文件和图形浏览、工具栏中的工具、图层目录的右键菜单及主视图的右键菜单。系统基本功能如图 7.36 所示，该功能只对目标图层进行浏览，不涉及对图层修改的操作，不会产生新的图层。

图 7.36　系统基本功能

(2) 系统高级功能。不同于上述基本功能，这里的高级功能主要有以下 3 个特点。

① 该功能不再仅仅对图层的图形信息进行操作，而是将图形信息和空间信息进行共同处理。

② 这 3 个评价对图层处理时，主要使用 ArcGIS 中 ArcToolbox 的工具，如多环缓冲、面转栅格、重分类等，并利用 GP 方法进行调用，最后往往会产生新的图层，为最终的评价提供数据，而使用基本功能不产生新的图层。

③ 评价系统的关键操作就依靠高级功能，而基本功能仅仅是浏览。

根据以上特点，系统高级功能分为属性查询分析功能和系统评价分析功能。

①属性查询分析功能。单击菜单栏中的查询分析会出现 3 个子菜单项：属性查图、图查属性和属性表查看。

a. 属性查图。属性选择实现以属性作为查询条件进行数据查询的功能。属性查图窗口如图 7.37 所示，包括图层名称、查询方法、属性字段、属性值、SQL 输入框、应用、确定、取消等。当属性选择界面弹出时，首先要选择查询的矢量图层，这里只能选择加载到系统中的图层，然后选择查询方法，在选好查询的图层以后，该图层的所有字段就出现在属性字段一栏中。单击获得属性值，该字段的不同属性值就出现在属性值栏中，供用户进行选择。双击属性字段和属性值，内容就出现在 SQL 输入框中。在该输入框中必须输入正确的 SQL 才会查到正确结果。以巴南区石龙镇规划图为例，查询条件为"JQDLMC='旱地'"，单击"确定"按钮，符合查询条件的结果就在主视图中高亮显示，便于查看。

图 7.37　属性查图窗口

b. 图查属性。图查属性实现以单击或框选区域的方式查询选择对象的属性信息。当单击图查属性菜单项时，鼠标箭头的旁边就会出现类似于长方形的东西，然后单击或拖动鼠标画矩形，即可弹出图查属性窗口，将结果显示出来。如果查不到结果，窗口内就会出现空白。图查属性窗口如图 7.38 所示。

图 7.38　图查属性窗口

c. 属性表查看。属性表查看实现查看主视图中所有矢量图层的属性表的功能。属性表查看菜单项的界面如图 7.39 所示，包括选择图层和属性表。当主视图中有多个矢量图层时，就需要在选择图层一栏中选择要查看其属性表的图层。下面还是以巴南区石龙镇规划图为例，在属性表中就会出现该图层的所有字段，如 FID、Shape、BSM 等。可以对属性值进行单个编辑，因为批量编辑过于复杂和困难。此外，还有其他查看属性表的方法，右击图层目录窗口中要查看属性表的矢量图层，然后选择打开属性表，在这里可以添加字段、删除列、编辑属性、保存编辑、删除字段、导出 Excel 和对属性表进行查询等。如果对属性表进行批量编辑，那么只需输入要编辑的列名和要赋的值。

图 7.39　属性表查看菜单项的界面

②系统分析评价功能。本系统的评价模型总共有 3 个，分别为生态安全评价模型、建设用地适宜性评价模型、工程建设场地适宜性评价模型。由于前两个模型的处理只在 ArcGIS 中操作，操作流程多而且复杂，用户在使用过程中容易将流程混淆和遗漏。本系统以用户体验和过程清晰为出发点，将处理流程依次写在菜单项中，通过按步骤导航方式引导用户操作，并在系统中给予用户提示与帮助。

这样做虽不是很好的体验，但至少可以降低用户学习的难度。无论用户 GIS 水平高或低，它都容易上手而且清晰明了，使处理过程连续化和程序化，既提高了工作效率，又节省了大量时间。因此，在这里介绍前两个模型的某些处理过程，同时验证本系统程序的可行性和正确性。

a. 单击菜单栏中的生态安全评价即可弹出该模型的子菜单项，即处理步骤，生态安全评价菜单如图 7.40 所示。以该模型中的水环境严格控制区(河流、水库、湖泊、湿地等)为例进行说明，单击它后，弹出处理窗口，对该工具的 4 种参数进行输入，单击"确定"按钮，等待结果生成。结果生成后会弹出多环缓冲操作成功的窗口，如图 7.41 所示。

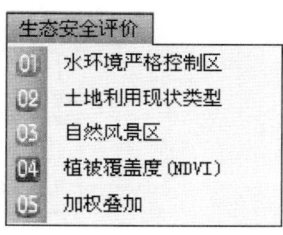

图 7.40　生态安全评价菜单

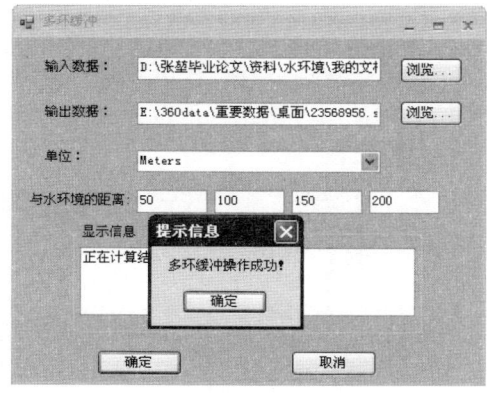

图 7.41　多环缓冲窗口

b. 单击菜单栏中的建设用地适宜性评价模型即可弹出该模型的子菜单项，即处理步骤，建设用地适宜性评价菜单如图 7.42 所示。以该模型中的地形适宜度为例进行说明，单击它后，弹出处理窗口，对该工具的两种参数进行输入，单击"确定"按钮，等待结果生成。结果生成后会弹出提取坡向成功的窗口，如图 7.43 所示。

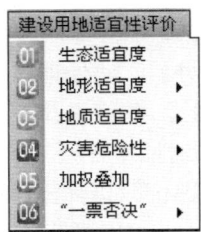

图 7.42 建设用地适宜性评价菜单

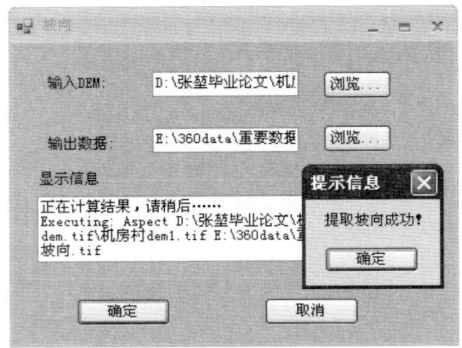

图 7.43 坡向窗口

c. 单击菜单栏中的工程建设场地适宜性评价，即可弹出该模型的子菜单项，如图 7.44 所示，该模型的具体使用方法在此不做详细介绍。

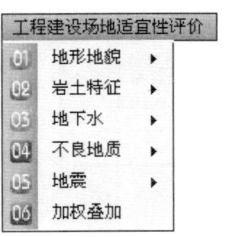

图 7.44 工程建设场地适宜性评价菜单

第五节 本 章 小 结

本章主要介绍山地村镇建设用地适宜性评价系统实现的主要技术，包括系统开发环境、开发方式和开发语言的选择，并介绍了主要专业工具的两种调用方法和本系统中所采用的工具。该系统以 ArcGIS Engine 10 为开发平台、Visual Studio

2010 为开发语言环境、C#为开发语言,将评价理论模型和 GIS 功能模块集成,形成可视化的山地村镇工程建设场地适宜性评价系统。并根据系统目标,按照系统需求性分析和设计原则,确定系统应满足的功能,进行系统总体设计、系统软件界面设计,以及实现本系统所需的环境配置。最后介绍系统的登录功能、主界面的结构及系统功能。系统功能包括基本功能和高级功能。其中,基本功能是图层的加载、输出、放大等常用功能;高级功能包括属性查询分析(属性查图、图查属性和属性表查看)和系统分析评价(生态安全评价、建设用地适宜性评价、工程建设场地适宜性评价)两大功能。

参 考 文 献

[1] 麦柳妍. 基于 GIS 的地下水天然资源评价系统研究[D]. 陕西:长安大学, 2006.

[2] 凌敏华. 基于 GIS 的水资源评价及系统开发[D]. 河南:郑州大学, 2006.

[3] 刘光. 地理信息系统二次开发教程[M]. 北京:清华大学出版社, 2003.

[4] 刁海亭,王银芝. 组件式 GIS 支持下的城镇土地定级信息系统研究[J]. 计算机工程, 2005, 31(4):224-225.

[5] Goodchild M F,Haining R P,Wise S. Integrating GIS and spatial analysis:problems and possibilities [J]. International Journal of Geographical Information System, 1992, 6(5):407-423.

[6] 卢振千,黄杏元. 基于 COM 和 ARC/INFO8 的系统开发及应用研究[J]. 科技通报, 2002, 20(1):33-39.

[7] 刘长星. 组件式 GIS 平台及其在行业应用开发中的研究[J]. 测绘技术装备, 2002, 4(3):44-45.

[8] 诸云强,宫辉力,赵文吉,等. 基于组件技术的地理信息系统二次开发——以地下水资源空间分析系统为例[J]. 地理与地理信息科学, 2003, 19(1):16-19.

[9] Michael Z. Exploring ArcObjects[M]. US: Environmental Systems Research Institute.Inc, 2001.

[10] ESRI. What is ArcGIS 9[M]. USA: ESRI Product Document, 2005.

[11] ESRI. Engine developer guide[R]. Redlands ,California ,the United States : ESRICorp, 1999.

[12] 刘金龙. 基于 ArcGIS Engine 开发的大连市路灯地理信息系统[D]. 辽宁:大连理工大学, 2015.

[13] 刘奇,林岗. 基于 Visual Studio 2010 的 UG 二次开发研究[J]. 自动化技术与应用, 2015, 34(1):40-46.

[14] 张越男. 试析 C#编程语言的特点及功能[J]. 软件, 2013, 34(3):145-146.

[15] 崔修涛,吴健平,张伟峰. 插件式 GIS 的开发[J]. 华东师范大学学报, 2010, 3(11):51-57.

[16] ESRI. Geoprocessing in ArcGIS help file[M]. USA: ESRI Press, 2006.

[17] Kevin J,Willison J. ArcGIS extensions: ArcGIS spatial analyst suitability modeling[R]. USA: ESRI, 2007.

[18] McCoy J. Using ArcGIS spatial analyst[M]. USA: ESRI, 2004.

[19] Johannes M,Ingo M,Franz S. Lightweight plug-in-based application development[J]. Lecture Notes in Computer Science, 2003, 24(36):87-102.

[20] ESRI. Geoprocessor programming model[M]. Redlands,California: ESRI Corp, 2004.

[21] 沈萍月. 基于 ArcGIS 9 Geoprocessing 的处理技术方法研究[D]. 浙江:浙江大学, 2006.

[22] Ahmed N. Using geoprocessing tools in .NET & Java with ArcGIS engine[R]. USA: ESRI, 2007.

[23] 张俊. 基于 Geoprocessing 的 ArcGIS 插件开发研究[D]. 上海：华东师范大学, 2009.

[24] 郑人杰，殷人昆，陶永雷. 实用软件工程[M]. 北京：清华大学出版社, 1996.

[25] 柴跃廷，刘义. 应用软件系统开发[M]. 北京：清华大学出版社, 1999.

彩 版

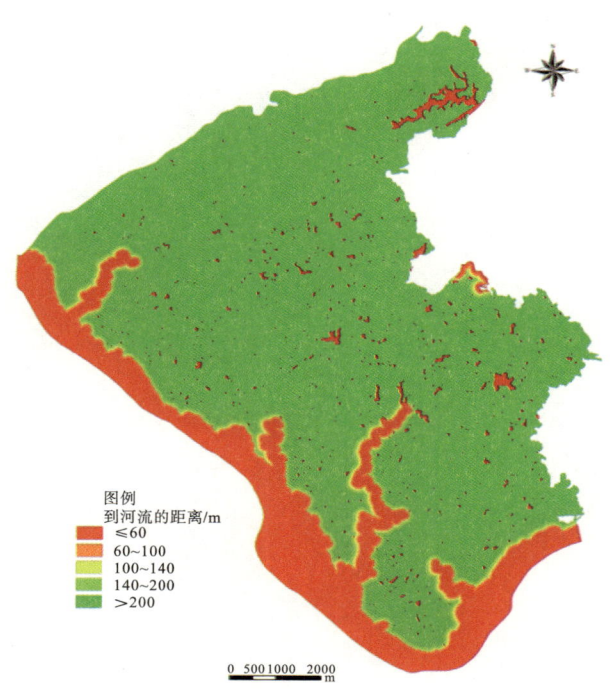

图 3.5　重庆市涪陵区义和镇河流距离分布图

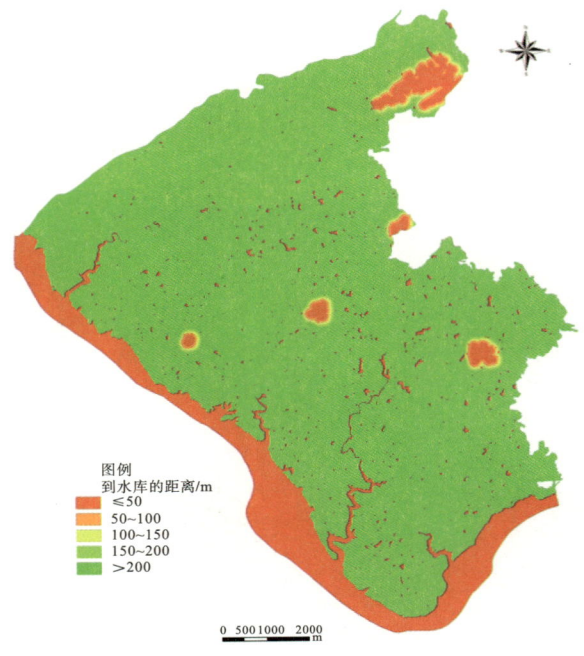

图 3.6 重庆市涪陵区义和镇湖泊(水库)距离分布图

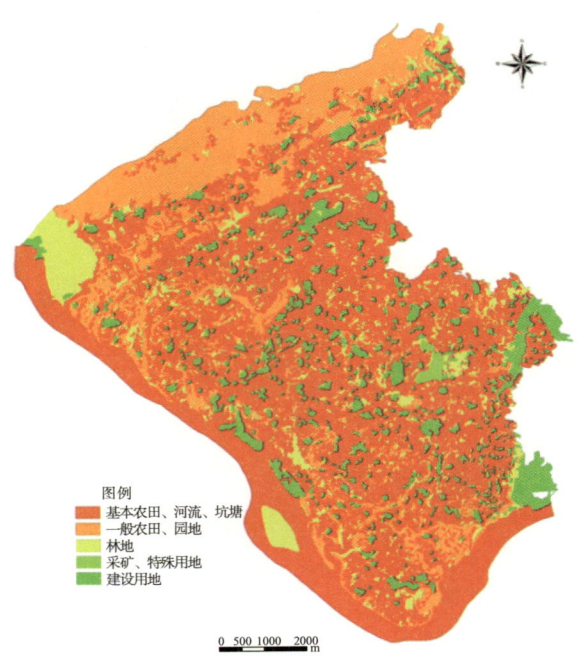

图 3.7 重庆市涪陵区义和镇景观类型分布图

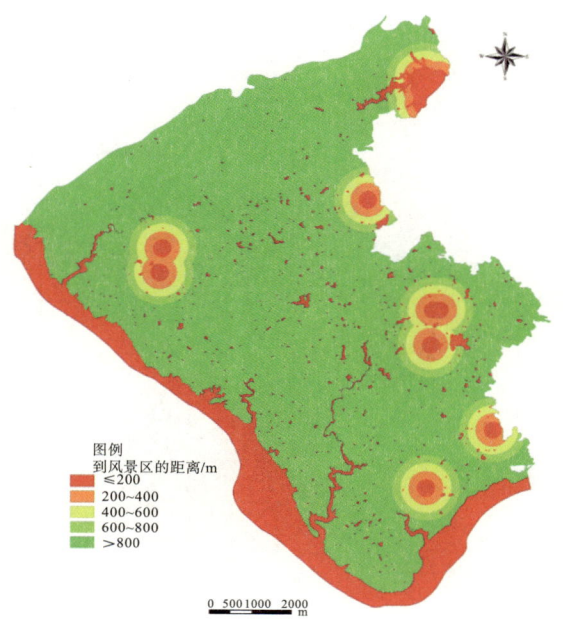

图 3.8 重庆市涪陵区义和镇风景名胜距离分布图

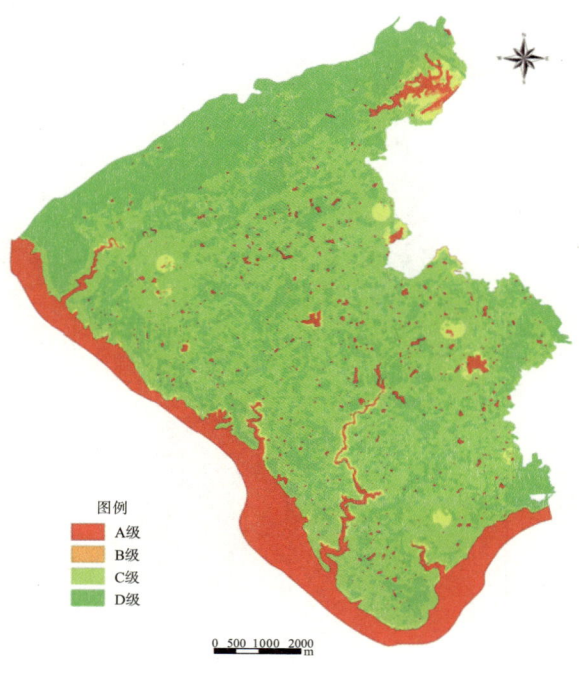

图 3.9 基于工程建设对生态安全影响程度的土地区划结果(义和镇)

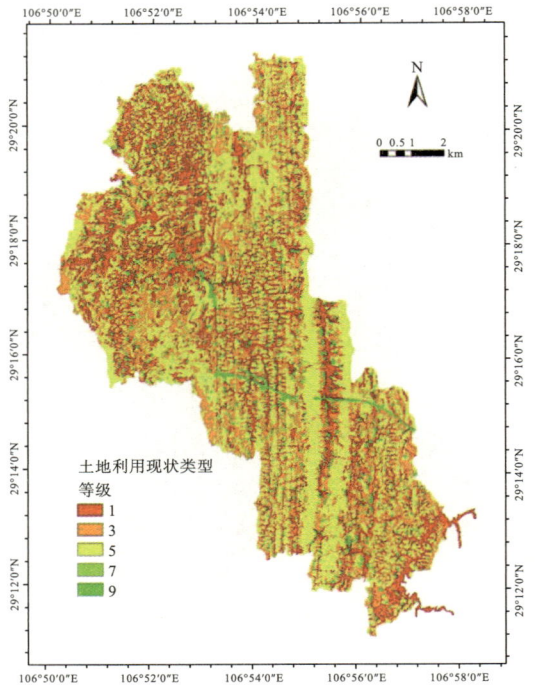

图 4.6 土地利用现状类型分级(5m×5m)

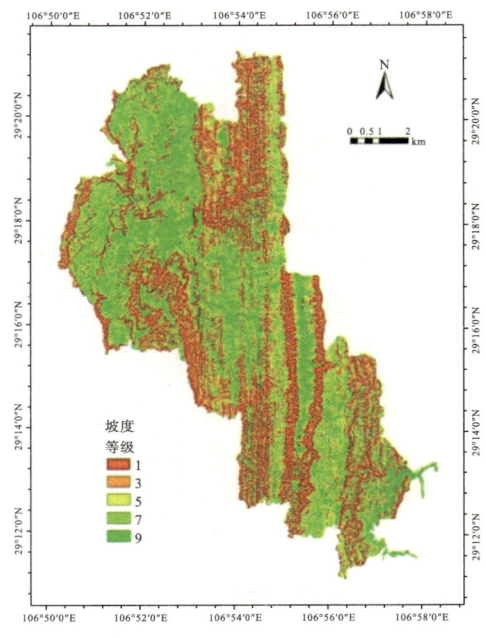

图 4.7 坡度分级(5m×5m)

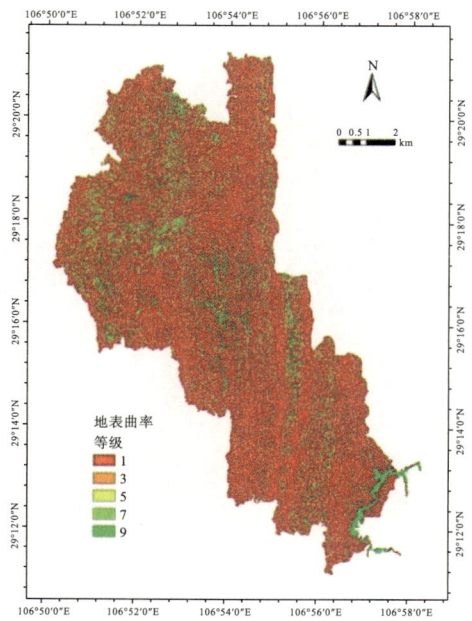

图 4.8 地表曲率分级(5m×5m)

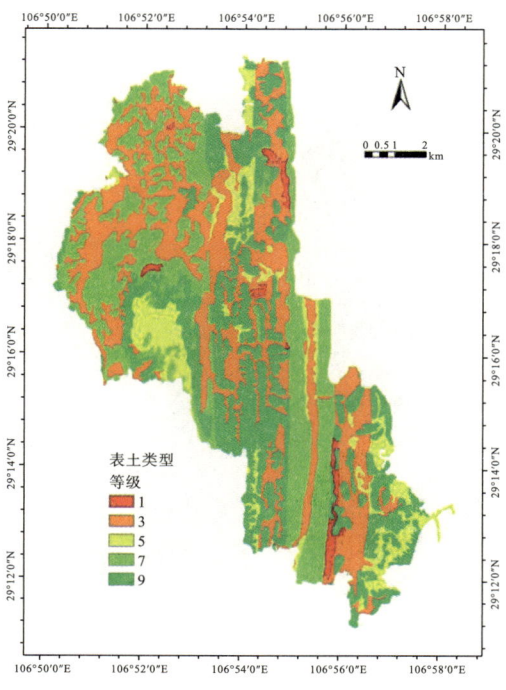

图 4.9 表土类型分级(5m×5m)

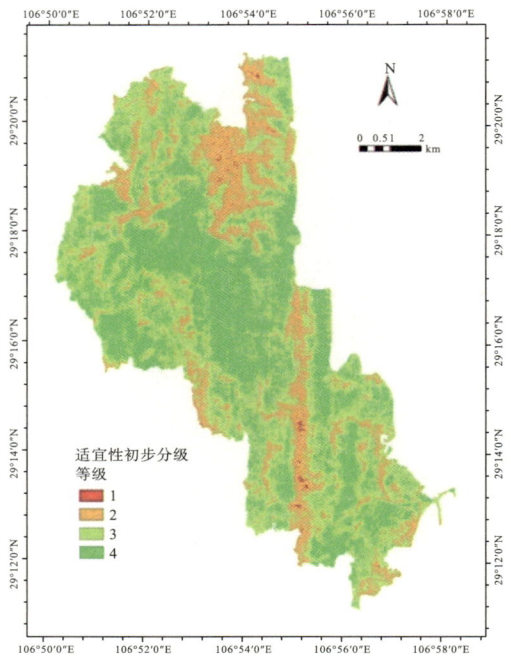

图 4.11 适宜性初步分级(5m×5m)

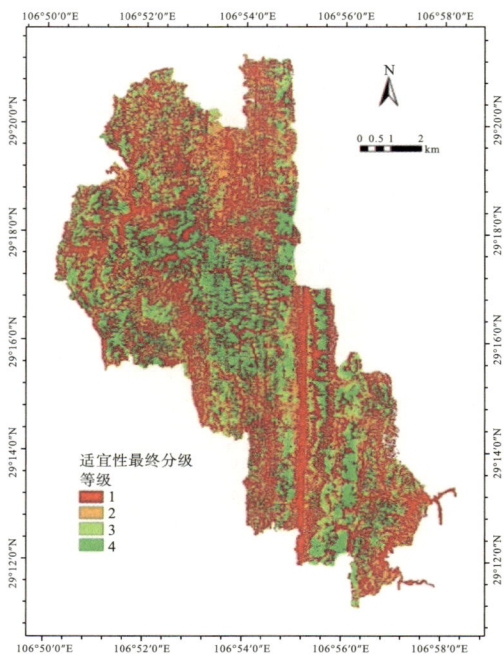

图 4.12 适宜性最终分级(5m×5m)

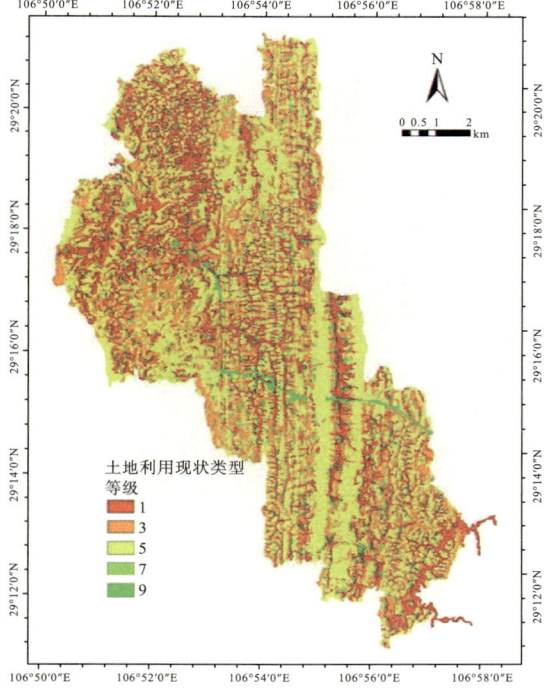

图 4.13 土地利用现状类型分级(20m×20m)

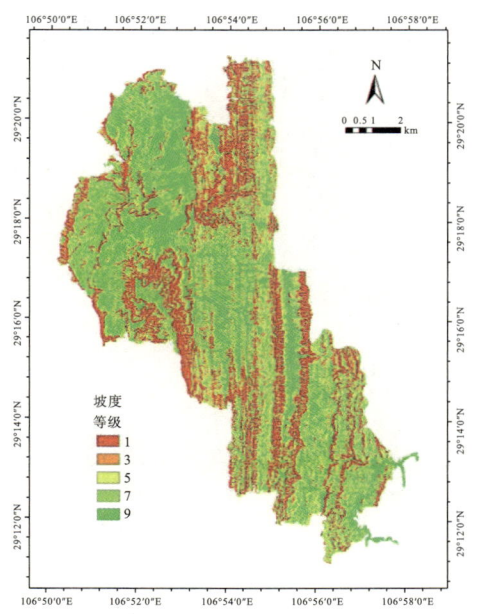

图 4.14 坡度分级(20m×20m)

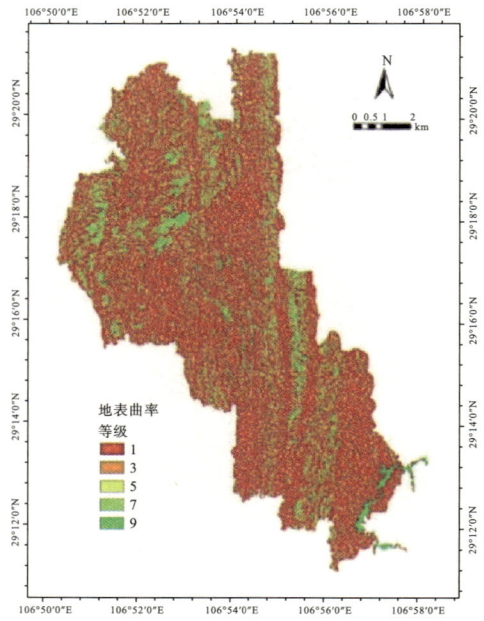

图 4.15 地表曲率分级（20m×20m）

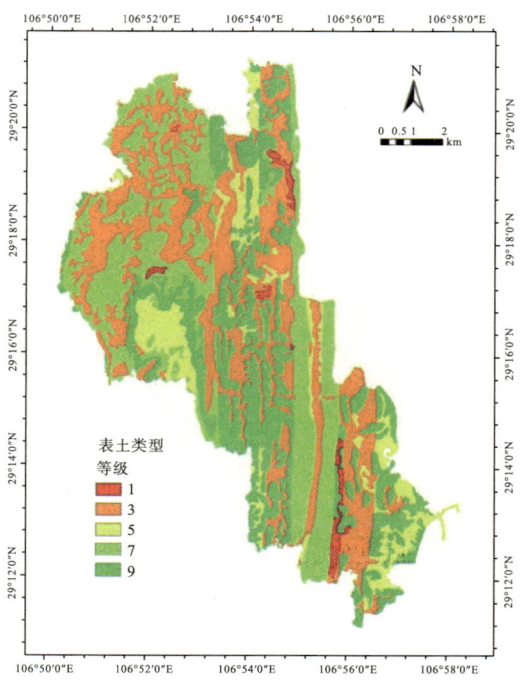

图 4.16 表土类型分级（20m×20m）

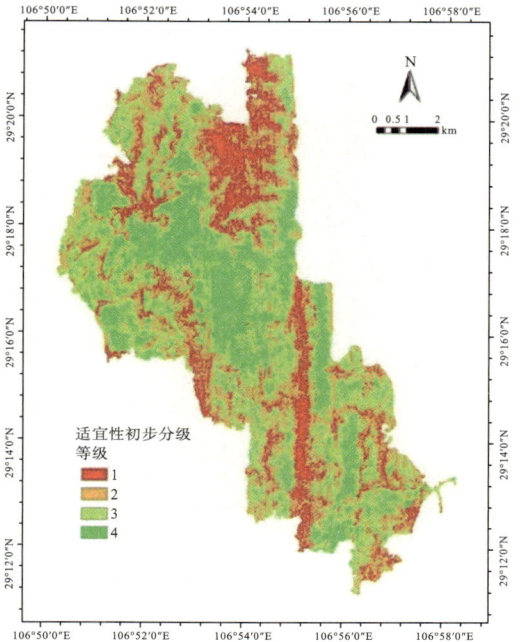

图 4.18 适宜性初步分级（20m×20m）

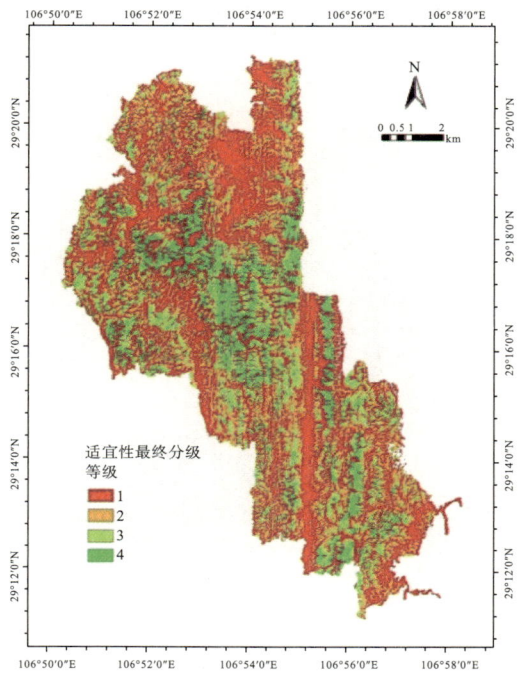

图 4.19 适宜性最终分级（20m×20m）

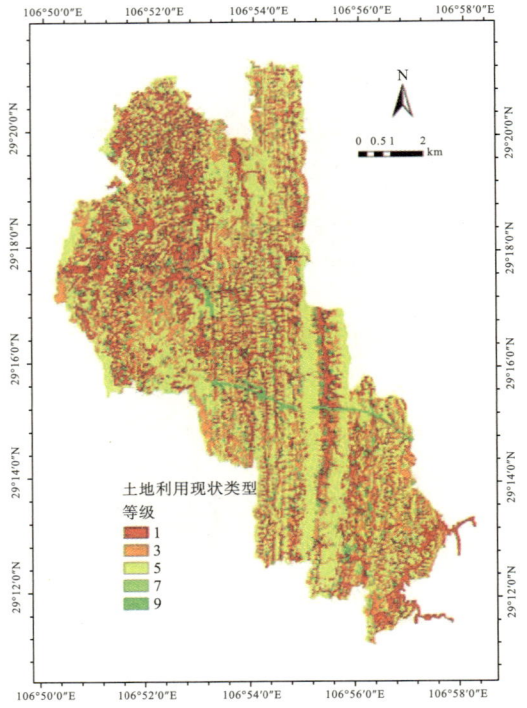

图 4.20　土地利用现状类型分级(30m×30m)

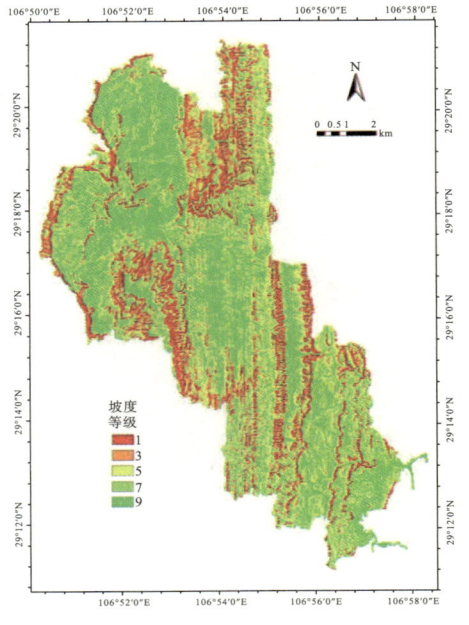

图 4.21　坡度分级(30m×30m)

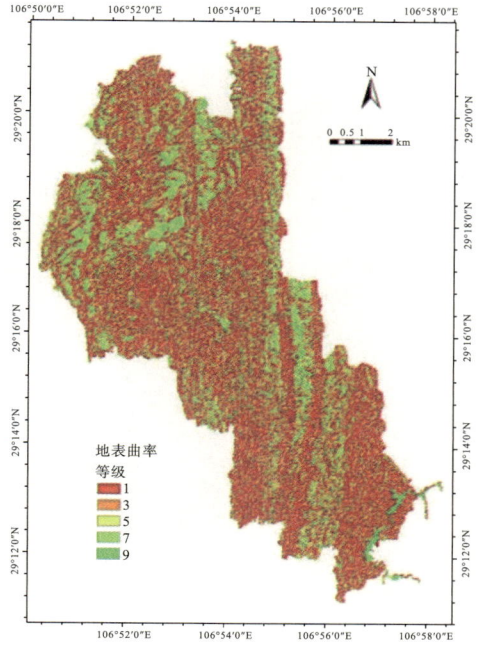

图 4.22 地表曲率分级(30m×30m)

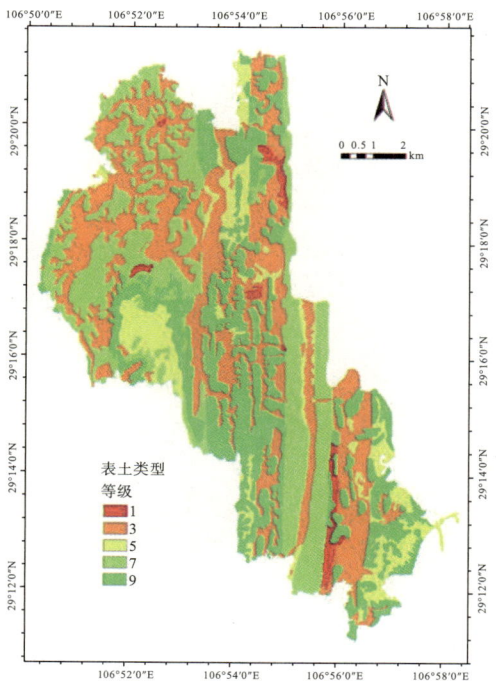

图 4.23 表土类型分级(30m×30m)

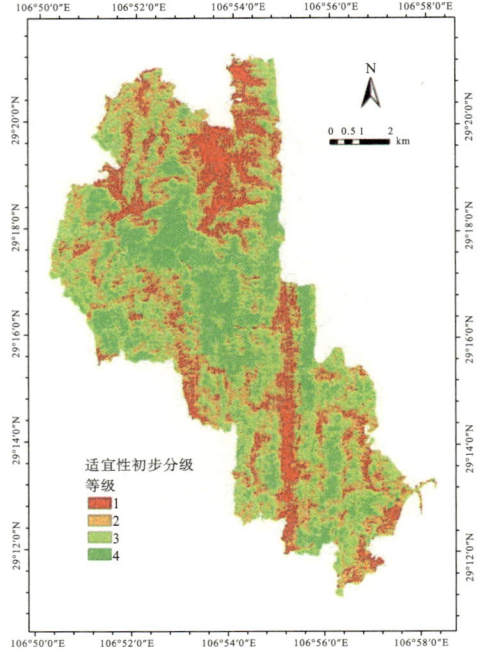

图 4.25 适宜性初步分级（30m×30m）

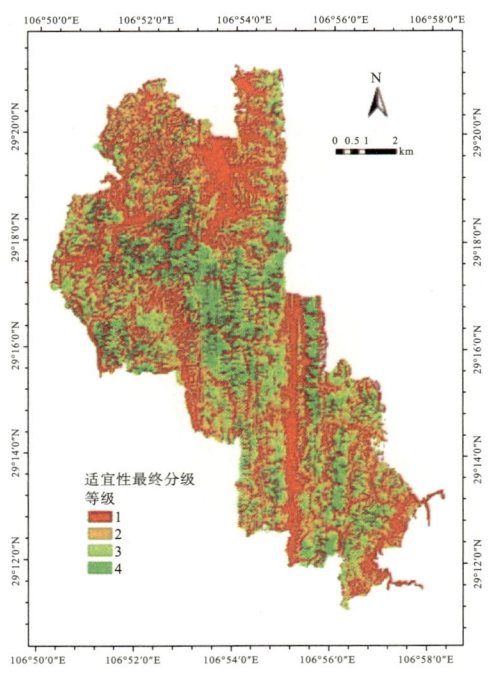

图 4.26 适宜性最终分级（30m×30m）

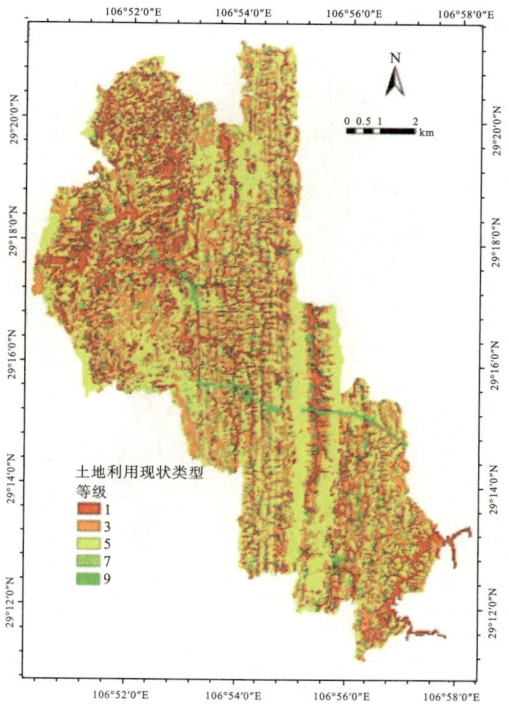

图 4.27　土地利用现状类型分级（40m×40m）

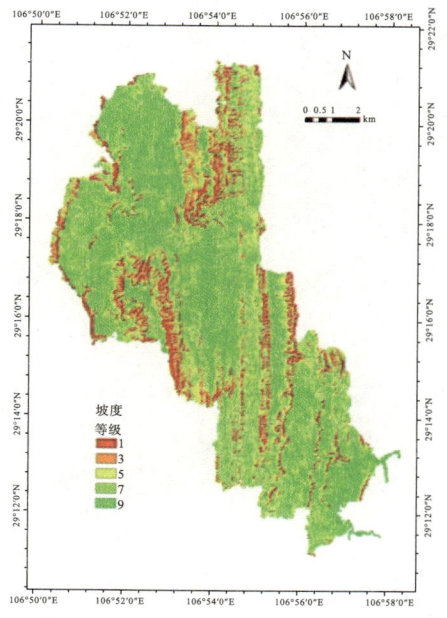

图 4.28　坡度分级（40m×40m）

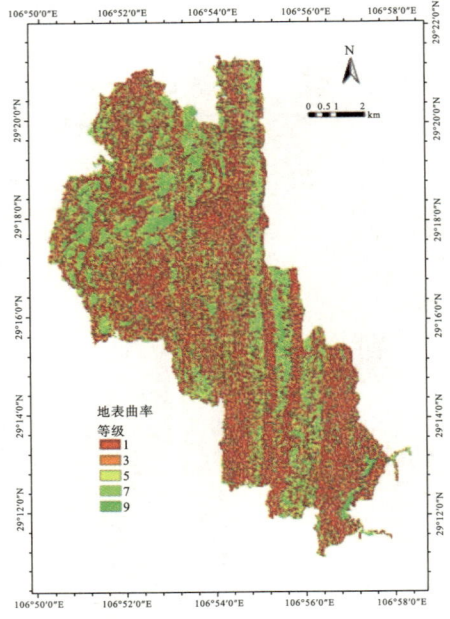

图 4.29 地表曲率分级（40m×40m）

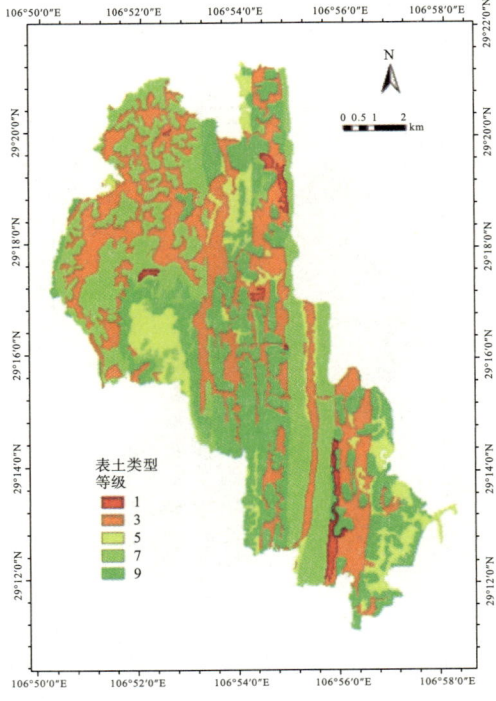

图 4.30 表土类型分级（40m×40m）

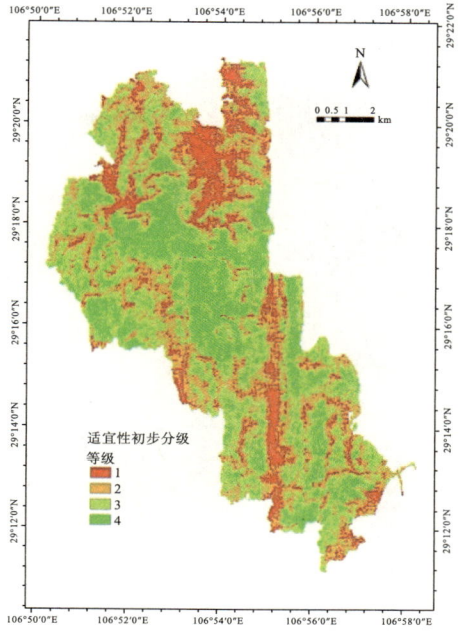

图 4.32　适宜性初步分级（40m×40m）

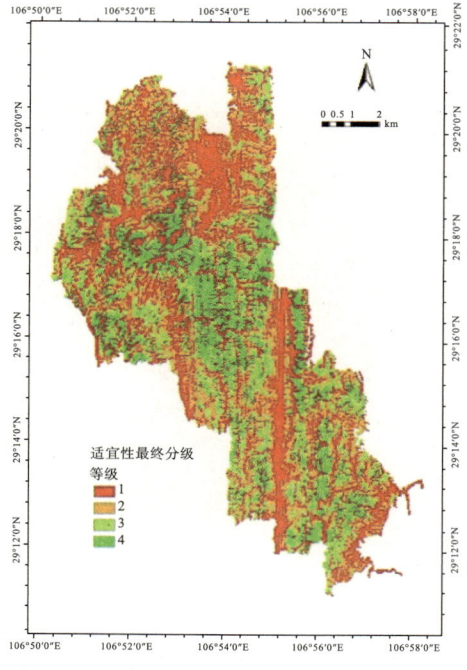

图 4.33　适宜性最终分级（40m×40m）

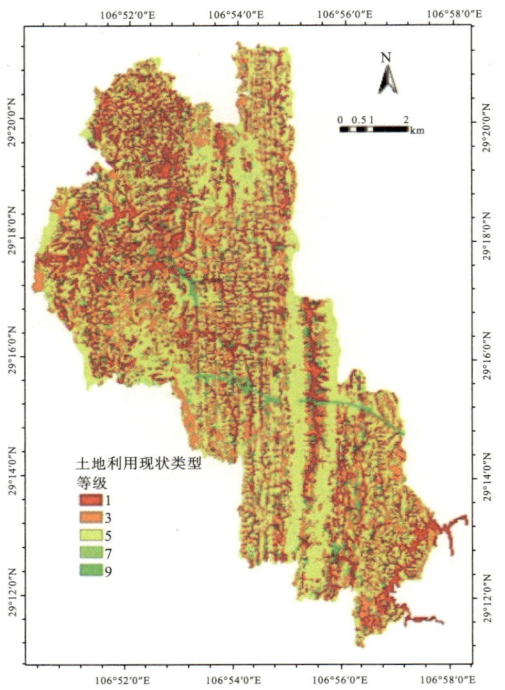

图 4.34 土地利用现状类型分级(50m×50m)

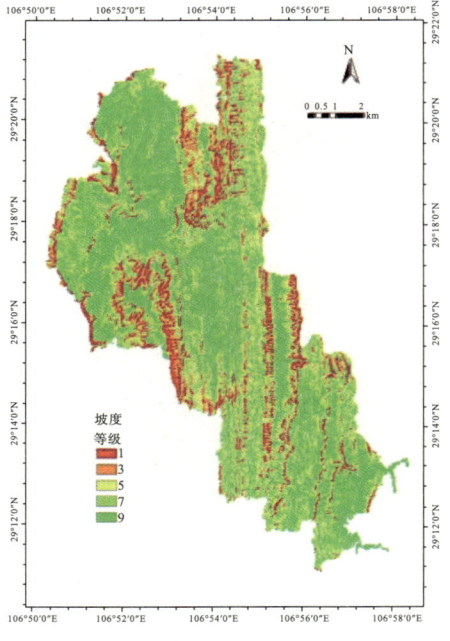

图 4.35 坡度分级(50m×50m)

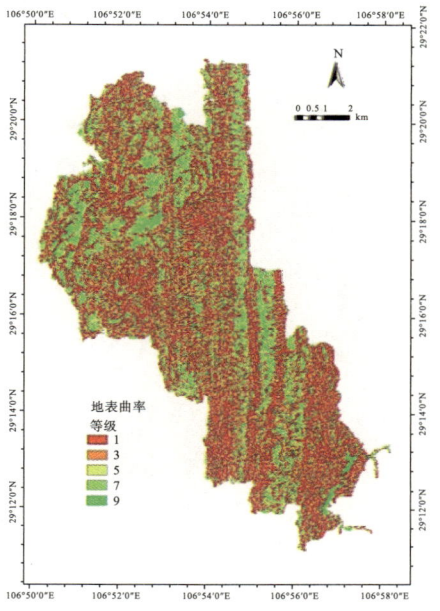

图 4.36 地表曲率分级(50m×50m)

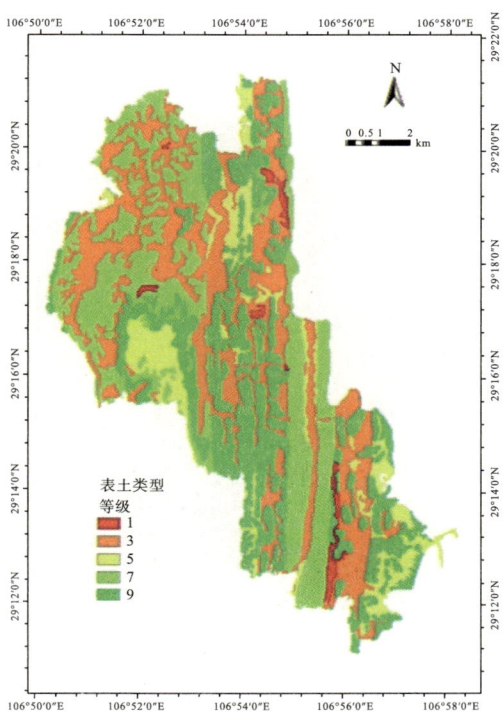

图 4.37 表土类型分级(50m×50m)

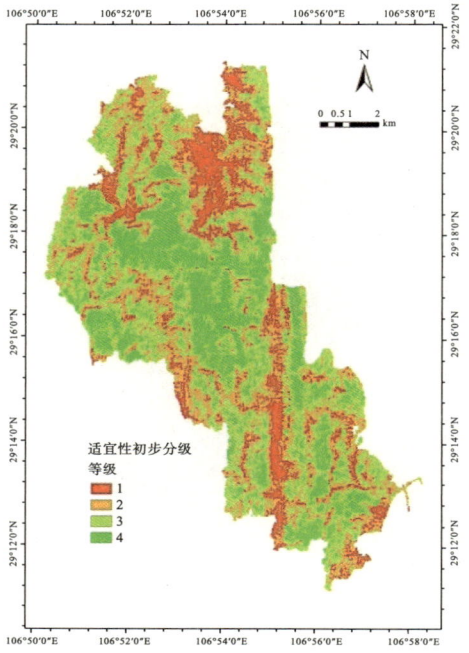

图 4.39 适宜性初步分级（50m×50m）

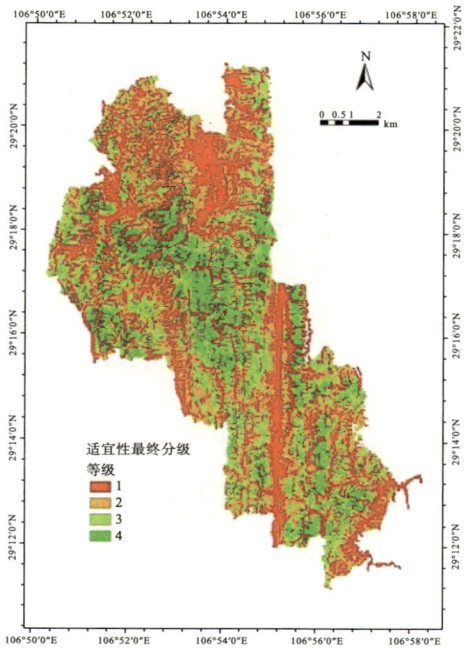

图 4.40 适宜性最终分级（50m×50m）

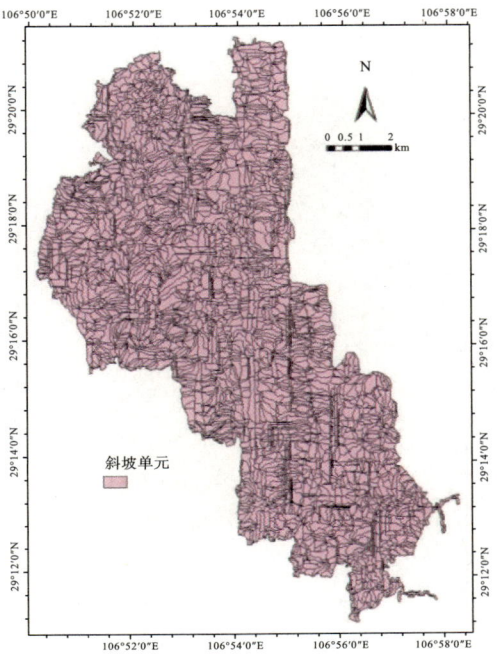

图 4.49 斜坡单元

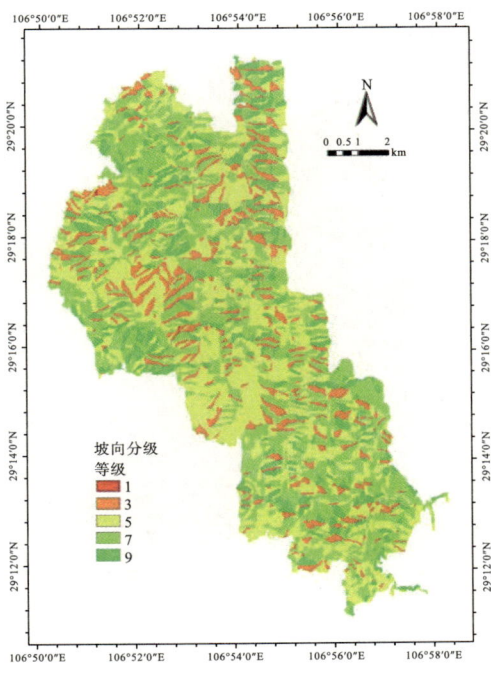

图 4.50 坡向分级(斜坡单元)

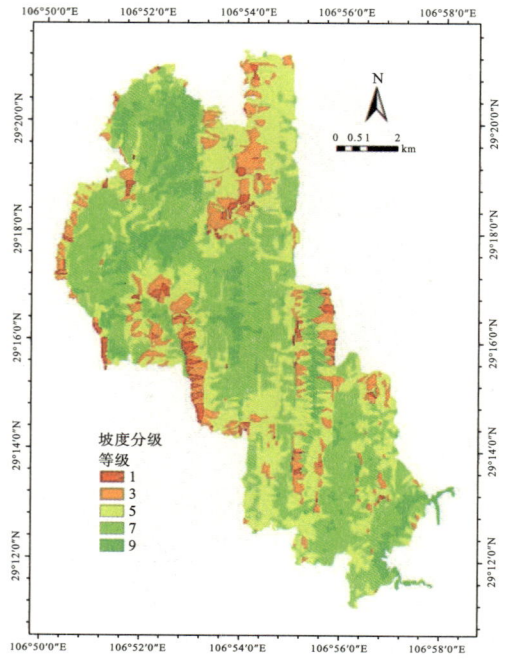

图 4.51 坡度分级(斜坡单元)

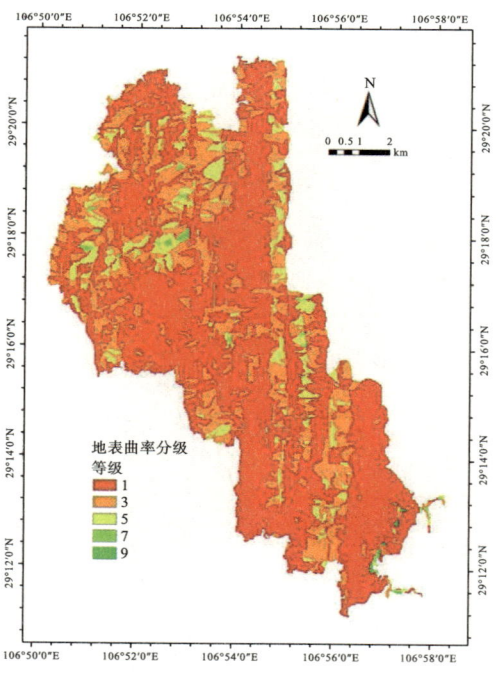

图 4.52 地表曲率分级(斜坡单元)

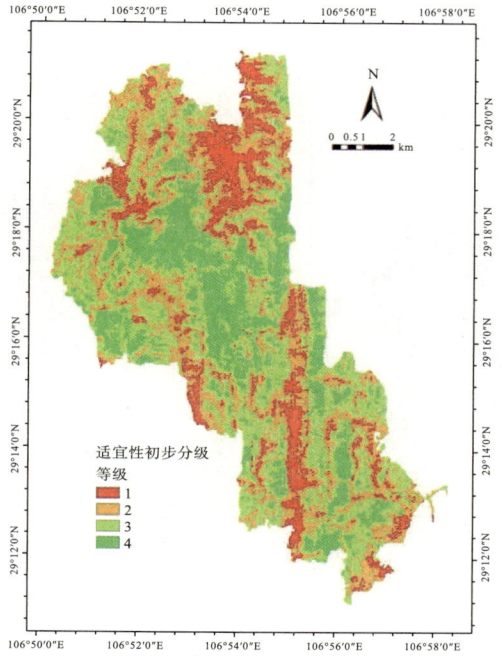

图 4.54 适宜性初步分级(斜坡单元)

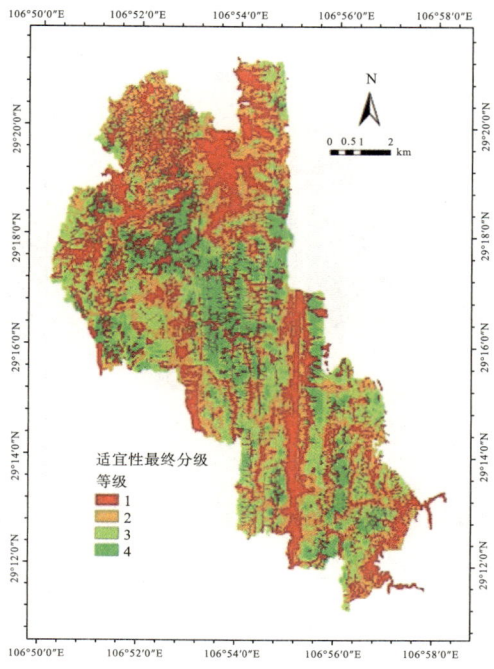

图 4.55 适宜性最终分级(斜坡单元)

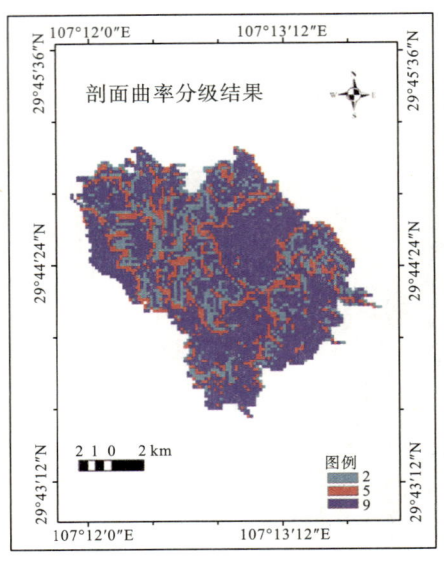 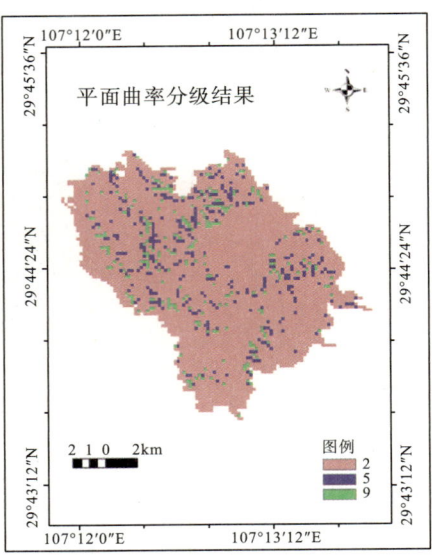

图 5.20 剖面曲率和平面曲率分级

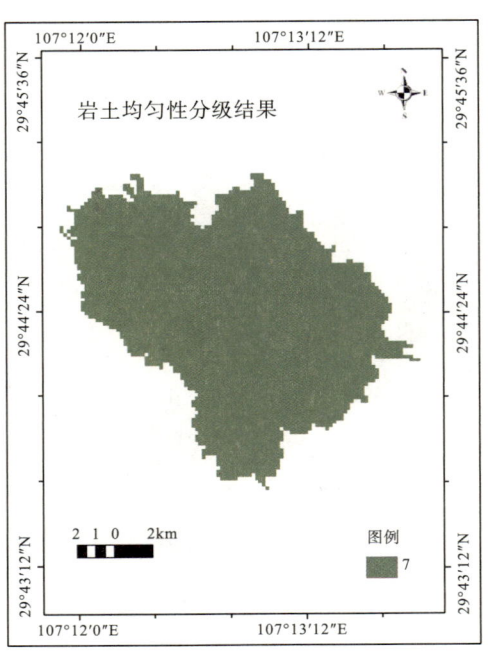

图 5.21 岩土均匀性分级

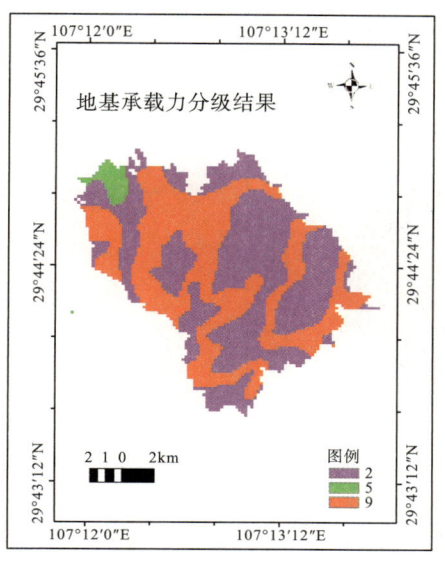 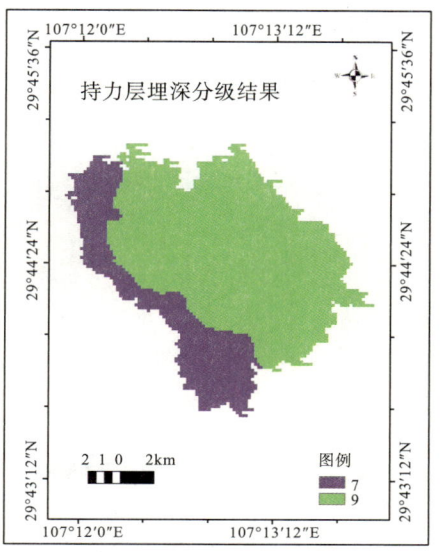

图 5.22　地基承载力和持力层埋深分级

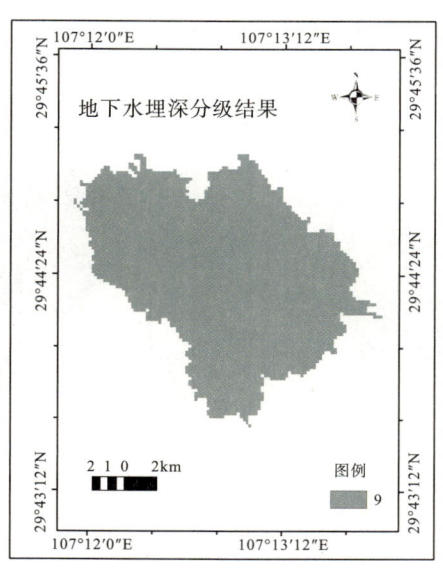

图 5.23　地下水埋深分级

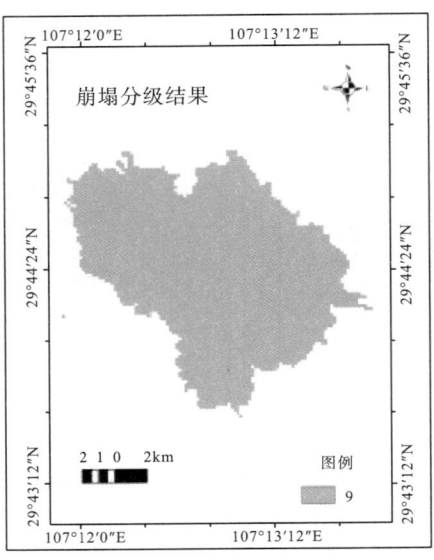

图 5.24 崩塌分级

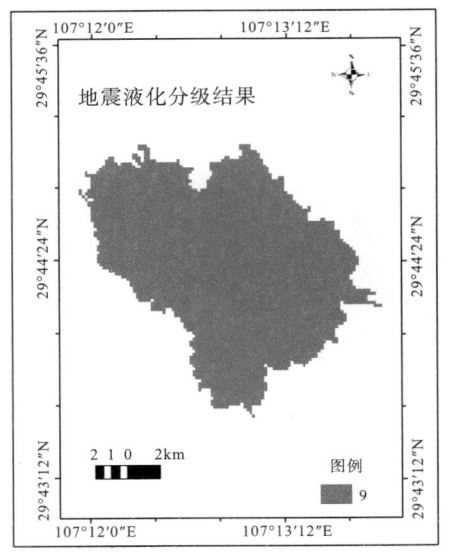 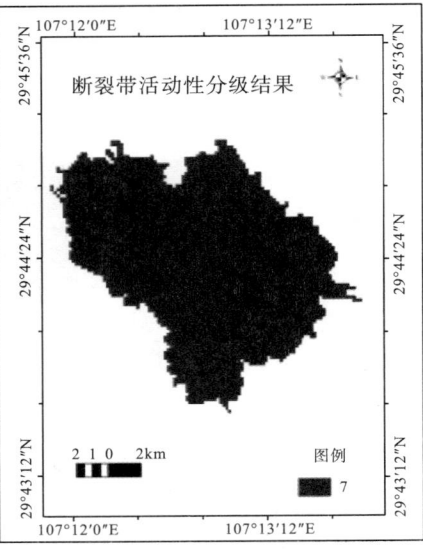

图 5.25 地震液化和断裂带活动性分级

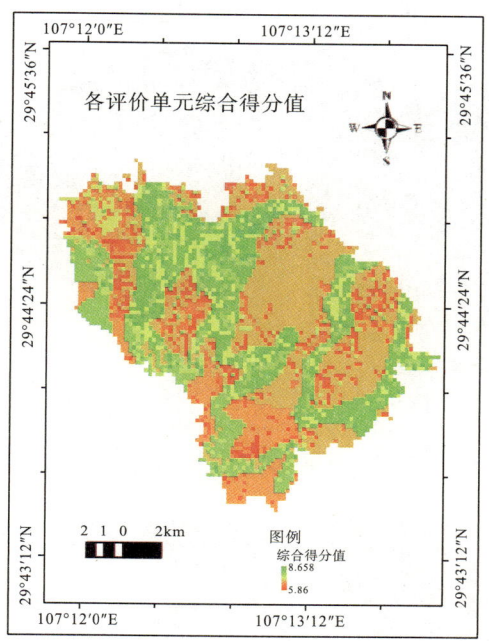

图 5.26 各评价单元综合得分值

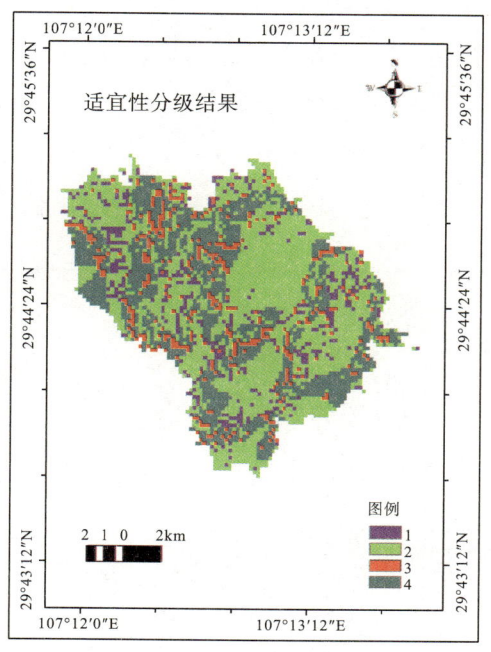

图 5.27 适宜性分级结果

图 6.9　斜坡单元与三维地形对比图

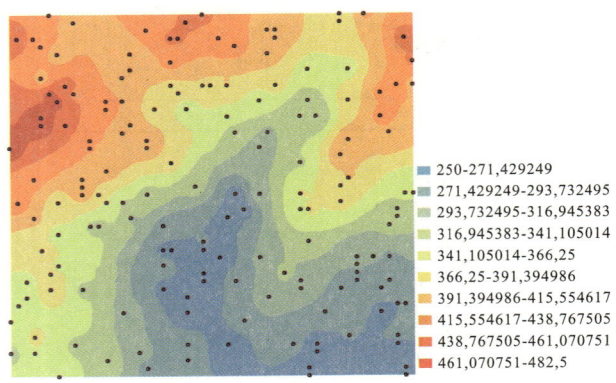

图 6.14　克里金插值方法生成的地表高程图

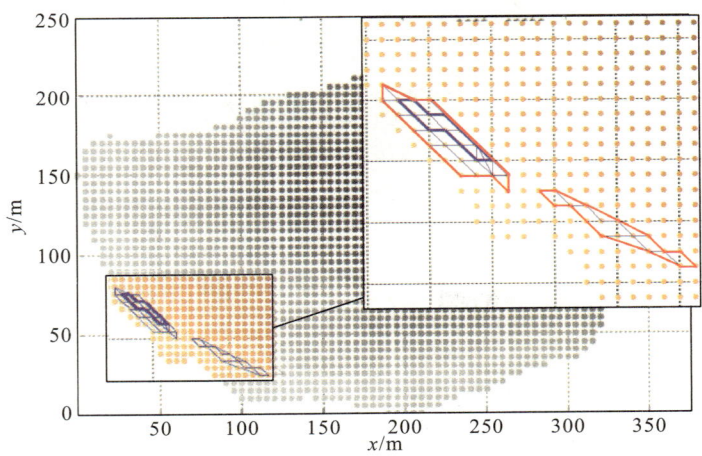

图 6.71　随机结构面模型最危险滑体范围

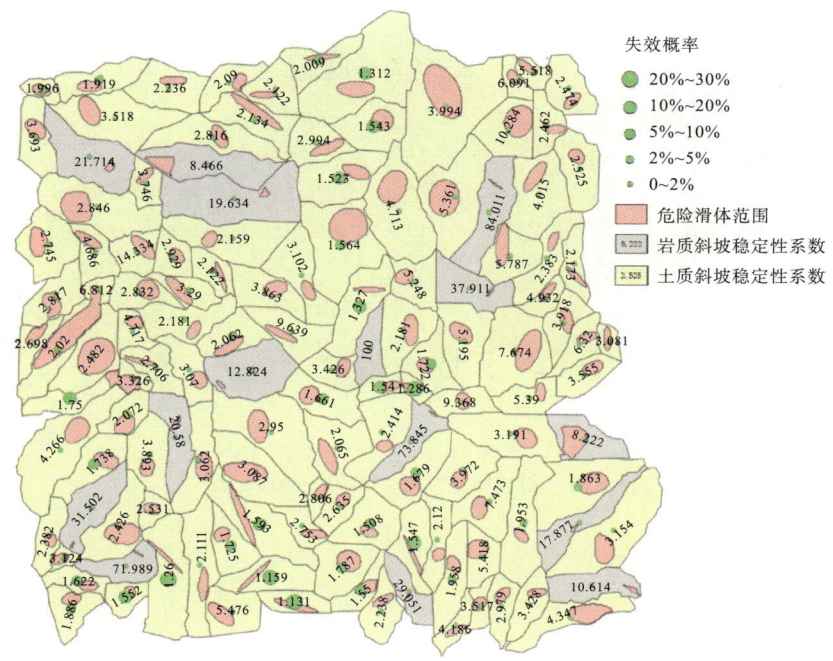

图 6.78　斜坡稳定性计算结果

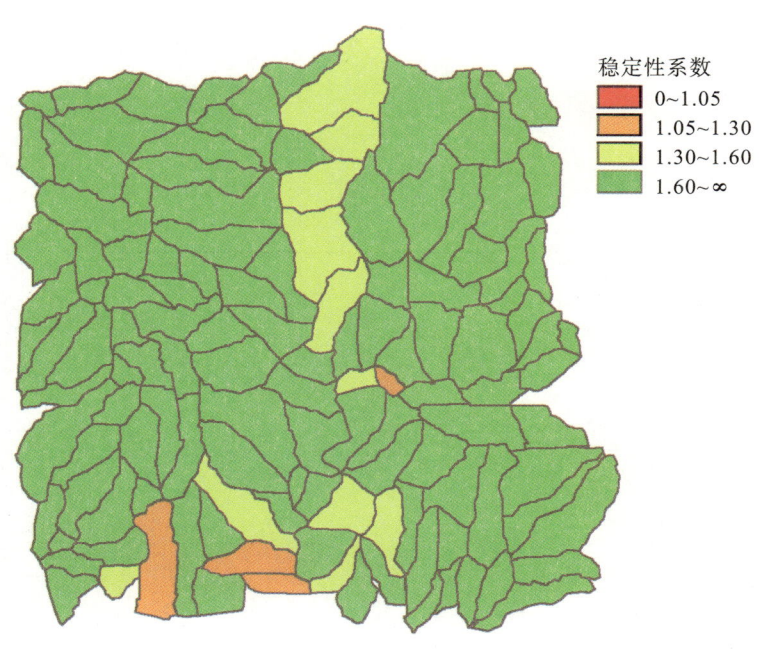

图 6.79　斜坡稳定性系数区划图

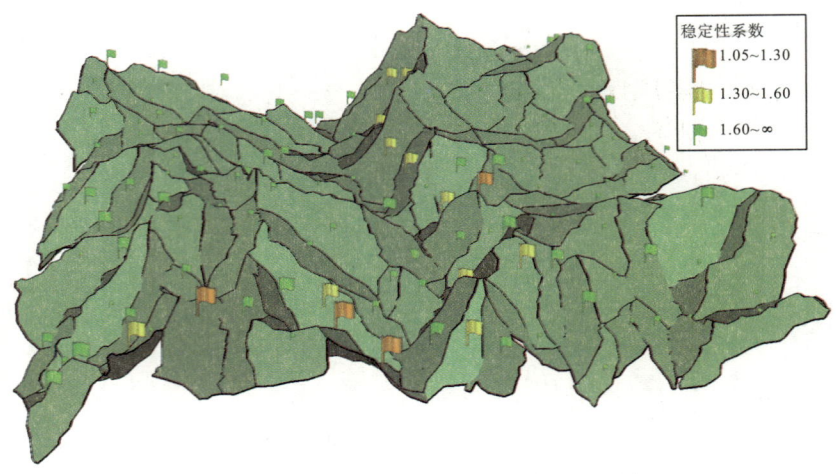

图 6.81 斜坡稳定性计算结果三维展示图